Elettra Ercolino - T. Anna Pellegrino

LA GRAMMATICA SEMPLICE

Grammatica semplificata dell'italiano per italiani e stranieri

LŒSCHER EDITORE
E BELLO DOPPO IL MORIRE VIVERE ANCHORA

LŒSCHER EDITORE TORINO

Ristampe

6 5 4 3 2 1

2019 2018 2017

ISBN 9788858317204

Nonostante la passione e la competenza delle persone coinvolte nella realizzazione di quest'opera, è possibile che in essa siano riscontrabili errori o imprecisioni. Ce ne scusiamo fin d'ora con i lettori e ringraziamo coloro che, contribuendo al miglioramento dell'opera stessa, vorranno segnalarceli al seguente indirizzo:

Loescher Editore
Via Vittorio Amedeo II, 18
10121 Torino
Fax 011 5654200
clienti@loescher.it

Loescher Editore opera con sistema qualità certificato CERMET n. 1679-A secondo la norma UNI EN ISO 9001-2008

Coordinamento editoriale: Laura Cavaleri
Progetto grafico: Eidos - Torino
Impaginazione e redazione: Les Mots Libres srl - Bologna
Copertina: LeftLoft - Milano/New York
Illustrazioni: Francesca Gallina
Stampa: Rotolito Lombarda Pioltello (MI)

INDICE

Fonologia

Pronuncia e scrittura

Morfologia

Il nome e l'articolo

L'aggettivo

10 Le preposizioni p. 198

11 Le congiunzioni 208

12 L'interiezione (o esclamazione) p. 218

Sintassi

La sintassi della proposizione

01 La frase: la proposizione e il periodo p. 222

02 I complementi p. 240

La sintassi del periodo

La **fonologia** (dal greco *phoné* suono e *-logía* = studio) è quella parte della grammatica che studia i *suoni* della lingua in rapporto alla loro funzione e al loro modo di organizzarsi in *parole*. Essa indica la corretta pronuncia delle parole (*ortoepia*) e ne insegna l'esatta scrittura (*ortografia*).

I Fonologia e ortografia

01 L'alfabeto

L'alfabeto

L'**alfabeto** italiano è costituito da **ventuno lettere** (cinque vocali e sedici consonanti). A queste se ne aggiungono **altre cinque** (in grassetto nella tabella) usate per trascrivere le parole straniere.

Maiuscole	A	B	C	D	E	F	G	H	I	**J**	**K**	L	M	N
Minuscole	a	b	c	d	e	f	g	h	i	**j**	**k**	l	m	n
Nome	a	bi	ci	di	e	effe	gi	acca	i	**i lunga**	**cappa**	elle	emme	enne

Maiuscole	O	P	Q	R	S	T	U	V	**W**	**X**	**Y**	Z
Minuscole	o	p	q	r	s	t	u	v	**w**	**x**	**y**	z
Nome	o	pi	qu	erre	esse	ti	u	vu (o vi)	**doppia vu (o vi)**	**ics**	**ipsilon**	zeta

Dai fonemi ai grafemi e alla parola

Le **lettere** sono i segni scritti di una parola e **si dicono** anche **grafemi**. I **suoni** che corrispondono a ogni lettera **sono detti**, invece, **fonemi**.

GRAFEMI	FONEMI	GRAFEMI	FONEMI
a	a	m	m
b	b	n	n
c	c (dolce) = *cesto* c (dura) = *cubo*	o	ó (chiusa) = *sóle* ò (aperta) = *mòra*
d	d	p	p
e	é (chiusa) = *réte* è (aperta) = *dènte*	q	c (dura come *cuore*)
		r	r
f	f	s	s (dolce) = *base* s (aspra) = *sera*
g	g (dolce) = *giro* g (dura) = *gatto*	t	t
h	—	u	u
i	i	v	v
l	l	z	z (dolce) = *zebra* z (aspra) = *lezione*

Grafemi e fonemi da soli non hanno alcun senso, messi però in un determinato ordine, formano le **parole**.

PRIMA VERIFICA

1 Riscrivi in ordine alfabetico le parole in questi gruppi.

Es.: gioco, acqua, radio, jeep, zio, yogurt. → acqua, gioco, jeep, radio, yogurt, zio.

1. sole, penna, koala, cestino, yoga, nodo.
2. fragola, foglia, farfalla, flauto, furbizia, fresco.
3. inchiostro, luna, auguri, jeans, ancora, windsurf.
4. uovo, uva, universo, unico, uomo, umido.
5. xilofono, zaino, tavolo, vaso, sabbia, taxi.

2 Indica se in queste parole le lettere 'c' e 'g' si pronunciano con il suono dolce o duro.

Es.: formica duro oggi dolce

1. arco	5. cena	9. gelato ....
2. mago	6. curva	10. cane ....
3. magia	7. gatto	11. giusto ....
4. luce	8. riccio	12. gusto ....

Le vocali

A, E, I, O, U sono vocali. Anche se i grafemi con i quali sono **scritte sono cinque, i fonemi corrispondenti sono sette**, perché **e** ed **o** possono avere un **suono aperto** e uno **chiuso**.
Per distinguere graficamente questi suoni diversi, si ricorre all'accento fonico, che può essere grave (`) o acuto (´).

ACCENTO FONICO			
Suono aperto		Suono chiuso	
è	*cèrvo, època, tèsta*	é	*stélla, avére, vétta*
ò	*pòpolo, còlla, còsa*	ó	*erróre, gónfio, póllo*

Alcune **parole si scrivono alla stessa maniera** (omografe) **ma hanno significato diverso in base alla pronuncia aperta o chiusa di una vocale:** in questi casi la distinzione fra i suoni è importante.

Con *e* aperta (è)		Con *e* chiusa (é)		Con *o* aperta (ò)		Con *o* chiusa (ó)	
affètto	amore	*affétto*	da *affettare*	*bòtte*	percosse	*bótte*	recipiente
èsca	da *uscire*	*ésca*	cibo	*còlto*	da *cogliere*	*cólto*	istruito
lègge	da *leggere*	*légge*	norma	*fòsse*	buche	*fósse*	da *essere*
mènto	da *mentire*	*ménto*	parte del viso	*pòse*	atteggiamenti	*póse*	da *porre*
pèsca	frutto	*pésca*	da *pescare*	*vòlto*	da *volgere*	*vólto*	viso

PRIMA VERIFICA

3 Indica **se le vocali sottolineate si pronunciano aperte o chiuse.**

Es.: cosa ...aperta...

1. quaderno ....
2. corridoio ....
3. bottiglia ....
4. oro ....
5. capelli ....
6. rosso ....
7. finestra ....
8. rete ....
9. notte ....

Dittongo, trittongo e iato

Il dittongo e il trittongo sono **raggruppamenti di vocali che si pronunciano con un'unica emissione di voce:**

- ***ai, ei, oi, au, eu***: *z**ài**no, d**èi**, v**ói**, p**àu**sa, n**èu**tro*;
- ***ia, ie, io, ua, ue, uo***: *g**ià**lla, p**iè**no, g**iò**rno, g**uà**sto, d**uè**llo, d**uò**mo*;
- ***iu, ui***: *f**iù**me, bed**uì**no.*
- ***iài, ièi, uài, uòi, iuò***: *od**iài**, m**ièi**, g**uài**o, s**uòi**, a**iuò**la.*

Non formano dittongo i gruppi *ci / gi / gli / sci + vocale.*

Nella divisione in sillabe le vocali di un dittongo o di un trittongo non si separano mai (*pia-no; a-iuo-la*).

Quando i gruppi di vocali sono letti separatamente, **con due distinte emissioni di voce, si ha uno** iato, le cui vocali appartengono sempre a due sillabe diverse:

- **ao, ae, ea, oa, oe:** *caotico* (*ca-ò-ti-co*), maestro (*ma-è-stro*), *teatro* (*te-à-tro*), *soave* (*so-à-ve*), *eroe* (*e-rò-e*);
- **au, ìo:** *baule* (*ba-ù-le*), *ronzio* (*ron-zì-o*);
- dopo i prefissi *re, ri, bi* e *tri*: *reintegro* (*re-in-te-gro*), *riascolto* (*ri-a-scol-to*), *biennio* (*bi-en- nio*), *triade* (*tri-a-de*).

PRIMA VERIFICA

4 Indica **se le seguenti parole contengono un dittongo (d) o un trittongo (t) e sottolinealo.**

Es.: scuola ...d...

1. tuoi ....
2. guasto ....
3. tuono ....
4. fiume ....
5. buoi ....
6. causa ....
7. ghiaia ....
8. mangiai ....
9. fiore ....
10. piuma ....
11. quiete ....
12. proseguiamo ....

Le consonanti

Le consonanti in italiano si pronunciano solo se **accompagnate da una vocale.** Infatti, mentre le vocali possono formare una sillaba da sole (*a-li*), le consonanti hanno bisogno di una vocale (*va-so*).
Secondo la parte della bocca usata per pronunciarli, i fonemi consonantici si possono così suddividere:

DENOMINAZIONE	CONSONANTI	ARTICOLAZIONE
Labiali	**b, m, p**	con le labbra
Labiodentali	**f, v**	con le labbra e i denti insieme
Linguali	**l, r**	con la punta della lingua
Dentali	**d, n, s, t, z**	la lingua si appoggia ai denti anteriori
Palatali	**c, g** (dolci)	la lingua si appoggia al palato
Gutturali	**c, g** (dure), **q**	la lingua si ritira verso la gola

Anche se per la maggior parte delle consonanti suono e lettera coincidono, è necessario fare alcune precisazioni:

c, g

- Hanno un **suono dolce** (o *palatale*) **davanti alle vocali e, i:** *certo, deciso, gelato, regista.*
- Hanno un **suono duro** (o *gutturale*):
  - **davanti alle vocali a, o, u:** *casa, costo, cuore, gallo, vagone, auguri;*
  - **davanti a consonante:** *crema, bicicletta, gloria, grazie;*
  - **in fine di parola:** *ciac, toc, ring, bang.*

s

La **s seguita da vocale** è detta **esse pura** (*samba, borse, risotto*), mentre, se seguita da altra consonante, è chiamata **impura** (*sbaglio, astuccio, celeste*).

- Inoltre, essa può avere **un suono dolce** (o *sonoro*):
  - se si trova **tra due vocali:** *naso, paese, mosaico;*
  - se è **seguita da b, d, g, l, m, n, r, v:** *sbarco, sdraio, sgridare, slacciare, asma, snello, israeliano, risveglio.*
- La **s** ha, invece, un **suono aspro** (o *sordo*):
  - se è **seguita da vocale**, quando è **a inizio di parola:** *sale, seppia, signora, sorella, succo;*
  - se è **seguita da c, f, p, q, t:** *scatola, sfera, risposta, squadra, distanza;*
  - se è **preceduta da un'altra consonante:** *corso, salsa, psichiatra;*
  - se è **doppia:** *basso, fissare, rosso.*

z

- La consonante **z** ha un **suono dolce** (o *sonoro*):
  - se si trova **a inizio di parola:** *zaino, zebra, zio, zona, zucchero;*

– se si trova **tra due vocali:** *bazar, azione;*
– nei **suffissi -izzare, -izzatore, -izzazione:** *ideal**izzare**, organ**izzatore**, nazional**izzazione**.*

- Ha, invece, un **suono aspro** (o *sordo*):
  – se è **doppia:** *razza, pazze, pezzi, carrozzina, piazzuola;*
  – se è **seguita dai gruppi ia, ie, io:** *noti**zia**, pa**zie**nza, cola**zio**ne;*
  – nelle **parole che terminano in -anza, -enza:** *costa**nza**, sapie**nza**.*

Le consonanti **doppie** si leggono con **suono raddoppiato.** Alcune parole, raddoppiando una consonante, cambiano completamente di significato:
casa non è *ca**ss**a, fata* non è *fa**tt**a, tono* non è *to**nn**o*

Non si raddoppiano:

- **b** davanti a parole che terminano in *-ile*: *a**bile**, impenetra**bile**;*
- **g** e **z** davanti a parole che terminano in *-ione*: *re**gione**, condi**zione*** (eccezione: *lo**ggione***);
- la **s** impura (cioè *s + consonante*): *pe**sca**, a**spe**ttare, mo**stra**.*

Si raddoppiano:

- le consonanti precedute dai seguenti elementi:
  – preposizioni **a, da, fra, su:** *a**tt**errare, da**vv**ero, fra**pp**orre, su**vv**ia;*
  – congiunzioni **e, o, né, se:** *e**bb**ene, o**ss**ia, ne**pp**ure, se**mm**ai;*
  – avverbi **sopra, sovra, contra, così, sì, là, più:** *sopra**nn**ome, sovra**pp**eso, contra**cc**olpo, cosi**dd**etto, si**cc**ome, la**ss**ù, piu**tt**osto.*

PRIMA VERIFICA

5 Indica **se la consonante iniziale di queste parole è labiale, labiodentale, linguale, dentale, palatale o gutturale.**

Es.: matita labiale

1. nocciolina	5. guardia	9. lucciola	13. questa ....
2. toro	6. barca	10. virus	14. roccia ....
3. pattini	7. sogno	11. cuscino	15. giostra ....
4. farina	8. dado	12. mano	16. cinema ....

6 Indica quale delle due alternative è scritta correttamente.

Es.: ☑ stazione ☐ stazzione

1.	☐ incredibbile	☐ incredibile	**4.**	☐ eccezione	☐ eccezzione
2.	☐ laggiù	☐ lagiù	**5.**	☐ pastticcio	☐ pasticcio
3.	☐ contrattacco	☐ contratacco	**6.**	☐ sopratutto	☐ soprattutto

Digrammi e trigrammi

Margherita e Guglielmo sono impauriti e angosciati perché nello specchio del bagno sono apparsi dei fantasmi.

Le lettere evidenziate corrispondono a grafemi, **gruppi composti da due lettere (digrammi) o tre lettere (trigrammi) che rappresentano** appunto **un solo suono.**

- I **digrammi** usati in italiano sono **sette** e precisamente:
  - **ch**: seguito da **e** oppure da **i**: *bar**ch**e, **ch**iave*;
  - **gh**: seguito da **e** oppure da **i**: *mar**gh**erita, **gh**iaccio*;
  - **gn**: *lava**gn**a, casta**gn**e, compa**gn**i, **gn**occhi, o**gn**uno*;
  - **gl**: seguito da **i**: *consi**gl**i, sba**gl**i.* Davanti alle altre vocali la **g** e la **l** si pronunciano separatamente: ***gl**adiatore, in**gl**ese, **gl**oria, **gl**utine.* Ci sono alcune parole, però, in cui il gruppo **gl** seguito da **i** ha un suono doppio: ***gl**icine, ne**gl**igenza* ecc. In questi casi **gl** non costituisce un digramma;
  - **sc**: seguito dalle vocali **e** oppure **i**: ***sc**ena, **sc**immia.* Negli altri casi i due suoni sono distinti: ***sc**arpa, a**sc**olto, **sc**uola*;
  - **ci**: seguito da **a, o, u**: *farma**ci**a, cal**ci**o, **ci**uffo*;
  - **gi**: seguito da **a, o, u**: ***gi**acca, liti**gi**o, **gi**udice.*

- Sono trigrammi:
  - gli: seguito da vocale: *figlia, biglie, aglio*;
  - sci: seguito da vocale: *sciarpa, fascia, asciutto*;
  - chi: seguito da vocale: *chiaro, bicchiere, chiusura*;
  - ghi: seguito da vocale: *ghianda, preghiera, ghiotto*.

PRIMA VERIFICA

7 Indica **se le seguenti parole contengono digrammi (d) o trigrammi (t) e sottolineali.**

Es.: chiave ...d...

1.	chiuso	....	5.	bagagli	....	9.	gnomo	....
2.	sciare	....	6.	scenografia	....	10.	richiesta	....
3.	giusto	....	7.	laghetto	....	11.	maglione	....
4.	biglietto	....	8.	legno	....	12.	acciuga	....

Suoni particolari e relative regole ortografiche

Per scrivere correttamente esistono delle regole ortografiche generali che è necessario conoscere.

ce / cie - ge / gie

Nel plurale di nomi o aggettivi terminanti in **-cia** e **-gia:**
- si scrive **ce** o **ge** se **c** o **g** sono precedute da consonante: *lancia / lance; buccia / bucce; riccia / ricce; frangia / frange; spiaggia / spiagge*;
- si scrive **cie** o **gie** se **c** o **g** sono precedute da vocale oppure se la **i** è **accentata:** *camicia / camicie; sudicia / sudicie; valigia / valigie; farmacìa / farmacìe; bugìa / bugìe.*

A inizio o all'interno delle parole si trovano generalmente le sillabe **ce** e **ge:** *cena, piacere, sincero, gesto, fingere, gelateria.*

Le forme **cie / gie** sono più rare e si hanno:
- con le parole: *cielo, cieco, specie, superficie, società, socievole; effigie, igiene* e derivati;
- con parole con il suffisso in **-iere / a, -iente, -ienza:** *arciere, formaggiera, raggiera, efficiente, sufficienza.*

cu / qu

Si scrive **cu** quando il gruppo è seguito da consonante: ***cu**stode, **cu**ffia, si**cu**ro, s**cu**sa.*
I suoni relativi a **cu + vocale** (*inno**cua**, profi**cue**, cir**cui**to, **cuo**re*) o a **qu + vocale** (***qua**ndo, e**que**stre, in**qui**lino, li**quo**re*) sono uguali e non ci sono regole pratiche per stabilire quando usare l'uno o l'altro gruppo: se si hanno dubbi, è bene consultare il dizionario.

ccu / cqu / qqu

- Si scrive **ccu** quando la lettera seguente è una consonante: *a**ccus**a, a**ccur**ato, o**ccup**azione.* Unica eccezione: *ta**ccui**no.*
- Si scrive **cqu** quando la lettera seguente è una vocale: *a**cqu**a, a**cqu**atico, a**cque**dotto, a**cqui**stare, na**cque**.*
- Si usa **qqu** soltanto nella parola *so**qqu**adro.*

gu / qu

Non bisogna confondere le parole scritte con il gruppo **gu** (***gu**aio, **gu**erra, **gui**da*) e quelle scritte con **qu** (***qu**asi, **qu**esta, **qu**into*).

li / gli

- Si usa **li:**
  - quando l'accento cade sulla **i:** *balìa, regalìa, zoofilìa;*
  - in sillaba iniziale, tranne che per *gli* e *glie* (articolo e pronome): ***li**eve, **li**ana, **li**uto;*
  - quando il suono è doppio: *idi**lli**o, camme**lli**ere, so**lli**evo.*

mb / nb - mp / np

Davanti alle consonanti **b** e **p** si usa sempre la **m** e **non** la **n**: *bo**mb**a, ma**mb**o, ca**mp**o, la**mp**ada.*

ni / gn / gni

- Si scrive **ni** nelle parole di origine latina: *colo**ni**a, ge**ni**o, scruti**ni**o, Campa**ni**a.*
- Si scrive **gn** in tutti gli altri casi: *co**gn**ata, inge**gn**ere, so**gn**i, i**gn**oto, o**gn**uno.*
- Si scrive **gni** in casi rarissimi: se la **i** è **accentata** (*compa**gnì**a*) e in alcune forme di verbi con l'infinito in **-gnare** (la 1ª persona plurale dell'indicativo presente e la 1ª e 2ª plurale del congiuntivo presente): *so**gni**amo,* (che noi) *ba**gni**amo,* (che voi) *inse**gni**ate.*

sce / scie

Si scrive sempre **sce** (***sce**na, pe**sce**, di**sce**sa*) tranne che nelle parole ***scie**nza, co**scie**nza* e derivati (***scie**nziato, co**scie**ntemente*).

h

In italiano è una **lettera muta** in quanto, non avendo alcun suono, **non si pronuncia** ma è solo un **segno grafico.**

Si usa:
- per indicare **il suono duro di c** e **g davanti alle vocali e** ed **i**: *orc**h**estra, inc**h**iostro, la**gh**etto, **gh**iro*;
- in molte **esclamazioni** o **interiezioni** per prolungare il suono della vocale che la precede: *a**h**, a**h**i, u**h**, o**h**ibò, e**h**i*;
- in alcune **voci del verbo avere** (***h**o, **h**ai, **h**a, **h**anno*) per distinguerle da parole che si scriverebbero allo stesso modo (*o, ai, a, anno*).

Può essere la lettera iniziale di parole di origine latina o straniera usate correntemente in italiano: ***h**abitat, **h**umus, **h**otel, **h**obby, **h**angar, **h**ostess.*

PRIMA VERIFICA

8 Indica la grafia corretta fra le due alternative.

Es.: ☐ montagnia ☑ montagna

1. ☐ cambio ☐ canbio
2. ☐ pesce ☐ pescie
3. ☐ qustode ☐ custode
4. ☐ otel ☐ hotel
5. ☐ bucce ☐ buccie
6. ☐ sollievo ☐ soglievo
7. ☐ formaggera ☐ formaggiera
8. ☐ ampio ☐ anpio

I raggruppamenti vocalici e consonantici: la sillaba

La sillaba è una parte di parola che si pronuncia con una sola emissione di voce e che contiene almeno una vocale. Può essere formata da una sola vocale (***o**-ro*), da consonante più vocale (***sa-lo-ne***), da gruppi di consonanti più vocale (***cre-sta, stra-zian-te***) ecc.
In base al numero di sillabe da cui sono formate, le parole si distinguono in:
- **monosillabi** di una sola sillaba: *a, la, ma, tu, voi, se, re, per, bar*;
- **bisillabi** di due sillabe: *a-li, er-ba, pa-la, tar-ghe, pre-sto, fo-glia*;
- **trisillabi** di tre sillabe: *a-bi-to, ca-lo-re, con-se-gna, ri-chie-sta*;

- **polisillabi** di quattro o più sillabe: *sal-va-to-re, il-lu-mi-na-re, fan-ta-scien-ti-fi-co.*

La sillaba con la vocale accentata è chiamata **tonica**, mentre le altre non accentate sono dette atone. Quando è necessario andare a capo, la parola si può interrompere solo tra una sillaba e l'altra. Per questo è importante conoscere le regole della **divisione in sillabe**.

- Si considerano **sillaba** e quindi **non si dividono**:
  - una vocale o un dittongo iniziali di parola, seguiti da consonante: ***a**-mo*, ***o**-ro-lo-gio*, ***au**-to*, ***ie**-na*, ***Eu**-ro-pa*;
  - una vocale iniziale di parola seguita da consonante: ***ar**-pa*, ***el**-mo*;
  - una consonante semplice con la vocale o il dittongo che segue: ***se**-ra*, ***ca**-vo-lo*, ***piu**-ma*, ***sie**-pe*;
  - i dittonghi e i trittonghi, da soli o insieme a una consonante: *a-**iuo**-la*, ***cuo**-co*;
  - i digrammi e i trigrammi: *a-ran-**cia***, *co-**gna**-ta*, *u-**sci**-re*, ***chio**-do*, *sve-**glia**-re*;
  - gruppi di consonanti che uniti alla vocale seguente formano una sillaba che può trovarsi a inizio di parola: *pie-**tra** / **tra**-ve*; *fi-**schi** / **schi**-va-re*; *la-**stra** / **stra**-no.*

- **Si dividono**, invece:
  - le consonanti doppie, incluso il gruppo **cq** (raddoppiamento di **q**): *ba**t**-te**l**-**l**o*, *so**q**-**q**ua-dro*, *a**c**-**q**ue-dot-to*;
  - le vocali di uno iato: *m**i**-**a***, *t**e**-**a**-tro*, *a-c**u**-**i**-re*;
  - due consonanti che insieme a una vocale non formano una sillaba iniziale di parola: *a**c**-**n**e*, *co**l**-**p**a*, *bo**m**-**b**a*, *ri**t**-**m**o.*

PRIMA VERIFICA

9 Indica se la divisione in sillabe delle seguenti parole è corretta (c) o sbagliata (s).

Es.: mac-chi-na ...c...

1.	a-po-stro-fo	....	**5.**	la-vo-ro	....	**9.**	ro-mbo	....
2.	por-ta-pe-nne	....	**6.**	cu-o-re	....	**10.**	e-sta-te	....
3.	a-iu-to	....	**7.**	pen-na-rel-lo	....	**11.**	col-pi-re	....
4.	is-o-la	....	**8.**	os-tri-ca	....	**12.**	colt-el-lo	....

10 Riscrivi correttamente le divisioni in sillabe sbagliate nell'esercizio 9.

11 Leggi **le seguenti parole e** indica**, come nell'esempio, ogni singola lettera.**

Es.: Calcio → ci, a, elle, ci, i, o.

righello, chiodo, zucchero, yoga, ruscello, Juventus, xilofono, basket, luglio, kiwi.

12 Metti **in ordine alfabetico le seguenti parole e, per le lettere iniziali mancanti,** scrivi **una parola a piacere.**

saponetta, doccia, isolamento, wafer, ferro, topo, nipote, amico, yogurtiera, bambola, zampa, hotel, musica, quercia, vacanza, pace.

13 Inserisci **nelle seguenti parole le vocali mancanti.**

Es.: an....llo → anello

1. gall....na
2. ar....chidi
3. b....cchiere
4. pal....stra
5. stadi....
6. cost....me
7. regi....ne
8. n....vola
9. g....lato
10. elef....nte
11. informaz....one
12. d....manda

14 Sottolinea **le parole che contengono uno iato.**

triennio, guerra, maestro, automobile, faina, paura, follia, realtà, baule, piano, zaino, fiera, piuma, coesione, viziato, poeta.

15 Indica **se in queste parole la lettera 's' ha un suono sordo o sonoro.**

Es.: sauna sordo

1. assoluto ....
2. rosa ....
3. soffiare ....
4. sbadiglio ....
5. morsicare ....
6. asfalto ....
7. rasoio ....
8. ristorante ....
9. mostro ....
10. rossetto ....
11. asma ....
12. psicologo ....

16 Indica **se in queste parole la lettera 'z' ha un suono dolce (d) o aspro (a).**

Es.: nazione d

1. zoccolo ....
2. abbondanza ....
3. zappare ....
4. ozio ....
5. stazione ....
6. pizza ....
7. rappresentanza ....
8. zaffiro ....
9. zero ....
10. organizzatore ....
11. perturbazione ....
12. zampa ....

17 Individua quali parole assumono un altro significato raddoppiando la consonante e scrivile accanto.

Es.: pala palla

1. riso ....
2. papa ....
3. casa ....
4. sole ....
5. topo ....
6. uva ....
7. mare ....
8. sete ....
9. caro ....
10. mago ....
11. cane ....
12. polo ....

18 Sottolinea le parole in cui il gruppo 'gl' non forma un digramma.

spogliatoio, gladiatore, medaglia, negligenza, abbigliamento, glicine, gloria, paglia, meraviglia, ganglio, scoglio, globale.

19 Ognuna delle seguenti parole contiene un errore: riscrivile nella forma corretta.

Es.: spiaggie spiagge

1. uscere ....
2. acqusa ....
3. soglievo ....
4. inpedimento ....
5. disciesa ....
6. ingeniere ....
7. bonba ....
8. querra ....
9. accuedotto ....
10. siqurezza ....
11. spece ....
12. insegniare ....

20 Completa le parole con le lettere 'c' o 'q' o con i gruppi 'cc', 'cq' o 'qq'.

Es.: s..c..uro

1. ......uasi
2. so......uadro
3. a......uilone
4. ......uale
5. si......urezza
6. o......upare
7. a......uazzone
8. a......urato
9. a......uisto
10. na......uero
11. e......uazione
12. e......uilibrio

21 Dividi in sillabe le seguenti parole.

Es.: balcone bal-co-ne

1. albero ....
2. acqua ....
3. colpevole ....
4. pietra ....
5. monello ....
6. aumento ....
7. vuoto ....
8. ruscello ....
9. castagne ....
10. inchiostro ....
11. piacere ....
12. orsacchiotto ....

02 L'accento e l'apostrofo

L'accento tonico

Marilù e Cosimo abitano insieme e si vestono allo stesso modo.

In ogni parola, la voce marca con più forza una determinata sillaba, quella in cui è presente l'accento **tonico**. Nella frase *Mari**lù** e **Co**simo **a**bitano in**sie**me e si **ve**stono **al**lo **stes**so **mo**do*, sono segnate in rosso le **sillabe toniche**, ossia dove cade l'accento, mentre quelle in nero sono **atone**, cioè prive di accento.

Le parole si dicono:

- **tronche** se l'accento cade sull'ultima sillaba: *par**tì**, sereni**tà**, caf**fè**;*
- **piane** se cade sulla penultima: *sal**ta**re, ce**le**ste, per**so**na;*
- **sdrucciole** se cade sulla terzultima: ***tie**pido, e**la**stico, **a**bito;*
- **bisdrucciole** se cade sulla quartultima: ***li**tigano, **vi**gilano, an**da**tevene.*

In generale l'accento tonico non si segna, tranne che sulle parole tronche e talvolta negli omografi:

*In questi giorni al capi**ta**no / capi**tà**no ne **ca**pitano / **cà**pitano di tutti i colori.*

o negli omofoni, cioè parole che hanno significato diverso pur avendo lo *stesso suono*:

*I tuoi nipoti ci **hanno** inviato gli auguri per l'**anno** nuovo.*

PRIMA VERIFICA

1 **Individua le parole tronche e segna l'accento grafico.**

atlante, qualità, pallone, giorno, perche, ando, parlare, universita, barca, lavagna, realta, citta, bellezza, bambu.

2 Indica **quali sono le sillabe toniche corrette delle seguenti parole.**

Es.: **bi**scotto – bi**sco**tto

1. parteci**pa**re – parte**ci**pare
2. la**va**gna – **la**vagna
3. ricorda**te**vene – ricor**da**tevene
4. conten**tez**za – con**ten**tezza
5. mi**la**nese – mila**ne**se
6. pub**bli**co – **pub**blico
7. **pa**prica – papri**ca**
8. **fi**nora – fi**no**ra
9. **ge**nere – ge**ne**re
10. me**di**co – **me**dico
11. **lu**ce – lu**ce**
12. le**va**tevelo – **le**vatevelo

L'accento grafico e le sue forme

Generalmente l'accento tonico non si scrive: nei casi in cui è segnato prende il nome di **accento grafico**.

L'accento grafico ha due forme:

(ˋ) **grave**, indica un suono aperto e si usa su tutte le vocali: *sarà, giù, caffè, è, però, sì*

(ˊ) **acuto**, indica un suono chiuso e si usa solo sulla vocale **e**: *purché, affinché*

È obbligatorio usare l'accento grafico nei seguenti casi:

- sulle parole tronche non monosillabe: *lealtà, rubò, tutù, perché;*
- su molti monosillabi che finiscono con dittongo: *più, ciò, può, già* (fanno eccezione qui e qua);
- sui composti di *blu, re, su, tre* (che da soli non vogliono l'accento): *Barbablù, viceré, lassù, trentatré;*
- sui seguenti monosillabi (che, se non accentati, si confonderebbero con altri di uguale forma ma di significato diverso):

ché	(congiunzione = *perché*)	**che**	(congiunzione, pronome relativo)
dà	(verbo *dare*)	**da**	(preposizione)
dì	(nome = giorno)	**di**	(preposizione)
è	(verbo *essere*)	**e**	(congiunzione)
là	(avverbio)	**la**	(articolo, pronome, nota musicale)
lì	(avverbio)	**li**	(pronome)
né	(congiunzione)	**ne**	(pronome, avverbio)
sé	(pronome)	**se**	(congiunzione)
sì	(avverbio)	**si**	(pronome, nota musicale)
tè	(nome = bevanda)	**te**	(pronome)

PRIMA VERIFICA

3 Scegli **l'opzione corretta fra le due alternative proposte.**

Es.: **La** / **là** casa di Daniel è **lassù** / **lassu**, sulla collina.

1. Non voglio **ne** / **né** il dolce **ne** / **né la** / **là** macedonia.
2. Il calciatore **che** / **ché** ha fatto goal **né** / **ne** segna sempre molti.
3. **Barbablu** / **Barbablù** era il personaggio **di** / **dì** una favola.
4. Questo **tè** / **te** verde viene dall'India.
5. **Si** / **sì**, Denise ha **quarantatre**/ **quarantatré** anni ma non **lì** / **li** dimostra.
6. Mimma **e** / **è** l'amica **dì** / **di** Stefano.
7. Vado **dà** / **da** Simone **perché** / **perchè** mi ha invitato a cena.
8. Il **viceré** / **vicere** di Napoli **regalo** / **regalò** alla regina una collana preziosa.

L'elisione

La attrice ha ritirato lo Oscar fra lo entusiasmo della intera platea.

In questa frase ci sono alcune coppie di parole (la ***attrice****, lo* ***Oscar****, lo* ***entusiasmo****, della* ***intera*** *platea)* che si leggono con fastidio, perché le vocali finali s'incontrano con quelle iniziali della parola successiva. Per facilitare la lettura si ricorre all'elisione, che **consiste nella soppressione della vocale finale di una parola non accentata davanti a un'altra parola che inizia per vocale o per *h*.**

La caduta della vocale è indicata dall'apostrofo ('):

L'attrice ha ritirato l'Oscar fra l'entusiasmo dell'intera platea.

- L'elisione è necessaria:
  - con gli articoli singolari **lo, la** e con le **preposizioni articolate** con essi formate: ***l'arco, l'edera, nell'acqua...;***
  - dopo **ci** seguito dalle voci di verbi che iniziano per **e:** ***c'eravamo, c'entra, c'è...;***
  - dopo gli aggettivi **bello** / **bella, santo** / **santa** e **quello** / **quella** seguiti da nomi inizianti per vocali: ***bell'uomo, sant'Elena, quell'anno...;***
  - davanti ai **numeri che iniziano per vocale** (l'8 *settembre)* e per abbreviare l'indicazione degli anni o dei secoli (i *moti del* ***'21****, gli scrittori del* ***'900****);*
  - in alcune locuzioni come: ***d'altra*** *parte,* ***d'altronde****, fin* ***d'allora****,* ***d'ora*** *in poi,* ***senz'altro****,* ***tutt'al*** *più...*

- L'uso dell'apostrofo è facoltativo:
  - con la preposizione **di:** ***di*** *insolito* o ***d'insolito;***
  - con l'articolo indeterminativo **una:** ***una*** *arancia* o ***un'arancia;***
  - con le particelle pronominali **mi, ti, si, ne** e con i pronomi **lo** e **la:** ***mi*** *indicò* o ***m'indicò;*** *se* ***ne*** *andò* o *se* ***n'andò;*** ***lo*** *inviterò* o ***l'inviterò;*** ***la*** *ascoltò* o ***l'ascoltò...;***

- con **ci** e **vi** davanti a **i:** ***ci*** *incontrammo* o ***c'incontrammo; vi*** *invio* o ***v'invio;***
- con la congiunzione **anche** seguita da un pronome personale: ***anche*** *io* o ***anch'io; anche*** *essi* o ***anch'essi;***
- con gli aggettivi dimostrativi **questo / questa:** ***questo*** *esemplare* o ***quest'esemplare; questa*** *uscita* o ***quest'uscita;***
- con gli aggettivi **grande** e **povero:** ***grande*** *amico* o ***grand'amico; povero*** *uomo* o ***pover'uomo.***

• L'elisione è **vietata**:
- dopo la preposizione **da,** per non confonderla con **di** (***da*** *alzare,* ***da*** *imparare);*
- con i pronomi personali **li** e **le:** ***li*** *indico,* ***le*** *accompagnerò;*
- con la particella **ci** seguita dalle **vocali *a, o, u*** o dalle voci del **verbo *avere*** che iniziano con ***h: ci*** *aprì,* ***ci*** *odiava,* ***ci*** *unisce;* ***ci*** *ho,* ***ci*** *ha,* ***ci*** *hanno;*
- con l'articolo indeterminativo maschile **un:** ***un*** *uomo,* ***un*** *elefante;*
- con gli **articoli,** gli **aggettivi** e le **preposizioni articolate** davanti a parole che iniziano con **i + vocale:** ***lo*** *iato,* ***una*** *iena,* ***bella*** *iella.*

PRIMA VERIFICA

4 Riscrivi le parole inserendo correttamente l'apostrofo quando necessario:

Es.: cerano ......c'erano......

1.	sannoiano	....	**5.**	dallora	....	**9.**	unora	....
2.	doro	....	**6.**	quellaula	....	**10.**	nelloceano	....
3.	unamico	....	**7.**	bellostadio	....	**11.**	liascolto	....
4.	lomangio	....	**8.**	lattore	....	**12.**	santanna	....

Il troncamento

Il dottor Falchi è un gran bel tipo.

Nella frase precedente sono state tolte una vocale e due sillabe per eliminare il suono sgradevole che si sarebbe avuto scrivendo *Il dottore Falchi è un grande bello tipo.*

Pronuncia e scrittura

Questo fenomeno è chiamato troncamento e consiste nell'eliminazione di una sillaba o della vocale finale di una parola davanti a un'altra che comincia per consonante o per vocale. Il troncamento, a differenza dell'elisione, **non è segnalato dall'apostrofo.**

Il troncamento è **obbligatorio**:
- con **uno** e i suoi composti (*nessuno, alcuno, qualcuno...*) e con **buono** davanti a parole maschili che iniziano per vocale o consonante: ***un*** *uccello,* ***nessun*** *ragazzo,* ***alcun*** *problema,* ***qualcun*** *altro,* ***buon*** *uomo,* ***buon*** *diavolo;*
- con **bello** e **quello** davanti a parole maschili che iniziano per consonante: ***bel*** *viso,* ***quel*** *vaso;*
- con **santo** e **frate** davanti a nome proprio che inizia per consonante: ***san*** *Luca,* ***fra*** *Donato;*
- con **suora** davanti a tutti i nomi propri: ***suor*** *Angela,* ***suor*** *Claudia;*
- con **signore, dottore, professore, ingegnere, cavaliere** davanti a nome proprio: *il* ***signor*** *Vittorio, il* ***dottor*** *Coppola, il* ***professor*** *Rossi, l'****ingegner*** *Sommella, il* ***cavalier*** *Tozzi;*
- in espressioni come: ***or*** *ora;* ***mal*** *di testa;* ***ben*** *detto; a* ***caval*** *donato; in* ***particolar*** *modo...* .

L'uso del troncamento è **facoltativo**:
- con **grande** davanti a parole maschili che iniziano per consonante: ***gran*** *baccano,* ***gran*** *poeta* (ma anche ***grande*** *baccano,* ***grande*** *poeta*); talvolta anche davanti a nomi femminili che iniziano per consonante: ***gran*** *battaglia,* ***gran*** *casa* (o ***grande*** *battaglia,* ***grande*** *casa*);
- con **tale** e **quale** davanti a vocale o consonante: ***tal*** *esempio,* ***qual*** *compito,* ***qual*** *è,* ***tal*** *era* (ma anche ***tale*** *esempio,* ***quale*** *è...*). Attenzione, *tale* e *quale* non vogliono **mai** l'apostrofo davanti a vocale.

Il troncamento **è vietato**:
- davanti alla maggior parte delle parole che cominciano per **s impura** (s seguita da consonante), **gn, ps, x, z:** ***quello*** *stupido,* ***santo*** *Stefano,* ***uno*** *gnomo...* Ma si dice ***san*** *Zenobio,* ***san*** *Stanislao,* ***san*** *Zaccaria.*

Una particolare forma di troncamento è l'**apocope** che, solo nei seguenti casi, richiede l'apostrofo per indicare la caduta dell'ultima sillaba:
- **po'** = poco, **mo'** = modo, **to'** = tieni, **be'** = bene
- in alcuni imperativi (che possono essere scritti anche senza apostrofo): **di'** (o **dì**) = dici, **da'** (o **da**) = dai, **sta'** (o **sta**) = stai, **fa'** (o **fa**) = fai, **va'** (o **va**) = vai.

L'unico **troncamento con accento si ha con** la parola **piede,** nelle locuzioni: *a* ***piè*** *pari, a* ***piè*** *pagina, a* ***piè*** *fermo.*

PRIMA VERIFICA

5 Indica quali fra queste parole hanno subito un troncamento.

Es.: ☑ Quel gattino

1. ☐ Santa Margherita
2. ☐ Signor Rossi
3. ☐ quello stivale
4. ☐ nessun esercizio
5. ☐ piè pari
6. ☐ grande albero
7. ☐ un giorno
8. ☐ sto male
9. ☐ alcuni libri
10. ☐ ben fatto
11. ☐ professore anziano
12. ☐ un po' di tè

6 Riscrivi le parole facendo gli opportuni troncamenti.

Es.: bello gatto ......bel gatto......

1. un poco d'acqua ....
2. qualcuno altro ....
3. Dottore Bianchi ....
4. suora Maria ....
5. buono gelato ....
6. quello quaderno ....
7. uno telefono ....
8. bello giorno ....

ESERCIZI DI RIEPILOGO

7 Leggi a voce alta queste parole omografe.

papa - pa**pà**
per**ò** - **pe**ro
leggere - leg**ge**re
volto - vol**tò**
prin**ci**pi - **prin**cipi
ancora - an**co**ra
alito - ali**tò**
tendine - ten**di**ne
am**ò** - **a**mo
mangio - man**giò**

8 Indica se le seguenti parole sono tronche (T), piane (P), sdrucciole (S) o bisdrucciole (B) e sottolinea la vocale su cui cade l'accento.

Es.: ombr<u>e</u>llo ...P...

1. portone ....
2. felicità ....
3. salgono ....
4. canile ....
5. pennarello ....
6. televisione ....
7. pagina ....
8. fegato ....
9. virtù ....
10. angelo ....
11. diamoglielo ....
12. dondolano ....
13. tavolo ....
14. gioventù ....
15. cucina ....

Pronuncia e scrittura

9 Scrivi l'accento grafico dove è necessario.

Es.: In montagna fara freddo: lassu c'e sempre la neve.
In montagna farà freddo: lassù c'è sempre la neve.

1. Non so se Laura beve il te.
2. L'insegnante da molti compiti da fare a casa.
3. La gelateria Biancapanna e li, vicino alla casa di Mirco.
4. Mangiamo piu frutta di voi perche ci piace molto.
5. Ma non lavorate mai? State notte e di davanti al televisore!
6. Questa si che e una bella canzone!
7. Josephine e molto sicura di se.
8. Le mie tre sorelle hanno tredici, diciannove e ventitre anni.
9. Ieri non ho mangiato ne a pranzo ne a cena.
10. E tardi, sono gia le tre.

10 Scrivi la funzione di queste parole: articolo, avverbio, congiunzione, nome, preposizione, pronome, verbo.

Es.: da preposizione

1. te	5. la	9. è ....
2. lì	6. e	10. dì ....
3. che	7. se	11. là ....
4. ne	8. ché	12. dà ....

11 Completa le frasi con 'e' (congiunzione) o 'è' (verbo).

Es.: Roma ..è.. una città molto antica ..e.. bella.

1. Yuri .... sempre arrabbiato .... per questo non ha molti amici.
2. Gianni .... italiano, Haris .... Miran albanesi.
3. Il cane bianco .... nero .... mio.
4. Oggi mangio pasta .... piselli.
5. Questa torta .... troppo dolce .... grassa.
6. Gioacchino .... il fratello di Bruno giocano sempre insieme.
7. Oggi Renata .... ammalata .... non può andare a scuola.
8. Io .... Margherita siamo cugine .... abbiamo la stessa età.
9. Perché quel bambino .... così triste?
10. Domani .... domenica .... finalmente possiamo alzarci tardi.
11. Vorrei un panino .... un'aranciata, per favore.
12. .... lui il ragazzo che ha vinto una medaglia .... una coppa alle gare di atletica?

12 Scegli la forma corretta fra le due alternative proposte.

Es.: le isole / l'isole

1. quell'anno / quel anno
2. ci ascolta / c'ascolta
3. dall'Italia / dalla Italia
4. tutto al più / tutt'al più
5. bell'uomo / bel uomo
6. dell'ultima / della ultima
7. ci erano / c'erano
8. uno iato/ un iato
9. la aria / l'aria

13 Sottolinea le parole che presentano un troncamento.

Es.: Fatma ha mal di denti.

1. Ho già fatto la maggior parte dei compiti.
2. Che simpatica Luisa: ha davvero un buon carattere.
3. Devi studiare anche le note a piè di pagina.
4. Oggi l'Inter ha giocato una gran partita.
5. Qual è la tua bicicletta?
6. Sta' zitto, a teatro non si parla!
7. Il patrono d'Italia è san Francesco.
8. Posso avere un po' di pizza, per favore?
9. Non ho ancora visto il bel film di cui mi hai parlato.
10. Se non vuoi giocare con me a ping pong, chiedo a qualcun altro.
11. Il dottor Cinali è il mio veterinario di fiducia.
12. Il professore ha detto che ho fatto davvero un bell'esame.

14 Indica se le parole sottolineate contengono elisione (e) o troncamento (t).

Es.: Quest'anno andiamo in vacanza in montagna. ..e..

1. Il mio compleanno è l'8 luglio. ....
2. L'ingegner Giorgi lavora a Firenze. ....
3. Non c'è nessuno in classe. ....
4. Ho mangiato un buon risotto ai funghi. ....
5. San Silvestro è l'ultimo giorno dell'anno. ....
6. Abbiamo giocato a piedi nudi sull'erba. ....
7. Accendi pure la radio: non mi crei alcun disturbo. ....
8. Fra Daniele conosce il greco antico e latino. ....
9. Quel giorno arrivammo tutti a scuola in ritardo. ....
10. Qual è il tuo cantante preferito? ....
11. Che bell'automobile! ....
12. Ho un gran desiderio di andare al mare. ....

03 La punteggiatura e l'uso delle maiuscole

I segni di punteggiatura

La punteggiatura è un insieme di segni che servono a indicare graficamente le pause del discorso, le intonazioni della voce, l'alternarsi dei personaggi in un dialogo.

I **segni di punteggiatura** o **d'interpunzione** sono i seguenti:

- Il **punto fermo** (.), detto anche semplicemente **punto**. **Indica una pausa abbastanza lunga alla fine di un periodo. Dopo il punto si deve usare sempre la lettera maiuscola.**
  Giorgio ha finito il tema. Domani lo consegnerà alla maestra.
  Se il discorso che segue dopo il punto non è strettamente connesso con l'argomento precedente, è preferibile andare a capo, iniziando un nuovo capoverso.
  Il punto si usa anche nelle abbreviazioni e nelle sigle:
  egr. sig. = egregio signor; *ill.mo prof.* = illustrissimo professore; *gent. sig.ra* = gentile signora; *c.a.* = corrente anno; *a.C.* = avanti Cristo; *U.E.* = Unione Europea; *FF.SS.* = Ferrovie dello Stato; *A.S.L.* = Azienda Sanitaria Locale ecc.

- La **virgola** (,) **indica una pausa breve.**

  Generalmente **si usa**:
  - **nelle enumerazioni** e **negli elenchi:** *Nella vetrina erano esposti abiti, borse, scarpe.*
  - **per dividere le proposizioni in un periodo:** *Il cane sentì un rumore, alzò la testa, si lanciò verso il cespuglio;*
  - **al principio e alla fine di un inciso** (La *zia, se ci fai caso, ti dà sempre ragione*) **o di un'apposizione** (Michele, *fratello di Pia, si è trasferito in Inghilterra*)
  - **dopo alcuni avverbi (no, *sì, bene*):** *No, non va; Sì, ci credo; Bene, lo farò.*

  La virgola, invece, **non si usa**:
  - **tra il soggetto e il predicato** (non si scrive, infatti: *Paola, studia; Franco, gioca,* ma: *Paola studia; Franco gioca*);
  - **tra il verbo e il primo complemento oggetto:** *Mara ha comprato un pullover, una giacca, dei pantaloni* (e non: *Mara ha comprato, un pullover...*);
  - **davanti alle congiunzioni *e, né, o, oppure*:** *Ai giardini ho visto Giorgio, Olivia e Adelmo; Non voglio né pasta né riso; Andremo al cinema o in pizzeria.*

- Il **punto e virgola** (;) **indica una pausa di media durata:** *Dopo un po' si stancò di scrivere; lentamente andò in cucina; bevve una tazza di caffè bollente; ora era pronto a ricominciare.*

- I due punti (:) **indicano una pausa rapida** e istituiscono un legame logico tra due parti di un testo.

  Si usano:
  - **per mettere in rilievo un pensiero o una spiegazione:** *Il ragazzo decise: ora o mai più; Quello che dici non è vero: ho scoperto le tue bugie;*
  - **per introdurre un'enumerazione:** *In frigo c'è di tutto: burro, latte, formaggio, verdura. Nel cinema ci sono due sale: una grande e una piccola;*
  - **per introdurre un discorso diretto o una citazione:** *Il giudice ammonì: «Silenzio o faccio sgombrare l'aula!». Come dice Pirandello: «Ma non è una cosa seria».*

- Il punto interrogativo (?) **serve per indicare una domanda diretta:** *Dove abiti?* Dopo il punto interrogativo di solito si usa la lettera maiuscola: *Andare da lui? Non mi va proprio.*

- Il punto esclamativo (!) **serve a indicare una particolare emozione** (meraviglia, indignazione, gioia, dolore...): *È lui!; Ti prenderei a schiaffi!; Che bel cane!*

  Dopo il punto esclamativo ci vuole la lettera maiuscola: *Che seccatura! È di nuovo qui!*

- I puntini di sospensione (...), sempre tre, scritti uno dopo l'altro, **indicano l'interruzione di un discorso** dovuta a incertezza, imbarazzo, ironia: *Non so... quasi quasi ci andrei; Preferirei non parlarne...*

  A volte si usano per lasciare in sospeso una frase che non si può o non si vuole completare (*Se avessi aspettato te...*).

Esistono poi altri **segni grafici** che **servono a rendere più chiaro il testo scritto:**

- Le virgolette **doppie** («...»), ("...") o semplici ('...') si usano in:
  - **un discorso diretto:** *Giulia gridò: «Basta! Mi hai stancato!»;*
  - **una citazione:** *Per usare le parole di Galilei: «Eppur si muove!»;*
  - **titoli di libri, giornali, opere varie:** *Ho letto «Metello»; Scendo a comprare «la Repubblica»; Il film «La grande bellezza» ha vinto l'Oscar;*
  - **parole usate con significato particolare, allusivo** o **metaforico:** *Programmare "vacanze intelligenti"; Sei una "pecora nera".*

- La lineetta (–), **che introduce le varie battute di un dialogo:**

  – Hai comprato il nuovo computer?

  – Non ancora – rispose Andrea. – Sono incerto tra due diverse marche.

- La lineetta **può introdurre anche un inciso, sostituendo** la virgola: *Quando parla – e lo fa di continuo – è noioso.*

- Il trattino (-), più corto della lineetta, **si usa:**
  - per segnare la divisione in sillabe di una parola, specialmente per andare a capo (a-mi-ci);
  - per accostare tra loro due parole che non costituiscono un nome composto vero e proprio (il *derby Roma-Lazio; una città-satellite*).

- Le **parentesi tonde ( ) servono:**
  - a introdurre con molta forza un inciso: *Mi ha promesso ancora una volta (e s'illude che io possa credergli) che riprenderà a studiare;*
  - per segnalare il nome dell'autore di una citazione: *«Si sta come / d'autunno / sugli alberi / le foglie»* (G. Ungaretti);
  - per spiegare o dare ulteriori informazioni: *menzionarlo (cioè parlarne); il suono dolce (o palatale).*

- Le **parentesi quadre [ ] si usano:**
  - per inserire parole o frasi che non fanno parte del testo, ma che servono a fornire indicazioni indispensabili: *Egli* [Catone] *diceva che Cartagine doveva essere distrutta;*
  - per indicare l'omissione di parole o frasi in un testo, racchiudendo, in tal caso, i puntini sospensivi: *Il metano è il più semplice degli idrocarburi.* [...] *È usato come combustibile.*

- L'**asterisco** (*) **si usa:**
  - per indicare una parola che sarà spiegata in nota;
  - per sostituire un nome che l'autore non può o non vuole citare. In questo caso è segnato tre volte: *Essa era l'ultima figlia del principe***, gran gentiluomo milanese...* (A. Manzoni).

PRIMA VERIFICA

1 Inserisci la virgola nelle seguenti frasi.

Es.: Ho messo in tavola i bicchieri la bottiglia dell'acqua le posate e i tovaglioli.
Ho messo in tavola i bicchieri, la bottiglia dell'acqua, le posate e i tovaglioli.

1. Marco ha fatto colazione ha preso lo zaino ed è andato a scuola.
2. Macchia il cane di Marzia quest'anno compie dodici anni.
3. Ho visitato Parigi Barcellona Atene e Istanbul.
4. Fabrizio che è il papà di Vittoria viene a prenderla tutti i giorni all'uscita di scuola.
5. No non credo sia una buona idea uscire con questo tempaccio.
6. Sì ho già finito i compiti.
7. Quando Claudia è tornata a casa si è fatta la doccia si è messa il pigiama ed è andata a dormire.
8. Germano hai preso dall'armadio i calzini la maglietta e i pantaloni?
9. Adele la sorella di Angela ha preparato per pranzo la pasta al pomodoro l'insalata la macedonia e il tiramisù.
10. Gabriella e Sabrina le mie due migliori amiche sono molto brave in matematica in chimica e in geometria.

2 Riscrivi **le frasi inserendo il punto interrogativo o il punto esclamativo e** scrivendo **la lettera maiuscola dove è necessaria.**

Es.: Che noia questo film fa davvero addormentare.
Che noia! Questo film fa davvero addormentare.

1. Luisa e Lino no, non li conosco. ....
2. Come ti chiami Felipe. ....
3. Che ora è quando vuoi fare merenda ....
4. Finalmente la ricreazione ero proprio stanco di fare esercizi. ....
5. Che bello è il tuo cane ....
6. Come parli bene l'italiano ....

L'uso della maiuscola

Andrea Bianchi è partito questo pomeriggio da Roma Termini sul treno Frecciabianca e arriverà questa sera a Milano Centrale.

Ci sono dei casi in cui **è necessario** usare la maiuscola:

- all'inizio di un periodo e dopo il punto fermo, il punto interrogativo e il punto esclamativo: *Dico a te. Perché non stai attento? Sei sempre distratto! E i risultati poi li conosciamo tutti!;*
- all'inizio di un discorso diretto dopo le virgolette: *La nonna disse: «Come sei cresciuta!»;*
- con i nomi propri di persona, di animale, di luogo e di cosa personificata: *Emilia, Lassie, Torino, la Libertà;*
- con i cognomi e i soprannomi: *i Gambardella, Giovanna d'Arco detta la 'Pulzella d'Orléans';*
- con i titoli (film, opere letterarie e artistiche, giornali...): *Pinocchio, i Promessi Sposi, la Gioconda, «Focus»...;*
- con i nomi di popolazioni, specialmente quelle del passato, che non siano aggettivi: *gli Egizi, gli Italiani;*
- con i nomi di enti, società, squadre sportive: *il Comune, la Fiat, la Sampdoria;*
- con i nomi sacri e con quelli di feste civili o religiose: *la Trinità, la Liberazione, il Natale;*
- per indicare i periodi storici o i secoli: *il Risorgimento, il Settecento;*
- con i nomi *Mezzogiorno, Settentrione, Meridione, Oriente, Occidente* e con quelli dei punti cardinali quando indicano realtà geopolitiche, ma non la direzione: i *problemi del Mezzogiorno; un viaggio in Oriente; lo squilibrio Nord-Sud; i paesi del Sud-Est asiatico;*

- nelle forme di cortesia, per indicare rispetto: *Illustrissimo **D**ottor **M**oretti, **L**e inviamo le nostre congratulazioni per il **S**uo nuovo incarico...;*
- nelle sigle: FF.SS., CGIL, INPS;
- negli avvisi, negli annunci, nei cartelloni pubblicitari, in generale quando si vuole colpire l'attenzione di chi legge, a tutte maiuscole: *VIETATO FUMARE; VENDESI BOX; CHIUDERE BENE IL PORTONE.*

L'uso delle maiuscole è libero:

- con molte altre parole, per le quali precedentemente si usava sempre la maiuscola: ***V**ia Roma* o ***v**ia Roma; **P**iazza Dante* o ***p**iazza Dante; **D**ottor Rossi* o ***d**ottor Rossi;*
- con una carica o un'istituzione se s'intende nella sua «unicità»: il ***P**apa, il **P**residente, il **D**irettore; la **C**hiesa, lo **S**tato, il **M**inistero*; in caso contrario si usa la minuscola: ***p**apa Francesco I, il **p**residente Napolitano, il **p**reside del liceo...*

PRIMA VERIFICA

3 Sottolinea le lettere in cui la maiuscola è opzionale e cerchia quelle dove invece è obbligatoria.

Es.: Abbiamo visitato il teatro La Scala con il Professor Pisapia.

1. Noemi e Hasan abitano in Via Matteotti.
2. Mi scusi se La disturbo, sa dirmi dov'è Piazza Garibaldi?
3. Melania chiese: "Dottore, quanti giorni devo rimanere a letto?".
4. Scusi Professor De Propris, Lei ha mai incontrato il Papa?
5. Che caldo! Quest'anno l'estate è arrivata in anticipo.
6. Non sai dove sia Corso Garibaldi? Chiedi al vigile!

4 Riscrivi le frasi usando le lettere maiuscole dove è necessario.

Es.: la senna è il fiume che attraversa parigi, la città più grande di francia.
La Senna è il fiume che attraversa Parigi, la città più grande di Francia.

1. dante alighieri scrisse la sua opera più importante, la divina commedia, nel tredicesimo secolo.
2. a pasqua facciamo un viaggio in oriente.
3. gli etruschi abitavano in un'area compresa fra tre regioni: toscana, lazio e umbria.
4. mio fratello maggiore si chiama leopoldo ma tutti lo chiamano maradona perché tifa per il napoli.
5. oggi in edicola ho comprato sia topolino sia diabolik.
6. a carnevale, come ogni anno, andiamo a venezia da mia zia loredana.
7. il rinascimento è un periodo storico che ha caratterizzato l'italia nel cinquecento.

5 **Abbina a ogni segno di punteggiatura la definizione appropriata.**

1.	indica una domanda diretta	c	a punto esclamativo
2.	segna la divisione in sillabe	....	b puntini di sospensione
3.	indica una pausa breve	....	c punto interrogativo
4.	introduce le battute del dialogo	....	d asterisco
5.	segnalano il nome di un autore	....	e trattino
6.	indica una pausa media	....	f lineetta
7.	segnala un'emozione	....	g punto e virgola
8.	rimanda a una nota	....	h virgolette
9.	si usano per i titoli dei libri	....	i parentesi tonde
10.	indicano l'interruzione del discorso	....	l virgola

6 **Leggi il testo a voce alta, facendo le pause necessarie.**

Il piccolo principe traversò il deserto e non incontrò che un fiore. Un fiore a tre petali, un piccolo fiore da niente...
"Buon giorno", disse il piccolo principe.
"Buon giorno", disse il fiore.
"Dove sono gli uomini?" domandò gentilmente il piccolo principe.
Un giorno il fiore aveva visto passare una carovana: "Gli uomini? Ne esistono, credo, sei o sette. Li ho visti molti anni fa. Ma non si sa mai dove trovarli. Il vento li spinge qua e là. Non hanno radici, e questo li imbarazza molto".
"Addio", disse il piccolo principe.
"Addio", disse il fiore.

7 **Ognuna di queste frasi contiene un errore di punteggiatura. Sottolinealo e riscrivile in modo corretto.**

Es.: Mirna: la sorella di Giada, si è appena iscritta all'università.
Mirna, la sorella di Giada, si è appena iscritta all'università.

1. Davvero hai solo otto anni! Sembri più grande. ....
2. Ieri ho mangiato risotto; frittata con l'insalata, frutta e dolce. ....
3. Vuoi un toast, oppure pane e marmellata? ....
4. Egregio professore. Le invio il mio elaborato. ....
5. Claire parla molte lingue – francese, inglese, greco, italiano e spagnolo. ....
6. L'insegnante ha detto: (Dovete studiare di più!). ....
7. Veramente hai preso 10 in geometria! Sei stato proprio bravo! ....
8. Non so??? Forse è meglio non disturbare il dottore a quest'ora. ....

8 Inserisci la punteggiatura necessaria nelle seguenti frasi. Scrivi le lettere maiuscole dove occorre.

Es.: Il passeggero ha chiesto a che ora parte il treno per Bologna
Il passeggero ha chiesto: "A che ora parte il treno per Bologna?".

1. Che bello finalmente posso vedere il derby Inter Milan ....
2. Davvero non vuoi né il primo né il secondo ....
3. Ho letto tre volte Il nome della rosa di Umberto Eco ....
4. Il professore disse agli studenti buongiorno ragazzi ....
5. Magda la madre di Valentina ha un cane due gatti una tartaruga e un criceto ....
6. Lo studente esclamò sono felice domani cominciano le vacanze ....
7. Sei indiano da quale città vieni ....
8. Nel mio zaino c'è di tutto libri quaderni penne matite fotocopie. ....

9 Indica se le parti sottolineate in queste frasi devono essere inserite in parentesi quadre o tonde.

Es.: Il grande generale <u>Napoleone</u> avrebbe voluto conquistare tutta l'Europa. quadre

1. Oggi, mentre andavo a scuola, ho visto il tuo amico <u>quello che mi sta molto antipatico</u>. ....
2. Mentre la classe ascoltava in silenzio la lezione, la ragazza <u>Patrizia</u> guardava le nuvole passare in cielo. ....
3. Quell'estate, dopo molte avventure, <u>...</u> i ragazzi tornarono a casa. ....
4. I dittonghi <u>raggruppamenti di due vocali</u> si pronunciano con un'unica emissione di voce. ....
5. "...e uscimmo fuori a riveder le stelle." <u>Dante Alighieri</u> ....

10 In ognuna di queste frasi c'è un errore nell'uso della maiuscola. Trovalo e sottolinealo.

Es.: Molti Italiani amano il calcio. italiani

1. Ieri la ferrari ha vinto la gara.
2. Napoli si trova a Sud di Roma.
3. È già Mezzogiorno e mezza: andiamo a mangiare?
4. La nutella mi piace da morire.
5. Quando vado a Parigi voglio vedere la gioconda.
6. Gentile Professoressa, La ringrazio per la sua mail.
7. Vieni con me al concerto in Piazza?
8. Il poliziotto ha detto: "per favore, mi mostri la patente!"

11 Completa le frasi con le parole date. Ogni parola si usa due volte: una volta con la lettera maiuscola e una volta con la minuscola.

Es.: Trecento /trecento

a. Nel ....Trecento.... l'Europa era in pieno Medioevo.

b. Mio padre ha ....trecento.... cd di musica classica e lirica.

1. Rossi /rossi

a. Per chi sono questi fiori ....?

b. I .... abitano al piano di sopra.

2. Settecento / settecento

a. Gli autori più importanti della letteratura italiana del .... sono Goldoni, Parini e Alfieri.

b. Alla conferenza del famoso esperto di arte medievale, tutti i .... posti dell'aula erano occupati.

3. Stato / stato

a. Ti dispiace se oggi non ti faccio entrare in camera mia? È in uno .... pietoso.

b. Tutti dobbiamo pagare le tasse allo ....

4. Chiesa / chiesa

a. La .... aiuta i poveri e i bisognosi.

b. Il teatro è proprio dopo la ...., puoi vederlo anche da qui.

5. Rosa / rosa

a. Ho incontrato la tua amica .... sull'autobus.

b. Guarda quant'è grande questa ....!

6. Liberazione / liberazione

a. In Italia il 25 aprile si festeggia la ....

b. Gli animalisti vogliono la .... degli animali negli zoo.

7. Mezzogiorno / mezzogiorno

a. L'aereo decolla a .... e mezza.

b. Le regioni del .... producono un ottimo olio d'oliva.

8. Comune / comune

a. In questo spazio .... i ragazzi possono giocare a pallone.

b. Il .... ha finalmente deciso di creare aree verdi per i cani in ogni quartiere della città.

12 **Ognuna di queste frasi contiene un errore di punteggiatura o nell'uso della maiuscola. Trovalo e correggilo.**

Es.: Il Film "Avatar" ha vinto molti premi Oscar. f minuscola

1. Oggi è arrivato il nuovo Professore di matematica. ....
2. Basta? Adesso hai davvero esagerato! ....
3. Il mezzogiorno d'Italia in estate è caldissimo. ....
4. Dobbiamo comprare il pane, l'insalata e la frutta. ....
5. Il Vietnam è un paese del Sud-Est Asiatico. ....
6. Sabine dice che 'Milano' è una città molto interessante. ....
7. – Hai venduto la tua vecchia auto? 'Non ancora.' ....
8. Durante il risorgimento in Italia ci furono molte guerre. ....
9. Perché sei sempre distratto! In classe devi concentrarti! ....
10. A natale siamo andati a mangiare a casa dei nonni. ....
11. Non ho mai fatto un viaggio in aereo – e tu? ....
12. Ho letto un articolo interessante sulla foresta pluviale nel mensile 'focus'. ....

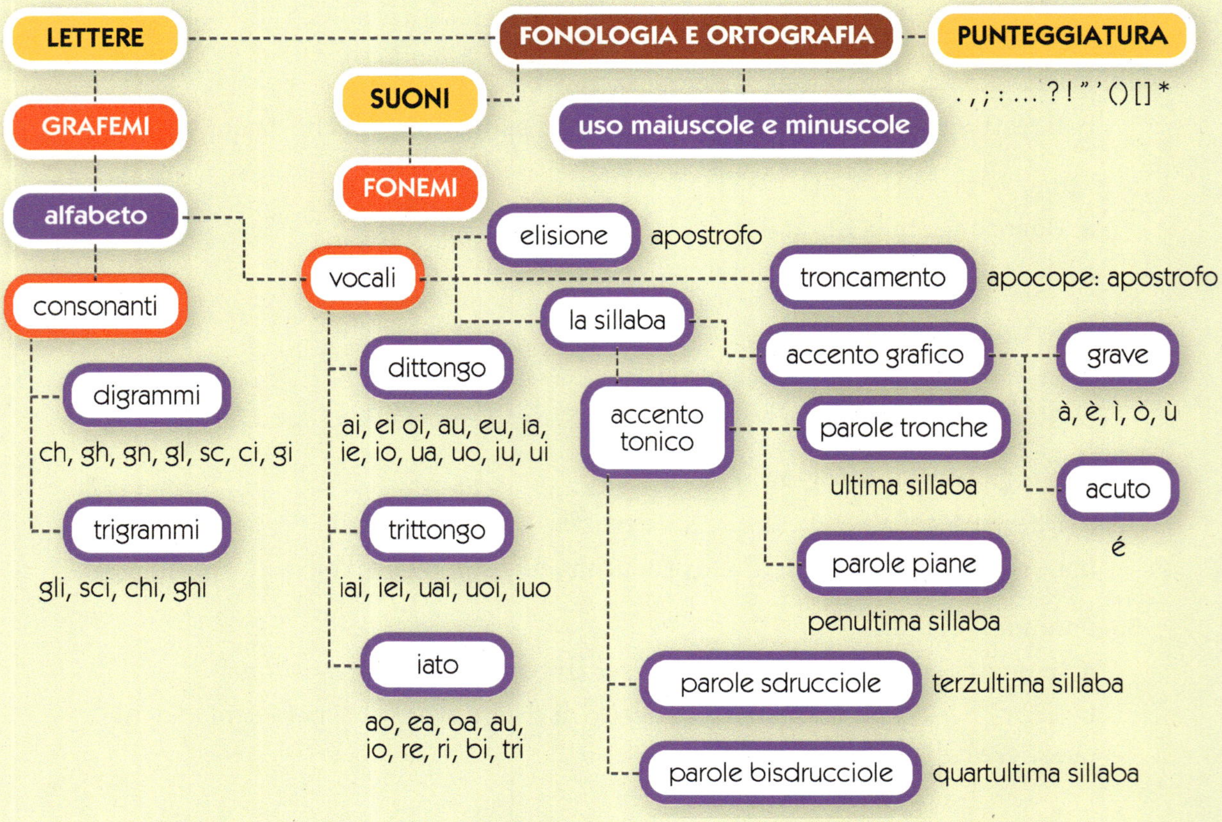

La **morfologia** (dal greco *morphé* = forma e *logía* = studio) è quella parte della grammatica che studia le ***forme delle parole*** e i loro ***mutamenti*** in relazione alla ***funzione*** che le parole stesse svolgono nel discorso.

Morfologia

01 Il nome

Che cos'è il nome

La fanciulla vide correre in mezzo al bosco uno gnomo con il berretto rosso, inseguito da un pappagallo dalle ali colorate.

Le parole in rosso sono dei **nomi** (o **sostantivi**): sono una parte variabile del discorso che **serve a indicare persone, animali, cose, luoghi, sentimenti, azioni** e **concetti.**
Molte parole, anche se appartengono ad altre classi grammaticali (aggettivi, pronomi, verbi, avverbi, congiunzioni, preposizioni, interiezioni), possono svolgere la funzione di sostantivo, se precedute dall'articolo: *Questa sera vengono a cena* ***i tuoi.***

PRIMA VERIFICA

1 **Sottolinea i nomi in queste frasi.**

Es.: A scuola ci sono molti studenti.

1. Bevo un bicchiere di acqua fresca.
2. Il mio amico più caro abita in una casa in campagna.
3. Il cane ascolta in silenzio il suo padrone.
4. Che felicità quando la mia squadra vince la partita!
5. La storia dell'arte è la mia materia preferita.
6. Non sopporto il caldo in estate.
7. Il computer è molto utile per fare ricerche.
8. Vado al parco in bicicletta con i miei amici.

Nomi propri e nomi comuni

In base al significato, i nomi si dividono in:

- propri, quando **identificano una persona, un animale, un luogo** o **una cosa all'interno di una categoria**; si scrivono con la lettera **iniziale maiuscola.**

Mafalda

Parigi

Nemo

- comuni, quando **si riferiscono a una persona, un animale** o **una cosa che ha carattere comune alla categoria cui appartiene**; si scrivono con la lettera **iniziale minuscola.**

bambina

città

pesce

PRIMA VERIFICA

2 Sottolinea **i nomi comuni e** cerchia **quelli propri in queste frasi.**

Es.: L'attore Brad Pitt è americano.

1. La regione Puglia.
2. Armani, lo stilista.
3. Il mare Adriatico.
4. Il Po è un fiume.
5. Tea è mia cugina.
6. L'Orient Express è un treno.
7. La città di Torino.
8. L'Etna è un vulcano.

Nomi concreti e nomi astratti

Sotto il tendone del circo, gli spettatori seguivano con paura e meraviglia il funambolo che camminava sul filo.

I nomi comuni si dividono in:

- **concreti**, quando **indicano persone, animali, luoghi** e **cose**: *tendone, circo, funambolo, filo*;
- **astratti**, quando **indicano concetti, sentimenti** e **idee**: *paura, meraviglia*.

PRIMA VERIFICA

3 Indica se i nomi sono concreti (c) o astratti (a).

Es.: tranquillità ...a...

1. gioia	**3.** sicurezza	**5.** coraggio	**7.** numero ....
2. entrata	**4.** piacere	**6.** cibo	**8.** idea ....

Nomi individuali e nomi collettivi

La squadra della 4ª B si allena per la partita.

I nomi si dividono in:

- **nomi individuali** che **indicano un solo individuo, un solo animale, una sola cosa**: *ragazzo, cane, sedia*;

- **nomi collettivi** che **indicano un gruppo di persone, animali** o **cose della stessa specie:** *squadra, esercito, gregge, posate.*

I nomi collettivi si possono usare sia al singolare, sia al plurale: *lo stormo/gli stormi, la flotta/le flotte, la scolaresca/le scolaresche.*

PRIMA VERIFICA

4 Indica **se i nomi sono collettivi (c) o individuali (i).**

Es.: truppa ..c..

1. sciame ....
2. persona ....
3. uccello ....
4. mandria ....
5. classe ....
6. branco ....
7. pecora ....
8. nave ....

Maschile e femminile

Il bambino

La bambina

I nomi possono essere di genere maschile o femminile.
Alcuni nomi di persona e di animale possono cambiare genere (bambino/bambina; gatto/gatta), mentre i nomi di cosa hanno un solo genere (quaderno, finestra). Ogni nome è formato da due parti: una fissa, detta **radice**, e una variabile, **desinenza**, che indica il genere (maschile o femminile) e il numero (singolare o plurale).
Non esistono regole precise per distinguere il genere dei nomi, è possibile però dare alcune indicazioni generali da prendere come riferimento:

- i nomi che terminano in **-o di solito** sono maschili (*libro, corpo, vetro*); esistono, però, anche alcuni nomi femminili che rientrano in questo gruppo, come *mano*, oppure i nomi abbreviati come *foto (fotografia), auto (automobile), moto (motocicletta), radio (radiofonia)*;

Il nome e l'articolo

- i nomi terminanti in -**a** di solito sono femminili (*casa*, *nonna*, port*a*); pochi sono, invece, i nomi maschili che rientrano in questa categoria (*poeta*, *papa*, *problema*);
- i nomi terminanti in -**e**, -**i**, -**u** o in **vocale accentata** possono essere sia maschili (*pepe*, *brindisi*, *caffè*) sia femminili (*volpe*, *tesi*, *gru*, *città*);
- i nomi terminanti in **consonante** sono di solito maschili (*computer*, *modem*, *gel*, *bar*, *sport*); pochi, invece, i femminili (*gang*, *gag*, *miss*, *band*, *star*).

Partendo dalla forma maschile, il femminile si può formare nei seguenti modi:

MASCHILE		FEMMINILE	
desinenza	**esempi**	**desinenza**	**esempi**
-o	amico avvocato	-a -essa	amica avvocatessa
-a	poeta	-essa	poetessa
-e	signore principe	-a -essa	signora principessa
-tore	scrittore dottore	-trice -essa	scrittrice dottoressa

Bisogna, però, precisare che esistono alcune eccezioni come: *gallo/gallina*, *eroe/eroina*, *re/regina*, *cane/cagna*, *dio/dea*.
Alcuni nomi hanno forme completamente diverse per il maschile e per il femminile:

fratello/***sorella*** | *maschio*/***femmina*** | *marito*/***moglie***
uomo/***donna*** | *bue*/***mucca*** | *padre*/***madre***

Alcuni nomi di persona che terminano in -**e**, in -**cida**, in –**ista** e in –**iatra** hanno un'unica forma singolare sia per il maschile sia per il femminile:

MASCHILE	FEMMINILE	MASCHILE	FEMMINILE
il nipote	*la* nipote	*il* collega	*la* collega
il cantante	*la* cantante	*il* farmacista	*la* farmacista
il pediatra	*la* pediatra	*il* suicida	*la* suicida

All'interno di questo gruppo, ci sono però dei nomi che cambiano la desinenza alla forma plurale: ***i** colleghi*/***le** colleghe*; ***i** farmacisti*/***le** farmaciste*.

È necessario fare molta attenzione ai nomi che hanno la stessa forma sia per il maschile sia per il femminile ma che invece cambiano significato in base al genere:

- **il fine** (scopo) **la fine** (termine);
- **il boa** (serpente) **la boa** (galleggiante);
- **il lama** (animale) **la lama** (oggetto tagliente);
- **il capitale** (somma di denaro) **la capitale** (capoluogo di uno Stato).

Per evitare di confondersi e comprendere male il significato di queste parole, è importante controllare l'articolo che precede il nome.

PRIMA VERIFICA

5 **Indica se i nomi sono maschili (m) o femminili (f).**

Es.: virtù ...f...

1. cavallo	3. gru	5. sport	7. mano ....
2. rana	4. automobile	6. papa	8. tesi ....

Il numero del nome: singolare e plurale

Il gatto

I gatti

I nomi sono di numero singolare quando indicano una persona, un animale o una cosa; sono invece di numero plurale quando ne indicano più di uno o una.

I nomi variabili

I nomi che al plurale variano la loro terminazione sono detti **nomi variabili.** I principali nomi variabili sono:

SINGOLARE	PLURALE	ESEMPI
nomi in -a	maschili in -i femminili in -e	poeta / poeti; teorema / teoremi onda / onde; perla / perle
nomi in -o	maschili in -i	gallo / galli; libro / libri
nomi in -e	maschili e femminili in -i	pesce / pesci; madre / madri

Hanno il **plurale irregolare** i seguenti nomi:

- il dio / gli dei;
- l'uomo / gli uomini;
- il tempio / i templi;
- l'ala / le ali;
- l'arma / le armi;
- il bue / i buoi;
- alcuni nomi maschili in **-o** e in **-io** che al plurale diventano femminili e prendono la desinenza **-a:** *il paio / le pai**a***; *l'uovo / le uov**a***; *il centinaio / le centinai**a***; *il miglio / le migli**a***;
- le parole femminili in **-o** che non cambiano desinenza al plurale: *le radio*, *le moto*, *le dinamo*, *le auto;* solo la parola *mano* fa al plurale *mani*;

I nomi che al singolare terminano in...	al plurale si trasformano in...	Esempi
-ca, -ga	maschili -chi, -ghi femminili -che, -ghe	il duca → i duchi; la collega → i colleghi l'amica → le amiche; la maga → le maghe
-cìa, -gìa (con la *i* accentata)	in -cìe, -gìe, regolarmente	la farmacìa → le farmacìe la bugìa → le bugìe
-cia, -gia (con la *i* non accentata)	• se la *i* del singolare è preceduta da **vocale** si ha il plurale in -cie, -gie; • se la *i* del singolare è preceduta da *consonante*, il plurale è in -ce, -ge.	l'acacia → le acacie; la ciliegia → le ciliegie la guancia → le guance; la frangia → le frange

I nomi che al singolare terminano in...	Al plurale si trasformano in...	Esempi
-co, -go (parole piane, accento sulla penultima sillaba)	-chi, -ghi	l'òrco → gli òrchi; il màgo → i màghi Fanno eccezione alcune parole: *amico / amici, nemico / nemici, porco / porci, greco / greci* (parole che, pur essendo piane, escono in -ci al plurale).
-co, -go (parole sdrucciole, accento sulla terzultima sillaba)	-ci, -gi	il tècnico → i tecnici; l'ecòlogo → gli ecòlogi; l'astròlogo → gli astròlogi; lo psicòlogo → gli psicòlogi Fanno eccezione alcune parole che, pur essendo sdrucciole, terminano in -chi e -ghi al plurale: *càrichi, incàrichi, pìzzichi, sollétichi, vàlichi* ecc. *apòloghi, decàloghi, diàloghi, epìloghi, pròloghi, pròfughi* ecc.
-ìo con la *i* accentata	-ii	addìo / addii
-io con la *i* non accentata	-i	àglio / àgli
-ie	-ie	la specie / le specie Fa eccezione, tuttavia, il nome *moglie* che al plurale fa *mogli*.

È un'eccezione rispetto alle regole esposte nella tabella la parola *belga* che al plurale femminile fa *bel**ghe*** mentre al maschile *bel**gi***.

I nomi invariabili

I nomi che nel passaggio dal singolare al plurale presentano la stessa forma si dicono **nomi invariabili**. Questi sono:

- i nomi che terminano con vocale accentata: *bontà, tè, supplì, oblò, tutù*;
- i nomi monosillabi: *re, gnu, sci, gru*;
- i nomi che terminano in consonante e i nomi di origine straniera entrati nell'uso comune dell'italiano: i *bar*, le *miss*, i *lapis*, i *computer, i festival, gli hotel, gli sport, le star, le gang, i film*;
- i nomi che terminano in **-i**: *tes**i**, anal**i**si, protes**i**, brindis**i***;
- alcuni nomi maschili che terminano in **-a**: *gorill**a**, boi**a**, sosi**a**, delt**a**, cinem**a***;
- i nomi abbreviati: *moto, bici, auto, polio*;
- alcuni nomi composti: *il cavatappi / i cavatappi, il portacipria / i portacipria*;
- i cognomi: *i Fioretti, i Sorrentino*.

Nel caso dei nomi invariabili per sapere se si tratta di un singolare o di un plurale è necessario osservare l'articolo o dedurlo dal contesto.

PRIMA VERIFICA

6 Scegli **la forma plurale corretta fra le due alternative.**

Es.: amica → **amice** / **amiche**

1. università → **università** / **universitè**
2. gelato → **gelate** / **gelati**
3. psicologa → **psicologhe** / **psicologe**
4. religione → **religione** / **religioni**
5. tram → **trams** / **tram**
6. tempio → **tempii** / **templi**
7. nave → **nave** / **navi**
8. auto → **auto** / **auti**
9. tecnico → **tecnichi** / **tecnici**
10. profugo → **profugi** / **profughi**
11. ala → **ali** / **ale**
12. crisi → **crisi** / **crise**
13. bugia→ **bugie** / **buge**
14. duca → **duci** / **duchi**

Nomi difettivi

Si presentò alle nozze e augurò agli sposi una felice luna di miele e di avere tanti figli.

Alcuni nomi non hanno la forma singolare o plurale, pertanto si dicono difettivi.
In realtà, quelli che difettano grammaticalmente di una delle due forme sono pochissimi: *le calende, le esequie, le idi, le mutande, le nari, le nozze.* Tutti gli altri sono comunemente detti difettivi perché di solito si usano o soltanto al singolare o soltanto al plurale.
Sono generalmente usati al singolare:

- gran parte dei nomi astratti e collettivi: ***la** volontà, **la** giustizia, **il** fogliame, **il** clero;*
- i nomi che indicano elementi unici: ***il** cielo, **il** sole, **l'**equatore, **il** nord, **il** settentrione;*
- alcuni nomi di malattie: ***il** colera, **il** morbillo, **la** rosolia, **il** tifo;*
- nomi di alimenti e di bevande: ***il** miele, **il** pepe, **il** burro, **il** riso, **il** latte;*
- nomi di minerali e di elementi chimici: ***il** piombo, **il** rame, **l'**ossigeno, **l'**ozono, **il** petrolio, **il** ferro;*
- i nomi dei mesi: *gennaio, febbraio.*

Si usano generalmente al plurale:

- i nomi che indicano oggetti formati da due elementi uguali: ***i** pantaloni, **gli** occhiali, **le** forbici, **le** manette;*
- alcuni nomi di origine latina, come: ***le** ferie, **le** tenebre, **le** interiora, **i** posteri, **le** nozze;*
- i nomi che indicano un insieme, una pluralità di cose: ***i** dintorni, **le** stoviglie.*

PRIMA VERIFICA

7 Sottolinea **i nomi difettivi presenti nell'elenco.**

gruppo, mano, forbici, lenti, morbillo, carta, agosto, mamma, pazienza, calzini, occhiali, capelli, sud, ferie, mutande, amore, fagiolo, zinco

Nomi sovrabbondanti

Le mura (della città)

I muri (della casa)

I nomi che hanno due forme plurali di genere e significato diverso sono detti sovrabbondanti. La maggior parte è costituita da nomi di genere maschile terminanti in **-o**, che al plurale, oltre alla forma maschile **-i**, ne hanno un'altra (femminile) in **-a**:

SINGOLARE	PLURALE	SINGOLARE	PLURALE
il braccio	i bracci (di una croce, di un fiume) le braccia (del corpo umano)	il grido	i gridi (degli animali) le grida (degli uomini)
il ciglio	i cigli (della strada, dei fossi) le ciglia (dell'occhio)	il labbro	i labbri (orli di ferita, di vaso) le labbra (della bocca)
il corno	i corni (strumenti musicali, amuleti portafortuna) le corna (di animali)	il lenzuolo	i lenzuoli (considerati singolarmente) le lenzuola (il paio che si stende sul letto)
il dito	i diti (quando sono specificati) le dita (di tutta la mano)	il membro	i membri (di una società) le membra (del corpo umano)
il filo	i fili (del telefono, della luce) le fila (di una congiura, di un complotto)	il muro	i muri (di una casa) le mura (di una città)
il fondamento	i fondamenti (della civiltà, di una scienza) le fondamenta (di un edificio)	l'osso	gli ossi (intesi come cibo) le ossa (dello scheletro umano e degli animali)

PRIMA VERIFICA

8 Completa **le frasi con i nomi indicati alla forma plurale. Usa anche l'articolo quando necessario.**

Es.: filo

A Per cucire la sarta usa ...fili... di colori diversi.
B Il re scoprì chi teneva ...le fila... del complotto.

1. muro
A In primavera faremo ridipingere tutti .... della nostra casa.
B In Italia molte città sono ancora circondate da .... antiche.

2. corno
A Quei musicisti vogliono comprare due ....
B Il cervo usa le sue lunghe .... nei combattimenti.

3. braccio
A I marinai hanno i tatuaggi sulle ....
B L'ospedale ha l'ingresso nel corpo centrale mentre le stanze dei pazienti sono nei .... laterali.

4. osso
A Isolde è caduta sciando e si è fratturata due ....
B Il mio cane sotterra sempre .... in giardino.

5. membro
A Tutti .... di questo club hanno pagato una tessera di iscrizione.
B L'atleta dopo la lunga corsa fece riposare .... stanche all'ombra di un albero.

6. labbro
A .... di questo vaso sono tutti rovinati.
B Carmen mette sempre sulle .... un rossetto scuro.

7. fondamento
A In questo libro sono spiegati .... della matematica.
B .... di questo palazzo sono molto solide.

Nomi primitivi e nomi derivati

I **nomi primitivi** non derivano da nessun'altra parola e costituiscono la base per formare altri nomi che possono essere **derivati, alterati** e **composti.**
I **nomi derivati** sono nomi che **hanno avuto origine da altri nomi**, ma **hanno preso un significato del tutto differente da quello della parola da cui derivano.**
Questa variazione di significato si ottiene mediante l'aggiunta, alla radice della parola, di un suffisso e/o di un prefisso che cambiano il significato del nome primitivo:

nome primitivo: fior-e

fior-aio

fior-iera

PRIMA VERIFICA

9 **In queste coppie di nomi sottolinea il primitivo e cerchia il derivato.**

Es.: fioraio fiore

1. zucchero zuccherificio
2. cameriere camera
3. gattile gatto
4. sapone insaponare
5. pineta pino
6. barca sbarcare
7. fornaio forno
8. orologio ora
9. stella costellazione
10. scarpa scarpiera
11. marea mare
12. naso annusare
13. sportivo sport
14. colore colorato
15. oscurare scuro
16. ripiegato piega
17. terra sotterrare
18. impaurito paura

Nomi alterati

La nonnina di Cappuccetto Rosso abitava in una casetta in fondo al bosco.

I nomi *nonnina, Cappuccetto, casetta* si definiscono **nomi alterati** poiché **modificano il significato di base del nome primitivo aggiungendo, tramite un suffisso, particolari sfumature.** Esistono quattro tipi di alterazioni: **diminutivi, vezzeggiativi, accrescitivi, dispregiativi** o **peggiorativi.**

	SUFFISSI	ESEMPI
Diminutivi danno un'idea di «piccolo» oltre il normale	-ino; -ello; -etto; -icello; -erello; -icciolo; -icino; -otto	ragazzino, somarello, dischetto, fraticello, fuocherello, porticciolo, cuoricino, bambolotto
Vezzeggiativi danno un'idea di «piccolo» ma anche di «grazioso», «simpatico», «piacevole»	-uccio; -uzzo; -ino; -icino; -olo; -otto; -acchiotto	cavalluccio, beccuzzo, fiorellino, lumicino, figliolo, leprotto, orsacchiotto
Accrescitivi danno un'idea di «grande», «grosso» oltre il normale	-one; -ona; -otto; -ozzo; -accione	bottiglione, ragazzona, barilotto, predicozzo, omaccione
Dispregiativi o peggiorativi danno un'idea di «brutto», «spiacevole», «disprezzabile»	-accio; -aglia; -ercolo; -astro; -onzolo; -iciattolo; -ucolo; -upola	tempaccio, brodaglia, libercolo, poetastro, mediconzolo, vermiciattolo, dottorucolo, casupola

In alcune parole alterate possono unirsi insieme anche più suffissi: *porc / ell / ino, bors / ett / ina.*

PRIMA VERIFICA

10 Indica **il tipo di alterazione di questi nomi (diminutivo – d, vezzeggiativo – v, accrescitivo – a, peggiorativo – p).**

Es.: lettino d

1. ragazzaccio ....
2. bicchierone ....
3. trenino ....
4. paperotto ....
5. giovinastro ....
6. fuocherello ....
7. stradaccia ....
8. lupacchiotto ....
9. barcone ....
10. gentaglia ....
11. spiaggetta ....
12. pretonzolo ....

Nomi composti

Il preside convoca urgentemente il capoclasse della 5ª A per lamentarsi del continuo viavai dei suoi compagni nei corridoi durante il doposcuola.

I sostantivi evidenziati nell'esempio sono **nomi composti**, **perché sono formati dall'unione di due parole diverse** (*capo* + *classe*; *via* + *vai*; *dopo* + *scuola*). Questi nomi, nella formazione del plurale, si comportano in modo diverso in base alla categoria grammaticale delle parole dalle quali sono formati:

COMPONENTI	INDICAZIONI GENERALI	ESEMPI
nome + nome	il plurale si forma **cambiando la desinenza del secondo nome**	*l'arcobaleno* → *gli arcobaleni* *la madreperla* → *le madreperle* *la banconota* → *le banconote* *il terremoto* → *i terremoti* Tra le eccezioni: *il pescecane* → *i pescecani* / *i pescicani* *la cassapanca* → *le cassapanche* / *le cassepanche*
nome + aggettivo	al plurale **cambia la desinenza sia del nome sia dell'aggettivo**	*la cassaforte* → *le casseforti* *la terracotta* → *le terrecotte* Eccezioni: *il pellerossa* → *i pellerossa* / *i pellirosse* *il palcoscenico* → *i palcoscenici*
aggettivo + nome	il plurale si forma **cambiando la desinenza del nome**	*il bassorilievo* → *i bassorilievi* *la piattaforma* → *le piattaforme* Tra le eccezioni: *la mezzaluna* → *le mezzelune* *la mezzatinta* → *le mezzetinte* *la mezzanotte* → *le mezzenotti* / *le mezzanotti* *l'altoforno* → *gli altiforni* (*purosangue* e *mezzosangue* al plurale restano invariati)
aggettivo + aggettivo	al plurale **cambia la desinenza del secondo aggettivo**	*il chiaroscuro* → *i chiaroscuri* *il sordomuto* → *i sordomuti*

COMPONENTI	INDICAZIONI GENERALI	ESEMPI
verbo + nome	questi nomi composti non formano il plurale in modo uniforme: – se il *nome* che segue il verbo è *plurale* o *femminile singolare*, essi restano generalmente **invariati**; – se il *nome* che segue il verbo è *maschile singolare*, si volge al plurale quest'ultimo	*il guardasigilli* → *i guardasigilli* *il portapenne* → *i portapenne* *il parapioggia* → *i parapioggia* *il grattacielo* → *i grattacieli* *il segnalibro* → *i segnalibri*
verbo + verbo	restano **invariati** al plurale	*il dormiveglia* → *i dormiveglia* *il saliscendi* → *i saliscendi*
verbo + avverbio e avverbio + verbo	restano **invariati** al plurale	*il posapiano* → *i posapiano* *il benestare* → *i benestare*
preposizione + nome	si comportano al plurale in modo vario: – in alcuni si volge al plurale il nome – altri restano **invariati**	*il soprannome* → *i soprannomi* *il sottopassaggio* → *i sottopassaggi* *il doposcuola* → *i doposcuola* *il senzatetto* → *i senzatetto*
nome + preposizione + nome	formano il plurale in modo vario	*il fiordaliso* → *i fiordalisi* *il ficodindia* → *i fichidindia* *il pomodoro* → *i pomodori* / *i pomidoro* / *i pomidori*

PRIMA VERIFICA

11 Separa questi nomi composti.

Es.: caposquadra capo + squadra

1. asciugamano ....
2. pescespada ....
3. lungomare ....
4. sempreverde ....
5. sottobottiglia ....
6. toccasana ....
7. cavolfiore ....
8. neroazzurro ....
9. cassapanca ....
10. stendibiancheria ....
11. pomodoro ....
12. capoluogo ....

12 Scegli il plurale corretto fra le due alternative proposte.

Es.: <u>fichidindia</u> / ficodindie

1. francobolli / franchibolli
2. colapaste / colapasta
3. cassepanche / cassapanche
4. dormiveglie / dormiveglia
5. doposcuola / doposcuole
6. banconote / banchinote
7. capilavori / capolavori
8. cacciaviti / caccieviti

13 Scrivi un nome proprio a tua scelta vicino a ciascun nome comune.

Es.: città: Venezia

1. lago ....
2. continente ....
3. cantante ....
4. opera d'arte ....
5. montagna ....
6. oceano ....
7. scrittore ....
8. isola ....

14 Trova l'intruso.

Es.: casa fantasia matita fiore

1. libertà sogno sensazione occhio
2. pizza tempo scarpa dente
3. telefono cane balcone sonno
4. aereo paura banca soldi
5. nonna farfalla fantasia neve
6. amicizia intelligenza nervosismo cervello

15 Collega il nome individuale al collettivo in cui rientra.

1. pecora	c	a. posate	6. uccello		f. gente
2. persona		b. flotta	7. forchetta		g. esercito
3. giocatore		c. gregge	8. bufalo		h. stormo
4. ape		d. polizia	9. soldato		i. squadra
5. nave		e. mandria	10. poliziotto		l. sciame

16 Indica quali fra queste parole possono essere sia maschili sia femminili assumendo significati differenti.

dado fine palla mano sirena capitale pane boa lama fronte crisi rosa rumore

17 Scrivi il femminile di questi nomi.

Es.: padre madre

1. re ....
2. dottore ....
3. presentatore ....
4. fratello ....
5. uomo ....
6. principe ....
7. maschio ....
8. marito ....
9. studente ....
10. cane ....

18 Scrivi **il plurale dei seguenti nomi.**

Es.: stazione → stazioni

1. bue ....
2. addio ....
3. astrologo ....
4. teorema ....
5. paio ....
6. moglie ....
7. esercizio ....
8. radio ....
9. banana ....
10. arancia ....
11. uovo ....
12. mano ....

19 Scrivi **sul tuo quaderno dieci nomi che non variano al plurale.**

20 Cerchia **i nomi difettivi che non hanno il plurale e** sottolinea **quelli che non hanno il singolare.**

Es.: pantaloni nord

clero latte manette novembre pazienza nozze ossigeno stoviglie sangue equatore sete pepe saggezza posteri tenebre

21 **In queste frasi ci sono quattro errori nell'uso dei nomi difettivi:** trovali **e** correggili**.**

1. Quest'estate andremo in ferie in Puglia.
2. Non ricordo dove ho messo l'occhiale da sole.
3. Le api producono tanti tipi di mieli diversi.
4. Di solito lavo le stoviglie a mano.
5. In mezzo ai boschi si respira più ossigeno.
6. Oggi mi metto il pantalone elegante.
7. Mio fratello e i suoi amici donano i sangui due volte all'anno.
8. A casa cuciniamo con poco sale e poco pepe.

22 Scrivi **il nome plurale corretto che risponde a queste definizioni.**

Es.: formano lo scheletro umano: ossa

1. circondavano le città: ....
2. le persone che fanno parte di un'associazione: ....
3. teli che si usano per fare il letto: ....
4. sono colorati e si usano per cucire: ....
5. i peli sopra l'occhio: ....
6. sono cinque in una mano: ....

7. le varie parti del corpo: ....
8. i margini di una ferita: ....
9. le ramificazioni di un fiume: ....
10. li dipinge l'imbianchino: ....

23 Scrivi un possibile nome derivato per ogni nome primitivo.

Es.: bottiglia imbottigliare

1. cane ....
2. cavallo ....
3. arancia ....
4. terra ....
5. pane ....
6. libro ....
7. giornale ....
8. casa ....

24 Altera i nomi secondo le indicazioni.

Es.: dottore (peggiorativo) dottorucolo

1. gelato (accrescitivo) ....
2. vento (peggiorativo) ....
3. letto (diminutivo) ....
4. gesto (peggiorativo) ....
5. pizza (diminutivo) ....
6. figlio (vezzeggiativo) ....
7. posto (peggiorativo) ....
8. tavolo (accrescitivo) ....
9. orso (vezzeggiativo) ....
10. giovane (peggiorativo) ....
11. libro (accrescitivo) ....
12. problema (diminutivo) ....

25 Sottolinea i nomi che non sono alterati.

mascarpone robaccia viaggetto bambina finestrella biciclettina lavagnetta tacchino cordicella limone bambolina focaccia omuncolo bagnino torrone porcellino cannone chiesetta erroraccio

26 Scrivi il plurale dei seguenti nomi composti.

Es.: passaporto passaporti

1. sottoscala ....
2. portamonete ....
3. cassaforte ....
4. segnalibro ....
5. arcobaleno ....
6. parapioggia ....
7. salvagente ....
8. mezzanotte ....

27 Scrivi **come sono formati i seguenti nomi composti.**

Es.: chiaroscuro aggettivo + aggettivo

1. caffellatte ....
2. grattacielo ....
3. soprannome ....
4. saliscendi ....
5. terremoto ....
6. sordomuto ....
7. pianoforte ....
8. pastasciutta ....
9. attaccapanni ....
10. capobanda ....

28 Scrivi **le caratteristiche di ciascuno di questi nomi.**

Es.: gentaglia comune, concreto, singolare, femminile, collettivo, alterato

1. stormi ....
2. giustizia ....
3. Roma ....
4. coraggio ....
5. fioriera ....
6. mezzaluna ....
7. cuoricini ....
8. analisi ....
9. foto ....
10. ossi ....
11. scarpiera ....
12. ragazzoni ....

29 Sottolinea **tutti i nomi presenti in questo testo.**

Durante le pause di lavoro Marcovaldo passa il tempo su una panchina, dove spesso gli fa compagnia il signor Rizieri, un anziano malato di reumatismi. Un giorno da un ritaglio di giornale usato per incartare il panino, Marcovaldo legge che esiste una cura per i reumatismi a base di veleno di ape e decide di sperimentarla. Pensando che le vespe vadano bene lo stesso, ne cattura una e decide di fare una prova sul signor Rizieri. Poiché i risultati sembrano positivi, manda i figli a caccia di vespe e apre un ambulatorio in casa sua. Gli affari vanno bene fino a quando suo figlio Michelino, durante la cattura, lascia cadere un barattolo in un vespaio, da cui esce uno sciame arrabbiatissimo che lo insegue fino a casa. Marcovaldo e i suoi pazienti, che attendono che il ragazzo torni con le vespe, sono, così, aggrediti dagli insetti e finiscono tutti in ospedale.

IL NOME

- **si può classificare**
  - rispetto a
    - **SIGNIFICATO**
      - astratto — virtù, gloria
      - concreto
        - proprio — Luca, Furia, Firenze
        - comune — re, cane, città
        - individuale — ragazzo, ape, nave
        - collettivo — gruppo, sciame, flotta
    - **FORME**
      - GENERE maschile/femminile
      - NUMERO singolare/plurale
        - variabile — pietra, pietre
        - invariabile — la città, le città
        - difettivo — il pepe, le forbici
        - sovrabbondante — ciglio, cigli, ciglia
    - **STRUTTURA**
      - composto — pescecane, attaccapanni
      - primitivo — pane
        - derivato — panettiere, panificio
      - alterato
        - diminutivo — manina
        - vezzeggiativo — manuccia
        - accrescitivo — manone
        - dispregiativo — manaccia
- **è**
  - una parola che indica
    - esseri animati, cose, concetti, luoghi, azioni, sentimenti

02 L'articolo

Un aquilone volava in alto e il bambino lo osservava sorridendo.

Un e *il* nella frase sopra sono articoli, cioè **parole** che da sole non hanno significato ma **che accompagnano sempre un nome** (***un*** *aquilone*, ***il*** *bambino*), **concordando nel genere e nel numero.**
L'**articolo** serve quindi:

- per capire se il nome è **maschile** o **femminile, singolare** o **plurale:** ***il*** *ragazzo*/***la*** *ragazza* (maschile singolare/femminile singolare); ***i*** *ragazzi*/***le*** *ragazze* (maschile plurale/femminile plurale);
- per dare **il valore di nome ad altre parti del discorso:** ***Il parlare*** *con te mi ha fatto bene* (verbo sostantivato); ***Il bello*** *deve ancora arrivare* (aggettivo sostantivato); *Ci sarà* ***un domani*** *migliore* (avverbio sostantivato).

Gli articoli si classificano in determinativi, indeterminativi e partitivi.

Gli articoli determinativi

Fabio è uscito con il padre e con la madre.

Gli articoli determinativi precedono sempre il nome e **indicano persone, animali** o **cose specifici**, cioè **distinti da altri dello stesso genere** oppure **già nominati** o **conosciuti:**
È ***il*** *gatto del nostro vicino. Hai inviato* ***la*** *domanda per* ***il*** *concorso?*
L'articolo determinativo può avere anche il valore di:

- **aggettivo dimostrativo:** *Mi passi **il*** (= quel) *giaccone?*;
- **aggettivo indefinito:** ***Il** martedì vado in piscina* (= ogni martedì).

	MASCHILE	FEMMINILE
Singolare	il, lo, (l')	la, (l')
Plurale	i, gli	le

La forma dell'articolo determinativo **varia a seconda del genere e del numero** e **dipende dalla lettera iniziale della parola che segue.**
Si usano:

- il, i davanti a nomi maschili che iniziano per consonante: ***il** medico, **i** serpenti*;
- lo, gli davanti a nomi maschili che iniziano per ***s*** **+ consonante** (*s impura*), ***x, y, z, gn, ps, pn, i*** **+ vocale:**
  ***lo s**port / **gli s**port; **lo x**ilofono / **gli x**ilofoni; **lo y**ogurt / **gli y**ogurt; **lo z**ucchero / **gli z**uccheri; **lo gn**omo / **gli gn**omi; **lo ps**icanalista / **gli ps**icanalisti; **lo pn**eumatico / **gli pn**eumatici; **lo i**ettatore / **gli i**ettatori*;
- lo (l') si apostrofa davanti a nomi maschili che iniziano per vocale: ***l'o**rso / **l'a**mico*;
- la, le davanti a nomi femminili che iniziano per consonante: ***la z**ebra / **le z**ebre*. La (l') si apostrofa davanti a nomi femminili che iniziano per vocale: ***l'a**mica, **l'o**rsa*; le invece non si apostrofa mai: ***le a**rance, **le i**sole, **le o**pere.*

L'articolo determinativo **si usa:**

- con i nomi di mari, fiumi, laghi, oceani, monti, grandi isole, continenti, stati, regioni:
  ***il** Tirreno, **l'**Arno, **il** Garda, **l'**Atlantico, **gli** Appennini, **la** Corsica, **l'**Asia, **il** Belgio, **le** Marche*;
- con i nomi di parentela, preceduti da un aggettivo possessivo, quando sono:
  - espressi al diminutivo (***la mia** cuginetta, **il tuo** fratellino*);
  - di tipo affettivo (***la mia** mamma, **il mio** babbo*);
  - preceduti da un aggettivo qualificativo (***la mia** cara nonna, **il tuo** simpatico zio*);
  - espressi al plurale (***i miei** cognati*).

L'articolo determinativo **non si usa:**

- con i nomi propri di persona: *Ho conosciuto **Michele***;
- con i nomi di parentela (al singolare) preceduti dagli aggettivi possessivi (*mio padre, tua cognata, suo nonno*), eccetto *loro* (***la** loro madre*);
- con i nomi di città o piccole isole: *Ho visitato **Roma**; Andremo a **Capri***;
- nelle elencazioni (*Vendono di tutto: **detersivi, profumi, saponi, calze*** ecc.);
- con i nomi dei mesi e dei giorni della settimana, se non accompagnati da un aggettivo o seguiti da una specificazione: ***Gennaio** è un mese freddo; **Il gennaio scorso** è stato gelido; Arrivo **domenica**; Arrivo **la domenica** delle Palme.*

PRIMA VERIFICA

1 Sottolinea gli articoli determinativi.

Es.: Oggi vado a mangiare il gelato in centro.

1. La mia gatta è bianca e nera.
2. Preferisci il mare o la montagna?
3. Gli amici di Adem mangiano l'uva.
4. Non voglio l'acqua, voglio l'aranciata.
5. Lo yogurt è ottimo a colazione.
6. Questo è il tuo fratellino?
7. I miei professori e le mie professoresse sono simpatici.
8. Mi piace molto lo sci d'acqua.

2 Scrivi l'articolo determinativo davanti a questi nomi.

Es.: lo spago

1. .... amico
2. .... casa
3. .... mele
4. .... libri
5. .... zio
6. .... zucchero
7. .... studenti
8. .... elefante
9. .... bicchiere
10. .... fogli
11. .... squali
12. .... uomo

Gli articoli indeterminativi

Una mamma accompagna il figlio a scuola.

Gli articoli indeterminativi **indicano persone, animali** e **cose considerati in modo generico, senza specifici riferimenti.** Nella frase sopra, l'espressione *una mamma* è intesa in senso generico, perché indica una persona non identificata con precisione.

	MASCHILE	FEMMINILE
Singolare	un, uno	una, un'

Gli articoli indeterminativi hanno solo **le** forme **del singolare che variano secondo il genere** e **la lettera iniziale della parola che segue.**
Si usa:
- un davanti a nomi maschili che iniziano per vocale o consonante: ***un** albero*, ***un** trenc*;
- uno davanti a nomi maschili che iniziano per **x**, **y**, *z*; ai gruppi ***gn***, ***pn***, ***ps***, ***i*** + **vocale** e *s*+ **consonante:** ***uno x**ilofono*, ***uno y**ogurt*, ***uno** zaino*, ***uno gn**u*, ***uno pn**eumatico*, ***uno ie**ttatore*, ***uno ps**icologo*, ***uno sp**ort*;
- una davanti a nomi femminili che iniziano per consonante: ***una r**egina*, ***una d**omanda*;
- un' davanti a nomi femminili che iniziano per vocale: ***un'a**rancia*, ***un'i**dea*.

PRIMA VERIFICA

3 Sottolinea **gli articoli indeterminativi.**

Es.: Lo scorso sabato io e i miei amici abbiamo visto un bel film in tv.

1. Vorrei un gelato al limone, per favore.
2. Da piccolo avevo una bicicletta rossa con un piccolo cestino.
3. Il ragazzo che parla con Simone è uno studente nuovo.
4. Felipe ha uno zaino verde.
5. Oggi il professore di musica ha cantato una canzone suonando la chitarra.
6. Hai per caso un euro per la macchinetta del caffè?
7. Carmen ha comprato il suo cappello in una bancarella al mercato.
8. Sbrigati! È da un'ora che ti aspetto!

4 Completa **le frasi con l'articolo indeterminativo.**

Es.: Il papà di Lucas ha ...una... macchina sportiva.

1. Compro .... litro di latte e .... pagnotta di pane.
2. Marco ha .... zio che vive a New York.
3. Scusa Matilde, hai .... righello da prestarmi?
4. Sulla sedia ci sono .... zaino e .... giacca.
5. In questa frase devi scrivere .... articolo indeterminativo.
6. In quel cinema c'è .... schermo 3D meraviglioso.
7. Flavia ha comprato .... appartamento a Bologna.
8. A colazione ho mangiato solo .... arancia.

Gli articoli partitivi

Davanti alla scuola ci sono degli studenti che sfilano con dei cartelli in mano.

Gli articoli partitivi indicano **una parte** o **una quantità imprecisata di persone, animali** o **cose: *degli*** *studenti,* ***dei*** *cartelli.*
Hanno il significato di *un po', alcuni/alcune, qualche* e si usano come plurale dell'articolo indeterminativo.
Sono formati dall'unione della preposizione ***di*** con gli **articoli determinativi,** come illustra il seguente schema:

	il	lo	l'	la	i	gli	le
di	del	dello	dell'	della	dei	degli	delle

Attenzione a non confondere i partitivi con le forme uguali delle preposizioni articolate:
In questo quartiere ci sono ***dei*** *palazzi molto vecchi.* (**partitivo**: indica un certo numero di palazzi).
La casa ***dei*** *miei amici è in questo quartiere.* (**preposizione**: in questo caso specifica a chi appartiene la casa).

PRIMA VERIFICA

5 Sottolinea **gli articoli partitivi.**

Es.: Abbiamo visto degli atleti allenarsi al parco.

1. Ho passato delle belle giornate con gli amici.
2. Vuoi dell'acqua fresca?
3. Al mare ho conosciuto dei turisti che viaggiavano in autostop.
4. La pasticceria qui di fronte prepara dei dolci deliziosi.
5. In aula informatica ci sono dei computer molto veloci.
6. Nella verifica d'italiano ho fatto degli errori molto stupidi.
7. Il professore compra sempre delle caramelle per la gola.
8. C'è ancora del tè freddo in frigo: lo vuoi?

6 Completa le frasi con l'articolo partitivo.

Es.: Marzia, vuoi del succo di frutta?

1. Muriel scrive .... poesie molto belle.
2. Voi avete .... amici davvero simpatici.
3. Mi daresti .... zucchero, per favore? Dovrei fare una torta.
4. Quel calciatore fa sempre .... goal strepitosi.
5. Ho messo sul davanzale .... briciole di pane per gli uccellini.
6. In questo parco ci sono .... alberi molto alti.
7. Vorrei .... acqua gassata, per favore.
8. Mi verseresti ancora .... caffè, per favore?
9. In Giamaica ho mangiato .... frutta tropicale buonissima.
10. Sul balcone ci sono .... vasi di fiori.
11. Avete per caso .... fogli da disegno?
12. Per favore, al supermercato compra anche .... scatole di tè.

ESERCIZI DI RIEPILOGO

7 Scrivi l'articolo determinativo solo dove necessario.

Es.: .... Febbraio è il mese più corto dell'anno.

1. Visitiamo prima .... Venezia e dopo .... isola di Murano.
2. .... Tevere è .... fiume che attraversa .... Roma.
3. .... amiche di .... Luigi sono argentine.
4. .... negozio dietro .... nostra scuola svende tutto: .... quaderni, ... penne, ... evidenziatori.
5. Vorremmo parlare con .... professoressa di matematica.
6. Parto per Sidney .... domenica sera e arrivo .... lunedì.
7. Siamo stati a casa di .... Francesca in .... Sicilia .... scorso agosto.
8. .... due ragazzi con .... occhiali parlano in .... spagnolo.
9. .... zio di Leila e .... sua compagna abitano a Ischia, una piccola isola non lontana da .... Napoli.
10. In Italia ci sono .... due catene montuose: .... Alpi, che sono molto alte, e .... Appennini, che sono invece più bassi.

8 Scrivi l'articolo determinativo davanti al possessivo quando necessario.

Es.: Giorgio, ...la... tua sorellina va ancora all'asilo?

1. Stasera .... mio padre torna dal lavoro presto.
2. Adoro .... miei nonni, passo molto tempo con loro.
3. John e Mary sono irlandesi, ... loro genitori lavorano all'ambasciata.
4. Tobias è .... nostro cuginetto più piccolo.
5. Ragazzi, questa è .... vostra mamma?
6. Ada ha nove anni, ... suo fratello quattordici.
7. Riccardo, davvero .... tuo bisnonno paterno è ancora vivo?
8. A colazione bevo il tè, ... mia sorella invece preferisce la spremuta.

9 Abbina gli articoli indeterminativi e partitivi ai nomi.

un	sasso
un	oca
un'	scarpa
una	cavalli
uno	stivali
dei	biglietto
degli	strumento
delle	spezie

10 Sottolinea gli articoli partitivi e cerchia le preposizioni articolate formate da di+articolo.

Es.: Non hai ancora visto le foto della festa?

1. Ho letto dei libri molto belli della scrittrice che mi hai consigliato.
2. Ho portato delle confezioni di cibo per cani al canile dei volontari.
3. La bottiglia dell'olio è quella sullo scaffale.
4. Dovresti mettere dell'olio di oliva nell'insalata.
5. L'insegnante ha dato dei voti molto alti alle verifiche degli studenti.
6. Quando ero piccolo il nonno mi raccontava delle favole bellissime.
7. Questo è lo zaino del tuo compagno?
8. Stanotte ho fatto dei sogni molto strani.
9. Non ho visto la fine del film perché mi sono addormentato.
10. Il papà della mia amica è astronauta.

11 Sottolinea gli articoli determinativi e cerchia quelli indeterminativi o partitivi.

Es.: Il professore di letteratura spiega sempre (delle) cose interessanti.

1. Gli studenti pigri inventano sempre delle scuse per non fare i compiti.
2. Ho comprato dei cioccolatini e ho pagato con le monete da un centesimo.
3. Il mio computer ha dei problemi a collegarsi al wifi.
4. Questo è il mio parco preferito, ci sono degli spazi molto grandi per giocare.
5. Gli ospiti hanno portato alla festa delle bibite e dei pasticcini.
6. Non so se per la cena di domani cucino della pasta o preparo solo dei piatti freddi.
7. I cani sono dei compagni di vita molto fedeli.
8. Lo smartphone sul banco è di Daniele.

12 Trasforma al plurale le coppie articolo e nome.

Es.: una nocciolina ..delle noccioline..

1. l'albero ....
2. un giardino ....
3. lo scheletro ....
4. l'ascensore ....
5. un elefante ....
6. l'articolo ....
7. uno gnomo ....
8. l'orchestra ....
9. un ombrellone ....
10. l'operazione ....
11. il continente ....
12. l'esercitazione ....
13. un'illustrazione ....
14. il mese ....
15. uno yogurt ....
16. la lingua ....

13 Completa le frasi con gli articoli determinativi, indeterminativi e partitivi.

Es.: Ieri ho incontrato ..un.. amico mentre aspettavo ..l'.. autobus per tornare a casa.

1. Johannes è .... fratello maggiore di Maria.
2. Ci sono .... persone in fila per comprare .... biglietto della partita.
3. .... amico di Vincenzo è davvero simpatico, racconta sempre .... barzellette divertenti.
4. .... spiaggia di Vieste è molto bella, ci ho fatto .... lunghe passeggiate.
5. Vorrei .... pezzo di pizza margherita e .... aranciata, per favore.
6. Ho .... gatto bianco, ... suo nome è Sonny.
7. .... museo di archeologia è molto bello: ci sono .... mummie interessanti.
8. In questa strada c'era .... negozio di oggetti usati.

14 Completa **le frasi scegliendo la parola corretta fra le due alternative proposte.**

Es.: Oggi cuciniamo gli **maccheroni** / **spaghetti** al pomodoro.

1. L' **aquila** / **cicogna** è un uccello protetto.
2. Oggi abbiamo studiato una **poesia** / **ode** di Leopardi.
3. Il **spagnolo** / **portoghese** è una lingua molto bella.
4. L' **insalata** / **contorno** che ha preparato Luana era buonissima, c'erano molte verdure.
5. Il **lasagne** / **risotto** con i funghi è il piatto che preferisco.
6. Finalmente ho finito di leggere il **libro** / **articolo** che mi hai consigliato.
7. Ho assaggiato delle **lecca lecca** / **caramelle** alla menta davvero buone.
8. Mio padre in autobus legge sempre dei **giornali** / **articoli** sportivi.
9. Il mio tè è un po' amaro; per favore, potresti aggiungere dello **limone** / **zucchero**?
10. Sono andato a passeggiare con un' **amico** / **amica**.
11. Ho studiato gli **verbi** / **articoli** e ho fatto molti esercizi.
12. Sulla bruschetta devi mettere dell' **olio** / **pomodoro** e un po' di aglio.

15 Separa **gli articoli dai nomi.**

Es.: lospite l'ospite

1. loscaffale ....
2. lorso ....
3. unospirito ....
4. unospedale ....
5. dellacarta ....
6. dellacqua ....
7. lamore ....
8. lamosca ....
9. lelicottero ....
10. leluci ....
11. dellimone ....
12. dellimmaginazione ....

16 Scrivi **almeno quattro nomi per ciascuno dei seguenti articoli.**

Es.: la finestra, vacanza, città, macchina

1. l' (maschile) ....
2. l' (femminile) ....
3. i ....
4. una ....
5. degli ....
6. un' ....
7. della ....
8. dello ....

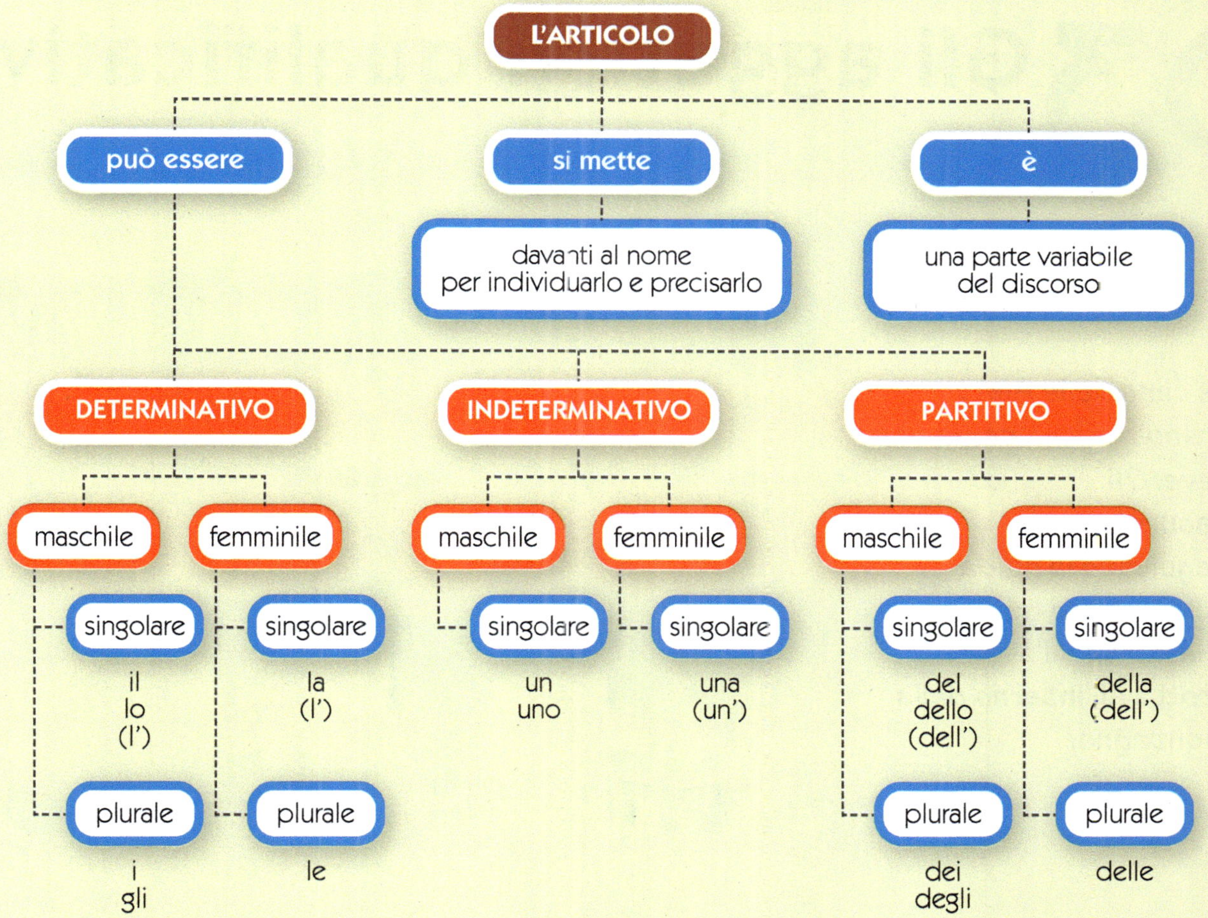
L'ARTICOLO
può essere
si mette
è
davanti al nome
per individuarlo e precisarlo
una parte variabile
del discorso
DETERMINATIVO
INDETERMINATIVO
PARTITIVO
maschile
femminile
maschile
femminile
maschile
femminile
singolare
il
lo
(l')
plurale
i
gli
singolare
la
(l')
plurale
le
singolare
un
uno
singolare
una
(un')
singolare
del
dello
(dell')
plurale
dei
degli
singolare
della
(dell')
plurale
delle

03 Gli aggettivi qualificativi

Le cime delle Alpi erano bianche per la neve. Gli instancabili escursionisti seguivano la guida sul sentiero ripido che porta all'antica grotta all'interno della montagna.

L'aggettivo qualificativo è una parte variabile del discorso che accompagna il nome e ne indica le qualità o le caratteristiche.

Gli aggettivi qualificativi cambiano la desinenza in base al nome che accompagnano, concordando nel genere e nel numero, e si suddividono nei seguenti gruppi:

1. gli aggettivi che terminano in **-o** al maschile singolare (*bianc***o**, *ripid***o**, *antic***o**) che presentano **quattro forme diverse:**

	SINGOLARE	PLURALE
MASCHILE	bell-o	bell-i
FEMMINILE	bell-a	bell-e

2. gli aggettivi che terminano in **-e** al maschile e al femminile singolare (*infaticabil***e**) che presentano **due forme diverse:**

MASCHILE E FEMMINILE SINGOLARE	abil-e	(uomo, donna abil-e)
MASCHILE E FEMMINILE PLURALE	abil-i	(uomo, donna abil-i)

3. gli aggettivi che terminano in **-ista, -asta, -ita, -ota, -cida** che presentano **un'unica forma al singolare** per i due generi e **al plurale entrambe le forme:**

SINGOLARE	PLURALE	
MASCHILE / FEMMINILE	MASCHILE	FEMMINILE
illuminista	illuministi	illuministe
omicida	omicidi	omicide

4. gli aggettivi **invariabili** che **non cambiano la forma** al femminile e al plurale:

- gli aggettivi terminanti in **-i:** in particolare l'aggettivo ***pari*** e i suoi derivati *impari* e *dispari*;
- alcuni aggettivi indicanti colori: *fiore **lilla**, gonna **viola**, maglioni **rosa***;
- gli aggettivi di origine straniera: *coperta blu, persone snob*;
- gli aggettivi composti da locuzioni avverbiali come **perbene**, **dappoco**, **dabbene:** *gente **dabbene**, signori **perbene***;
- alcuni aggettivi composti formati da **prefisso** + **nome:** *artista **controcorrente**, fari **antinebbia**.*

Gli aggettivi che terminano in **-co**/**-ca**, **-go**/**-ga** e **-cia**/**-gia** seguono le stesse regole già esposte per i nomi che finiscono con queste stesse sillabe.

Gli aggettivi **bello, grande, buono, santo** hanno più forme di singolare e di plurale, che cambiano in base alla lettera iniziale del nome che accompagnano:

- **bello**, quando precede l'articolo o segue il nome, si usa nella forma *bello / bella / belli / belle*: ***Bella** la tua bambina!*; ***Le ragazze belle** sfilano in passerella.* Quando precede il nome, invece, si comporta come l'articolo determinativo: *bel = il* (***bel** vaso*); *bello = lo* (***bello** zaino*); *bell' = l'* (***bell'**amico*); *bei = i* (***bei** quadri*); *begli = gli* (***begli** occhi*);
- **buono**, quando precede il nome, si comporta alla forma singolare come l'articolo indeterminativo: ***buon** uomo, **buon** diavolo, **buono** studente, **buon'**amica, **buona** fortuna*;
- **grande** davanti a nome che inizia per consonante (eccetto *s* impura e *z*) può perdere la sillaba finale -de: ***gran** rumore* o ***grande** rumore, **grande** sforzo, **grande** zampa.* Davanti a vocale può perdere la vocale finale -e: ***grand'**amico, **grand'**amica*;
- **santo** davanti a nome proprio che comincia per vocale diventa **sant'** (***sant'Antonio***); davanti a nome proprio cominciante per consonante diventa **san** (***san** Renato*); rimane invariato davanti a nomi comincianti per *s* impura (***santo** Stefano*).

Quando l'aggettivo si riferisce a nomi di *esseri animati* di **genere diverso**, prende la forma del **maschile plurale:**

*Ho una gatta e un cane **dispettosi**.*
*Il bambino e la sua amica sono **simpatici**.*

Se, invece, i nomi indicano cose, l'aggettivo può anche concordare con il genere del **nome più vicino:**

*I guanti e le borse **nuove** sono nell'armadio.*
*I guanti e le borse **nuovi** sono nell'armadio.*

PRIMA VERIFICA

1 Sottolinea **gli aggettivi qualificativi nelle seguenti frasi.**

Es.: Il mio gatto nero è molto vivace e intelligente.

1. Questi pantaloni bianchi sono molto sporchi.
2. Quella ragazza bionda con la gonna marrone è olandese.
3. Mangio spesso al ristorante messicano perché il cibo è buono.
4. La Ferrari è una macchina sportiva molto veloce.
5. Roma è una città grande e antica.
6. Secondo me lo sport più interessante e divertente è la pallavolo.
7. Metto tutti i miei vestiti nel grande armadio in camera di mio fratello maggiore.
8. Questa piccola bicicletta rosa è molto vecchia.

2 Scegli **la forma corretta degli aggettivi fra le due alternative proposte.**

Es.: Queste ragazze **portoghesi** / **portoghese** studiano a Milano.

1. Queste penne **blue** / **blu** sono di Giacomo.
2. Che **belli** / **bei** fiori!
3. Oggi mi metto le scarpe da ginnastica **lilla** / **lille**.
4. Il mio amico Mario è **interista** / **interisto**.
5. Devo farti due domande **importante** / **importanti**.
6. Ieri ho visto un **bel** / **bello** film al cinema.
7. Tina e Sandro sono **simpatici** / **simpatiche**.
8. I treni merci sono **lungi** / **lunghi**.

3 Inserisci **nella colonna opportuna della tabella gli aggettivi qualificativi.**

antipatici – bianche – brillanti – caldi – cattivi – comico – coraggiose – difficili – dispettosa – disponibili – frizzante – furbo – giovane – intelligente – napoletano – nuova – paurosi – piccola – profumate – tranquille – unica – urgente – venezuelano – verdi

FEMMINILE SINGOLARE	MASCHILE SINGOLARE	MASCHILE E FEMMINILE SINGOLARE	FEMMINILE PLURALE	MASCHILE PLURALE	MASCHILE E FEMMINILE PLURALE
				antipatici	

La posizione dell'aggettivo qualificativo

Ho incontrato un vecchio amico.

Ho incontrato un amico vecchio.

La diversa posizione dell'aggettivo può **modificare il significato della frase.**
L'aggettivo qualificativo si mette generalmente **prima del nome** per esprimere una qualità generica o quando ha una **funzione descrittiva**: *sull'alta cima.*
Si mette **dopo il nome** quando mette in risalto una particolare qualità o svolge una **funzione distintiva:** *sulla cima alta.*
Nell'esempio sopra, *un vecchio amico* indica un amico di vecchia data, conosciuto da molto tempo, *un amico vecchio* indica un amico di una certa età, anziano.
Si collocano generalmente dopo il nome i qualificativi:

- che indicano l'appartenenza a una categoria: *il liceo* ***classico****, il palazzo* ***ducale****, la polizia* ***urbana***;
- alterati: *una donna* ***rotondetta****, un ragazzo* ***furbastro***;
- seguiti da un complemento indiretto: *un frutto* ***ricco*** *di vitamine, una bambina* ***piena*** *di idee*;
- che indicano forma, materia, colore: *un tavolo* ***rettangolare****, una scala* ***marmorea****, dei fiori* ***rossi.***

Quando gli aggettivi sono più di uno, possono trovarsi **prima del nome** (*una* ***calda, morbida*** *vestaglia*), dopo il nome (*una discussione* ***lunga*** *e* ***faticosa***) o separati dal nome (*un* ***vecchio*** *album* ***impolverato***).

PRIMA VERIFICA

4 Cancellare **l'aggettivo che, secondo te, è nella posizione sbagliata.**

Es.: Voglio mettermi la ~~rossa~~ sciarpa rossa.

1. Non ho ancora letto l'ultimo libro ultimo di Harry Potter.
2. Non bevo mai il caldo latte caldo.
3. Non ti arrabbiare, ti ho fatto solo una semplice domanda semplice!
4. Questo piccolo bambino piccolo si chiama Lorenzo.
5. Devi attraversare quella rotonda piazza rotonda e poi girare a destra.
6. Non ho più rivisto i miei vecchi compagni vecchi della scuola primaria.
7. Gloria è la nuova fidanzata nuova di Riccardo.
8. Madre Teresa di Calcutta è stata una grande donna grande.

La struttura degli aggettivi qualificativi: primitivi, derivati, alterati, composti

Come i nomi, gli aggettivi si suddividono in:

- primitivi, quando non derivano da nessun'altra parola: *basso*, *grassa*, *utile*, *alti*;
- derivati, quando sono formati dalla radice di nomi, di verbi o di aggettivi, con l'aggiunta di:
  - **suffissi:** *permeab**ile**, ten**ace**, spettr**ale**, um**ano**, lun**are**, mali**ardo**, nuvol**oso*** ecc.
  - **prefissi:** ***in**felice, **dis**attento, **ri**pieno* ecc.
  - **suffissi e prefissi:** ***ri**parab**ile**, **im**mort**ale**, **in**cante**vole*** ecc.
- alterati, quando se ne modifica il significato aggiungendo alla radice i suffissi di alterazione:
  - **accrescitivi** come **-one**, **-otto**: *grass**one**, vecchi**otto***;
  - **diminutivi** come **-ino**, **-ello**: *bell**ino**, paffut**ello***;
  - **vezzeggiativi** come **-uccio**, **-olino**: *pallid**uccio**, magr**olino***;
  - **peggiorativi** o **dispregiativi** come **-accio** e **-astro**: *pigr**accio**, dolci**astro***;
- composti, quando sono formati da:
  - **due aggettivi primitivi:** *agrodolce, sordomuto;*
  - **da un prefisso e un aggettivo:** ***anti**bellico, **neo**romantico.*

In alcuni casi si separano con un trattino i due aggettivi che formano il composto, se i due elementi sono uniti per motivi occasionali: *il conflitto **arabo-israeliano**.*

Gli aggettivi composti formano il femminile e il plurale cambiando soltanto la desinenza del secondo elemento:

***il** portiere giallorosso, **la** difesa giallorossa, **gli** attaccanti giallorossi, **le** ali giallorosse.*

PRIMA VERIFICA

5 Sottolinea **gli aggettivi primitivi.**

impossibile – bello – giusto – simpaticone – biancastro – alto – interattivo – dolce – attivo – magrolino – nero – rumoroso – straordinario – forte – corto

Il comparativo e il superlativo degli aggettivi

L'aggettivo qualificativo può essere usato al grado comparativo per fare un **confronto tra due persone, animali** o **cose.**

Lorenzo è più alto di Luca. Lorenzo è alto come Marco. Lorenzo è meno alto di Giovanni.

Il comparativo di un aggettivo può essere di tre tipi:

- di maggioranza: introdotto da **più** e seguito da **di (+ articolo):** *Matteo è **più sincero di** Roberto;*
- di minoranza: l'aggettivo è introdotto da **meno** e seguito da **di:** *Questo libro è **meno noioso di** quel film;*
- di uguaglianza: l'aggettivo è inserito fra **(tanto) quanto** o fra **(così) come:** *Questa poltrona è **(tanto) comoda quanto** il divano; Enrica è **(così) affettuosa come** Sara.*

La comparazione, oltre che tra due nomi, può avvenire anche tra:
- **aggettivi qualificativi:** *Maria è più* ***vivace*** *che* ***intelligente****; La mia auto è più* ***comoda*** *che* ***bella****;*
- **verbi:** *Molte persone pensano che sia meno difficile* ***parlare*** *che* ***scrivere****;*
- **nomi che non sono soggetto:** *Consumiamo più* ***caffè*** *che* ***tè****;*
- **avverbi:** *Mario si comporta più* ***istintivamente*** *che* ***razionalmente****.*

In tutti questi casi al posto della preposizione **di**, si usa la congiunzione **che**.

Se il **confronto** è **tra più persone, animali o cose**, si usa il grado superlativo.

Lorenzo è il più alto della classe.
Lorenzo è altissimo.

Il grado superlativo di un aggettivo è di due tipi: **assoluto** e **relativo**.
Il superlativo assoluto esprime una qualità nel suo grado più alto e senza confronti: *Lorenzo è* ***altissimo****; Furia è un cavallo* ***velocissimo****.*
Il superlativo assoluto si può formare:
- aggiungendo alla radice dell'aggettivo il suffisso **-issimo** (**-a**, **-i**, **-e**): *cald****issimo****, stanch****issima****, dolc****issimi****, fresch****issime****;*
- mettendo prima dell'aggettivo avverbi quali **molto, assai, oltremodo, enormemente, immensamente:** ***molto*** *pulito,* ***assai*** *nervosa,* ***oltremodo*** *elegante,* ***enormemente*** *simpatici,* ***immensamente*** *ricche;*
- unendo all'aggettivo prefissi come **arci-**, **stra-**, **super-**, **iper-**, **ultra-**, **extra-**: ***arci****noto,* ***stra****carica,* ***super****affollati,* ***iper****tese,* ***ultra****rapido,* ***extra****forte;*
- ripetendo l'aggettivo al grado positivo: *calmo calmo, zitta zitta, buono buono, basse basse.*

Il superlativo relativo esprime una qualità nel suo grado più alto (*Lorenzo è* ***il più alto***) o nel suo grado più basso (*Lorenzo è* ***il meno veloce***), ma in relazione a un insieme (*della classe*). Nel primo caso si parla di **superlativo relativo di maggioranza**, nel secondo di **superlativo relativo di minoranza.**
Il superlativo relativo si forma mettendo l'articolo determinativo davanti al comparativo di maggioranza o di minoranza (***il*** *più caro,* ***la*** *meno costosa*), mentre il termine di confronto è

introdotto dalle preposizioni **di, tra, fra**, ma può essere anche sottinteso: *Ha risolto* ***il*** *problema* ***più difficile*** (fra tutti quelli che c'erano).

Alcuni aggettivi, oltre alla forma comparativa e superlativa regolare (*il più buono* o *il migliore*; *il più cattivo* o *il peggiore* ecc.), ne hanno una particolare che deriva dal latino.

POSITIVO	COMPARATIVO DI MAGGIORANZA	SUPERLATIVO ASSOLUTO
buono	**migliore** (o *più buono*)	**ottimo** (o *buonissimo*)
cattivo	**peggiore** (o *più cattivo*)	**pessimo** (o *cattivissimo*)
grande	**maggiore** (o *più grande*)	**massimo** (o *grandissimo*)
piccolo	**minore** (o *più piccolo*)	**minimo** (o *piccolissimo*)
alto	**superiore** (o *più alto*)	**supremo** (o *altissimo*)
basso	**inferiore** (o *più basso*)	**infimo** (o *bassissimo*)
esterno	**esteriore** (o *più esterno*)	**estremo**
interno	**interiore** (o *più interno*)	**intimo**

PRIMA VERIFICA

6 Per ciascuna di queste frasi indica se esprime un comparativo di maggioranza (+), di minoranza (-) o di uguaglianza (=).

Es.: Roma è più grande di Torino. +

1. La mia camera è grande quanto la tua.
2. Guardo la TV meno di te.
3. Nella mia classe ci sono tanti studenti quanti nella vostra.
4. Karol è più grande di Jakob.
5. La matematica è difficile come la geometria.
6. Il mio zaino è meno pesante del tuo.
7. Ling mangia più verdura che frutta.
8. Camilla è tanto simpatica quanto intelligente.
9. Nell'insalata metto più aceto che olio.
10. L'insegnante d'inglese è meno severa di quella d'italiano.

7 **In queste frasi indica se il superlativo è assoluto (a) o relativo (r).**

Es.: Prima degli esami gli studenti sono superstressati. ...a...

1. Gustav è lo studente più simpatico della mia classe. ....
2. Ieri la mia squadra ha giocato bene ma è stata supersfortunata. ....
3. Giove è il pianeta più grande del sistema solare. ....
4. Il papà di Marina è straricco. ....
5. Questi pantaloni sono davvero extralarghi per me! ....
6. Rita è una bambina ipersensibile. ....
7. Questo è il monumento più famoso della città. ....
8. Rajiv è il più veloce della squadra di calcio. ....
9. Questa torta è dolcissima. ....
10. Gabriel non gioca mai con noi, è sempre impegnatissimo. ....

8 **Scegli il termine corretto fra le due alternative proposte.**

Es.: Sergio è il fratello **massimo** / **maggiore** di Paulina.

1. Questa fabbrica produce televisori di **ottima** / **massima** qualità.
2. Brava Tiziana, hai scritto la **ottima** / **migliore** ricerca della classe.
3. Io ho tredici anni, mio fratello **minimo** / **minore** ne ha solo quattro.
4. La direzione è all'ultimo piano: ai piani **infimi** / **inferiori** ci sono le classi.
5. Ho cambiato palestra ma non mi piace: è **peggiore** / **pessima** della precedente.
6. Quest'anno la mia squadra sta giocando malissimo: i suoi risultati sono **pessimi** / **più peggiori**.
7. Andreas studia moltissimo: è lo studente **ottimo** / **migliore** della classe.
8. Gli studenti hanno fatto delle **pessime** / **peggiori** verifiche: incomplete e piene di errori.

ESERCIZI DI RIEPILOGO

9 **Completa le frasi con la forma corretta dell'aggettivo tra parentesi.**

Es.: Questi pasticcini sono davvero molto (dolce) dolci.

1. In classe abbiamo letto due (interessante) .... poesie di Leopardi.
2. Il presidente Sandro Pertini era veramente un (grande) .... uomo.
3. Klaudia e Gertrude sono (tedesco) ....
4. Secondo me la lingua più (difficile) .... è il cinese.

5. Questa chiave (verde) ....apre tutte le porte di casa.
6. Manlio e Damian sono sempre (ottimista) ....
7. Adoro i piatti (vietnamita) ....
8. Di chi sono questi guanti (viola) ....?
9. I personaggi in questi cartoni (animato) .... sono proprio (simpatico) ....
10. In estate a Bologna fa un (grande) .... caldo.
11. Il 4 ottobre si festeggia (santo) .... Francesco.
12. Mary e John sono molto (studioso) ....

10 Scrivi **la forma opportuna dell'aggettivo 'bello' davanti a questi nomi.**

Es.: Bello sport.

1. .... albero
2. .... poltrone
3. .... zoccoli
4. .... borse
5. .... macchina
6. .... giochi
7. .... zaino
8. .... aiuola
9. .... romanzo
10. .... capelli

11 Scrivi **vicino a ogni definizione l'aggettivo dato, ponendolo nella giusta posizione rispetto al nome.**

Es.: Diversi

In campeggio ho letto più di un libro: diversi libri

Gli ultimi due film di Sorrentino non sono per niente simili: film diversi

1. Povero
   a. Un uomo che non ha soldi: ....
   b. Un uomo molto sfortunato: ....
2. Nuova
   a. Compro una bici mai usata prima: ....
   b. Compro un'altra bici oltre a quelle che ho: ....
3. Alto
   a. Daniel è un ragazzo alto due metri: ....
   b. Il papà di Sandro è un importante funzionario del ministero: ....
4. Vecchi
   a. Ho conosciuto questi amici moltissimi anni fa: ....
   b. I suoi amici hanno tutti più di settant'anni: ....

12 Scrivi **vicino a ogni aggettivo il suo contrario.**

Es.: felice infelice

1. utile ....
2. conosciuto ....
3. ordinato ....
4. fortunato ....
5. possibile ....
6. limitato ....
7. uguale ....
8. organizzato ....

13 Sostituisci **le espressioni sottolineate con un aggettivo alterato.**

Es.: Mario è un ragazzo molto furbo. furbacchione

1. Amina non sta bene, ha il colorito piuttosto giallo. ....
2. Questa casa è davvero molto piccola. ....
3. Questo cane è ormai abbastanza vecchio. ....
4. Pierino è insopportabile, un grande monello. ....
5. Questa sera è un po' fresco. ....
6. Il personaggio più simpatico dello spettacolo era quello molto grasso. ....
7. Lo sciroppo per la tosse è sgradevole, davvero troppo dolce. ....
8. Si dice che marzo sia un mese un po' pazzo. ....

14 Inserisci **il secondo termine del comparativo (di o che).**

Es.: Leggo più romanzi che biografie.

1. Mi piace più fare esercizi di grammatica .... scrivere composizioni.
2. Il sole è più lontano .... luna.
3. Il tiramisù è più buono .... pane e marmellata.
4. Preferisco più giocare a tennis .... fare jogging.
5. Constantin è meno alto .... Marcus.
6. Beviamo più tè .... aranciata.
7. Il puma è più veloce .... tartaruga.
8. Giorgio si è comportato più stupidamente .... razionalmente.

15 Completa **le frasi con i comparativi di maggioranza (+), di uguaglianza (=) e di minoranza (-), secondo le indicazioni.**

Es.: Firenze è tanto bella quanto Venezia. (=)

1. Le montagne sono .... alte .... colline. (+)
2. Il gatto è .... grande .... cavallo. (-)
3. La mia bici è ....vecchia .... tua. (+)

4. La pallavolo è .... divertente .... la pallacanestro. (=)
5. Isabel è ....studiosa .... intelligente. (-)
6. Questo divano è .... bello .... comodo. (+)
7. Mangio .... pasta .... riso. (=)
8. Il treno è .... veloce .... aereo. (-)
9. Eros Ramazzotti è .... famoso .... Laura Pausini. (=)
10. È .... facile nuotare .... sciare. (+)

16 Scegli **la forma corretta di superlativo fra le due alternative proposte.**

Es.: Questo televisore ha lo schermo **ultrapiatto / il più piatto.**

1. Ho mal di gola: vorrei una caramella alla menta **extraforte / iperforte.**
2. Il Po è il fiume **lunghissimo / più lungo** d'Italia.
3. Oggi fa **il più freddo / freddissimo**: l'acqua della fontana è ghiacciata.
4. Julia è **la più simpatica / simpaticissima** fra le mie compagne di classe.
5. L'Everest è una montagna **la più alta / altissima**.
6. Dopo la partita di calcio i ragazzi sono **stanchissimi / i più stanchi.**
7. Questo libro è **interessantissimo / il più interessante** di questo scrittore.
8. C'è troppa gente in questa pizzeria, è **ultraffollata / superaffollata.**
9. Igor è **il più alto /altissimo.**
10. Il servizio in questa lavanderia è **arcirapido / ultrarapido**: consegnano la biancheria in un'ora.

17 Completa **la tabella con le forme particolari di comparativo e superlativo derivate dal latino.**

POSITIVO	COMPARATIVO DI MAGGIORANZA	SUPERLATIVO ASSOLUTO
buono	migliore	
cattivo		pessimo
grande		
piccolo		
alto		
basso		
esterno		
interno		

04 Gli aggettivi determinativi

Gli aggettivi: funzioni e classificazione

Gli **aggettivi determinativi** **servono a distinguere e a caratterizzare un nome rispetto ad altri.** Questi si suddividono in: **possessivi**, **dimostrativi** (o **indicativi**), **indefiniti**, **interrogativi** ed **esclamativi**, **numerali.**

Aggettivi possessivi

I miei compagni di classe sono stati premiati dalla nostra maestra: il loro disegno è stato il più bello di tutta la scuola.

Le parole *miei*, *nostra* e *loro* sono **aggettivi possessivi** e **indicano a chi appartiene una cosa, un animale** o **una persona.** Gli aggettivi possessivi concordano nel genere e nel numero con il nome cui si riferiscono: solo *loro* ha una forma invariabile.

PERSONA	SINGOLARE		PLURALE	
	maschile	femminile	maschile	femminile
1ª sing. (io)	**mio**	**mia**	**miei**	**mie**
2ª sing. (tu)	**tuo**	**tua**	**tuoi**	**tue**
3ª sing. (egli / ella, esso / essa)	**suo**	**sua**	**suoi**	**sue**
1ª plur. (noi)	**nostro**	**nostra**	**nostri**	**nostre**
2ª plur. (voi)	**vostro**	**vostra**	**vostri**	**vostre**
3ª plur. (essi / esse)	**loro**	**loro**	**loro**	**loro**

L'aggettivo possessivo **generalmente precede il nome**: *le **mie** mani, le **vostre** parole*; si mette **dopo il nome** quando si vuole mettere in risalto l'appartenenza: *È tutto merito **suo**; Questi sono problemi **tuoi**.*
Per l'uso degli aggettivi possessivi con i nomi di parentela, vedi unità 2 p. 59.
Anche **altrui** e **proprio** sono aggettivi possessivi:

- **altrui** indica un possessore indefinito, è invariabile e generalmente si mette dopo il nome: *Rispetta le idee **altrui***;
- **proprio** (*propria, propri, proprie*) si usa al posto di *suo, sua, suoi, sue, loro*:
  - quando il possessore è il soggetto della frase: *Laura lava la **propria** bicicletta*;
  - dopo altri possessivi per rinforzarli: *L'ho fatto con le **mie proprie** mani;*
  - con un soggetto indefinito e nelle frasi impersonali: *Alla fine della proiezione, **ognuno** potrà esprimere il **proprio** (o il **suo**) parere sul film; Sarebbe meglio fare subito le **proprie** scelte.*

PRIMA VERIFICA

1 Sottolinea i possessivi nelle seguenti frasi.

Es.: Giulia ascolta sempre con interesse le opinioni altrui.

1. Ieri sono uscito con i miei nuovi compagni di classe; loro sono davvero simpatici.
2. Mia cugina Arife tiene sempre in grande ordine le proprie cose.
3. Michela, mi puoi prestare la tua bici per mezz'ora?
4. Qual è il vostro cantante preferito?
5. Non è corretto usare le cose altrui senza chiedere il permesso!
6. Jaimie ha adottato il suo cagnolino al canile municipale.
7. Anche oggi il nostro autobus è in ritardo.
8. Paul ha riparato il computer con le proprie mani.
9. Gli studenti hanno lasciato i loro libri in classe.
10. Vado in camera mia a riposare un po'.

2 Completa la tabella inserendo gli aggettivi possessivi e l'articolo determinativo.

io	il mio libro	.... casa	.... spaghetti	.... verifiche
tu	.... letto	.... camera	.... pantaloni	.... sorelle
egli/ella	.... pallone	.... macchina	.... pennarelli	.... felpe
noi	.... biglietto	.... città	.... regali	.... amiche
voi	.... compleanno	.... squadra	.... esercizi	.... lezioni
essi/esse	.... telefono	.... aula	.... bicchieri	.... pizze

Aggettivi dimostrativi (o indicativi)

Vorrei questa borsa e quelle scarpe.

Gli aggettivi dimostrativi (o indicativi) **servono a indicare la posizione nello spazio o nel tempo del nome di cui si parla rispetto a chi parla e a chi ascolta.** Questi concordano nel genere e nel numero con il nome cui si riferiscono e non sono mai accompagnati dall'articolo: **questa** borsa, **quelle** scarpe.

Gli aggettivi dimostrativi sono:

- questo (-a, -i, -e) indica persone, animali o cose **vicini**, nello spazio o nel tempo, **a chi parla:** ***Questo*** *ragazzo è intelligente;* ***Questa*** *volta ce la farai!;* ***Queste*** *tue parole sono bellissime;*
- quello (-a, -i, -e) indica persone, animali o cose **lontani**, nello spazio o nel tempo, **da chi parla e da chi ascolta:** ***Quel*** *bambino è vivacissimo;* ***Quella*** *discussione è durata troppo.* Quando precede il nome, **quello** si comporta come l'articolo determinativo: *quel = il* (***quel*** *disco*); *quello = lo* (***quello*** *sport*); *quell' = l'* (***quell'****albero*); *quei = i* (***quei*** *bicchieri*); *quegli = gli* (***quegli*** *stivali*);
- stesso (-a, -i, -e) serve per rafforzare il nome o il pronome che accompagna: *Silvia ha lo* **stesso** (= identico) *tuo maglione; Verrò io* ***stesso*** *da te; È arrabbiato con se* ***stesso.***

PRIMA VERIFICA

3 Indica **se gli aggettivi dimostrativi sottolineati si riferiscono a spazio (s) o a tempo (t) e se sono vicini (v) o lontani (l).**

Es.: Vorrei provare quei pantaloni in vetrina, per favore. ..s.. ..l..

1. A quest'ora l'aereo è sicuramente atterrato. ....
2. Chi ha cucinato quella fantastica torta? ....
3. Quell'inverno a Roma ci fu una nevicata eccezionale. ....
4. Di chi sono queste scarpe da ginnastica? ....
5. Questo fine settimana studieremo per le verifiche. ....
6. Quella volta siamo stati davvero fortunati. ....
7. In questi giorni ci sono tante mostre interessanti in città. ....
8. Quella ragazza parla perfettamente cinque lingue. ....

4 Scegli **la forma corretta dell'aggettivo dimostrativo fra le due alternative proposte.**

Es.: <u>Questi</u> / **quei** esercizi sono tutti corretti.

1. Vengo sempre a correre in **quello** / **questo** parco.
2. Ho già visto **questo** / **quello** film.
3. Guarda quant'è grande **quel** / **quell'**elefante!
4. In **questi** / **quei** giorni ho problemi di connessione a Internet.
5. **Quegli** / **quei** scienziati stanno studiando una pericolosa malattia infettiva.

Aggettivi indefiniti

Molti ragazzi della nostra scuola partecipano ai giochi sportivi. Ci saranno varie coppe in palio, speriamo di riuscire a vincere qualche premio.

Gli aggettivi indefiniti **indicano in modo non preciso la quantità** o **la qualità del nome cui si riferiscono.**

	SINGOLARE		PLURALE	
	maschile	**femminile**	**maschile**	**femminile**
Indicano una quantità indeterminata	tanto poco molto troppo altrettanto parecchio vario diverso	tanta poca molta troppa altrettanta parecchia varia diversa	tanti pochi molti troppi altrettanti parecchi vari diversi	tante poche molte troppe altrettante parecchie varie diverse
Indicano un'unità o una molteplicità indeterminata	certo tale	certa tale	certi tali taluni	certe tali talune
	altro ciascuno	altra ciascuna	altri (senza plurale)	altre (senza plurale)
	sono invariabili: ogni qualche			

	SINGOLARE		PLURALE	
	maschile	**femminile**	**maschile**	**femminile**
Indicano una qualità indeterminata	sono invariabili: qualsiasi qualunque qualsivoglia			
Indicano una totalità indeterminata	tutto nessuno alcuno	tutta nessuna alcuna	tutti (senza plurale) (senza plurale)	tutte (senza plurale) (senza plurale)

Gli aggettivi indefiniti di solito non sono accompagnati dall'articolo: ***Molta*** *gente prende la metropolitana* ***ogni*** *giorno*. Unica eccezione sono gli aggettivi **certo** e **tale**, quando indicano una persona o una cosa imprecisata o sconosciuta: *Ti ha cercato* ***un certo/un tale*** *Saverio.*
L'aggettivo **tutto** è seguito sempre da un articolo o da un aggettivo dimostrativo: ***Tutte le*** *auto devono avere la targa; Perché* ***tutte quelle*** *persone fanno la fila davanti alla banca?*
Gli aggettivi indefiniti composti con *uno* (**alcuno**, **ciascuno**, **nessuno**) seguono la declinazione dell'articolo indeterminativo: *un'* = *alcun'* (***alcun****'uscita)*; *un* = *ciascun* (***ciascun*** *allievo)*; *uno* = *nessuno* (***nessuno*** *scontro)*.

PRIMA VERIFICA

5 Sottolinea **gli aggettivi indefiniti.**

Ieri era domenica e ho passato alcune ore al parco con degli amici. Siamo arrivati abbastanza presto la mattina e c'erano ancora poche persone; a mezzogiorno invece sono arrivate diverse famiglie a fare il pic nic mentre altre persone sono venute a correre e a fare ginnastica. Noi abbiamo camminato un po' e dopo ci siamo sdraiati in riva al laghetto dove siamo stati molto tranquilli perché non c'era nessuno. Ognuno di noi ha raccontato una storia divertente o una barzelletta. Nel pomeriggio abbiamo giocato a calcio e a pallavolo: tutti noi ci siamo divertiti.

6 Scegli **l'aggettivo indefinito fra le due alternative proposte.**

Es.: Avete fatto **ogni** / **alcuno** esercizio?

1. Ti racconterò le mie vacanze in un **altro** / **alcuno** momento.
2. Abito in questa casa da **qualsiasi** / **qualche** mese.
3. Io e il mio amico abbiamo litigato **nessune** / **poche** volte.
4. Ho una fame incredibile: mangerei **qualsiasi** / **altrettanta** cosa.
5. **Nessuno** / **qualunque** studente ha ancora consegnato la verifica.
6. Ho letto **tali** / **diversi** libri di quello scrittore.
7. Allo stadio c'erano solo **certi** / **pochi** spettatori.

Aggettivi interrogativi ed esclamativi

Che bello! Quante persone sono venute a vederti alla partita!

– E a te, quale sport piace?
– Mi piace giocare a pallavolo.

Gli **aggettivi interrogativi** introducono una domanda sia diretta sia indiretta e si usano per **chiedere informazioni sulla qualità** o **sulla quantità** del nome che accompagnano:

Quante *mele hai comprato?*	*Vorrei sapere* ***quante*** *mele hai comprato.*
Quale *genere di film preferisci?*	*Mi domando* ***quale*** *genere di film preferisci.*
Che *vino prendi da bere?*	*Dimmi* ***che*** *vino prendi da bere.*

Gli **aggettivi esclamativi**, invece, si usano per **mostrare meraviglia sulla qualità, identità** o **quantità** del nome che accompagnano: ***Quale*** *caos è mai questo!*; ***Che*** *bello questo posto!*; ***Quanti*** *fiori ci sono nei vasi!*

PRIMA VERIFICA

7 Sottolinea gli aggettivi interrogativi e cerchia quelli esclamativi.

Es.: Che bel sole c'è oggi!

1. Non sappiamo ancora quanti giorni di vacanza avremo per Pasqua.
2. Quanti studenti erano assenti oggi?
3. Mamma mia! Quanta gente in fila in discoteca!
4. Accidenti! Quanti soldi abbiamo speso in quel negozio!
5. Marco non mi ha ancora detto che genere di film vuole vedere stasera.
6. Che furbo che sei stato!
7. Da quanto tempo aspettate l'autobus?
8. Quale foto devo pubblicare su Facebook secondo te?

8 Completa **le frasi con gli aggettivi interrogativi o esclamativi.**

Es.: Il mio compagno mi ha comunicato quali esercizi abbiamo per domani.

1. .... fette di torta hai mangiato a colazione?
2. .... bei pantaloni hai oggi!
3. Per .... squadra tifi?
4. Scusi, ... autobus arriva in piazza Garibaldi?
5. Ragazzi, ... dizionari di italiano ci sono in classe?
6. .... libri ci sono in quella biblioteca antica!
7. .... antipatico quel ragazzo!
8. Ho finalmente deciso .... vestito indossare al matrimonio di Aldo.

Aggettivi numerali

Gli aggettivi numerali **indicano la quantità** o **la successione numerica del nome che accompagnano** e si distinguono in *cardinali* e *ordinali* (i più importanti), *moltiplicativi*, *frazionari*, *distributivi* e *collettivi*.

Gli aggettivi numerali cardinali

In pizzeria abbiamo ordinato sei panini, due pizze, tre focacce, cinque bottiglie d'acqua e quattro bibite in lattina.

Gli aggettivi numerali cardinali **indicano l'esatta quantità numerica delle persone, degli animali** o **delle cose di cui si parla** (*sei panini, due pizze, tre focacce, cinque bottiglie, quattro bibite*). Tutti gli aggettivi numerali cardinali sono invariabili, eccetto:

- **uno**, che ha il femminile singolare *una* e che davanti al nome si comporta come l'articolo indeterminativo: *trent**un** anni, cinquant**uno** scolari, **un**'italiana*;
- **milione** e **miliardo**, che hanno il plurale: *50 **milioni** di euro;*
- **mille**, che diventa *mila* nei multipli: *trentamila, duecentomila* ecc.

Gli aggettivi numerali ordinali

Jack ha partecipato al rodeo per la terza volta e si è classificato al secondo posto.

Gli aggettivi numerali ordinali **specificano il posto che occupa una persona, un animale** o **una cosa in una successione numerica** (*terza volta, secondo posto*). I numerali ordinali sono variabili nel genere e nel numero (*i **primi** figli, la **terza** sorella*). I primi dieci derivano dai numeri ordinali latini: *primo, secondo, terzo, quarto, quinto, sesto, settimo, ottavo, nono* e *decimo*. Da *undici* in poi l'ordinale si forma aggiungendo il suffisso **-esimo** al numero cardinale privato della vocale finale: *undic**esimo**, cinquantott**esimo***. Nei composti che finiscono con *tre* e con *sei*, invece, la vocale finale si mantiene: *ventitr**eesimo**, novantase**iesimo***.

Cifre arabe	Cardinali	Numeri romani	Ordinali
1	uno	I	primo
2	due	II	secondo
3	tre	III	terzo
4	quattro	IV	quarto
5	cinque	V	quinto
6	sei	VI	sesto
7	sette	VII	settimo
8	otto	VIII	ottavo
9	nove	IX	nono
10	dieci	X	decimo
11	undici	XI	undicesimo
12	dodici	XII	dodicesimo
13	tredici	XIII	tredicesimo
14	quattordici	XIV	quattordicesimo
15	quindici	XV	quindicesimo
16	sedici	XVI	sedicesimo
17	diciassette	XVII	diciassettesimo
18	diciotto	XVIII	diciottesimo

19	diciannove	XIX	diciannovesimo
20	venti	XX	ventesimo
21	ventuno	XXI	ventunesimo
30	trenta	XXX	trentesimo
40	quaranta	XL	quarantesimo
50	cinquanta	L	cinquantesimo
60	sessanta	LX	sessantesimo
70	settanta	LXX	settantesimo
80	ottanta	LXXX	ottantesimo
90	novanta	XC	novantesimo
100	cento	C	centesimo
101	centouno	CI	centunesimo
200	duecento	CC	duecentesimo
500	cinquecento	D	cinquecentesimo
1 000	mille	M	millesimo
1 000 000	un milione	$\bar{M}$	milionesimo

I numeri cardinali si scrivono con le cifre arabe. I numeri ordinali, in casi particolari, si possono scrivere in numeri romani (re, papi, capitoli ecc.)

PRIMA VERIFICA

9 Sottolinea i numerali cardinali e cerchia i numerali ordinali.

Es.: Marcel ha guidato la macchina la (prima) volta quando aveva ventotto anni.

1. La stella più vicina alla terra dista milioni di anni luce.
2. Ho pagato questi quattro quaderni solo due euro.
3. L'estate prossima visiterò la Sicilia per la terza volta.
4. L'anno prossimo frequenteremo la quarta superiore.
5. La domenica è il settimo giorno della settimana.
6. Il mio fratellino è nato il tre gennaio duemiladue.
7. Abito al sesto piano di questo palazzo.
8. Domani parteciperò alla maratona per la seconda volta questo mese.

10 Scrivi **in cifre questi aggettivi numerali.**

Es.: diciassette 17

a. sei	....	**g.** quarantaquattro	....
b. dodici	....	**h.** settantasei	....
c. cinquantasette	....	**i.** diciotto	....
d. duemilatré	....	**l.** sessantuno	....
e. trecentocinque	....	**m.** ottocentodue	....
f. undici	....	**n.** quindici	....

Altri numerali

– Dopo la pasta, vorrei una doppia porzione di gelato, per favore.
– Va bene, ma bisogna aspettare circa mezz'ora.

Accanto ai numerali cardinali e ordinali esistono altre categorie di numerali: **moltiplicativi, frazionari, distributivi** e **collettivi.**

- I moltiplicativi (come *doppio, triplo* ecc.) **indicano quante volte una quantità è maggiore di un'altra.** I moltiplicativi sono variabili nel genere e nel numero: ***doppia*** *porzione,* ***tripli*** *salti mortali.*
- I frazionari **indicano in quante parti è stata frazionata o divisa un'unità.** Sono formati da un cardinale e da un ordinale e si scrivono in cifre nei testi scientifici (***due terzi*** *della torta;* ***2/3*** *delle acque oceaniche*).
- I distributivi **indicano il modo in cui sono distribuiti numericamente** le persone, gli animali o le cose cui si riferiscono: *Uscite in fila* ***per due****; Queste bambole costano* ***dieci*** *euro* ***ciascuna.***
- I collettivi, infine, **indicano un solo insieme formato da più unità.** Sono costituiti quasi tutti da sostantivi: *paio, coppia, trio; terzina, dozzina, trentina; duo o duetto, terzetto; bimestre, trimestre; biennio, triennio; terna, quaterna; centinaio, migliaio*: *Formano* ***una coppia*** *perfetta; Te l'ho detto* ***un centinaio*** *di volte.*

Per indicare una coppia si possono usare anche i collettivi **entrambi / entrambe** e **ambedue** (invariabile): ***entrambi*** *i lati,* ***ambedue*** *le sorelle.*

PRIMA VERIFICA

11 Indica **se gli aggettivi numerali sottolineati nelle seguenti frasi sono moltiplicativi (m), frazionari (f), distributivi (d) o collettivi (c).**

Es.: Oggi a pranzo ho mangiato una razione doppia di pasta. ...m...

1. Durante la lezione possiamo andare in bagno al massimo due alla volta. ....
2. Miguel e Maria sono entrambi portoricani. ....
3. Faccio tutti i giorni un triplo giro del parco con il cane. ....
4. Ho lasciato squillare il tuo telefono una dozzina di volte. ....
5. Molti studenti universitari frequentano un semestre all'estero. ....
6. Riempire tre quarti di misurino con il detersivo e versarlo nella lavatrice. ....
7. Siamo saliti sulla giostra a due a due. ....
8. Dieci è il doppio di cinque. ....
9. Abbiamo un cane e un gatto; li abbiamo trovati ambedue abbandonati in strada. ....
10. Gli spettatori hanno riempito i due terzi della sala. ....

12 Scegli **l'aggettivo collettivo corretto.**

Es.: Claire e Suleyman sono una **coppia** / **un paio** perfetta.

1. Alla manifestazione hanno partecipato diverse **migliaia** / **migline** di persone.
2. Ho assaggiato **ambedui** / **entrambi** i dolci.
3. La mamma mi ha regalato **una coppia** / **un paio** di guanti rossi.
4. Alla mia festa c'era almeno **una trentina** / **un trentinaio** di invitati.
5. Questo **seimestre** / **semestre** i miei voti sono davvero migliorati.
6. L'insegnante ha ripetuto almeno **un centinaio** / **una centina** di volte di non copiare.
7. La parola **'bimestre'** / **'bimese'** indica un periodo di due mesi.
8. Ho comprato una **dozzina** / **dodicina** di fumetti all'edicola.

13 Scrivi **in lettere i seguenti numeri frazionari.**

Es.: 1/4 un quarto

1. 2/3 ....
2. 3/4 ....
3. 4/5 ....
4. 1/2 ....
5. 2/8 ....
6. 3/6 ....
7. 5/7 ....
8. 5/10 ....

14 Scegli **l'aggettivo possessivo corretto fra le due alternative proposte.**

Es.: **La mia** / **Il mio** materia preferita è la storia.

1. Barbara non dice mai bugie a **sua / loro** madre.
2. Oggi Ilaria festeggia il compleanno con tutte le **sue / vostre** amiche.
3. Io rispetto sempre le idee **proprie /altrui.**
4. Amo molto il **miei / mio** gatto; dorme sempre sul **tuo / mio** letto con me.
5. Gianluca è uno studente diligente: i **loro/ suoi** quaderni sono molto ordinati.
6. I passeggeri salgono in treno con i **suoi / loro** bagagli.
7. Noi abitiamo a Pisa: la **nostra / vostra** casa è proprio vicino alla torre pendente.
8. La mia sorellina prepara da sola la **propria /altrui** cartella per andare all'asilo.
9. Ragazzi, i **tuoi / vostri** genitori sono severi?
10. Il professore non ha ancora corretto le **nostra / nostre** verifiche.

15 Trasforma **queste espressioni al plurale.**

Es.: Il mio giornale. I miei giornali

1. Il tuo maglione. ....
2. La sua fotografia. ....
3. La nostra professoressa. ....
4. Il loro vicino. ....
5. La mia mela. ....
6. Il vostro ombrello. ....
7. La tua caramella. ....
8. La loro scuola. ....
9. Il suo orologio. ....
10. La vostra vacanza. ....

16 Scrivi **davanti ai nomi l'aggettivo 'quello' nella forma opportuna.**

Es.: quel bambino

1. .... scarpe
2. .... treno
3. .... paesini
4. .... penna
5. .... armadio
6. .... scherzo
7. .... arancia
8. .... zaini
9. .... psicologo
10. .... piazza
11. .... anelli
12. .... uva

17 Completa **le frasi con gli aggettivi 'questo' o 'quello' nelle forme opportune.**

Es.: Una di queste sere vorrei andare al cinema.

1. .... casa che vedi lassù in cima alla collina è abbandonata da anni.
2. Ricordi .... ragazzo che abbiamo conosciuto l'anno scorso al mare?
3. Scusi, è libero .... posto? Posso sedermi?
4. .... estate andremo in vacanza al mare.
5. Tieni Marco, assaggia .... torta.
6. La Prima Guerra mondiale fu terribile, in .... anni si viveva male.
7. Che bel tempo c'è in .... periodo!
8. Ricordo ancora .... giorni passati in campagna a casa di Tina dieci anni fa.

18 Completa **le frasi con l'aggettivo indefinito in parentesi correttamente concordato.**

Es.: Silvia ha molti amici stranieri. (molto)

1. .... volte penso che mi piacerebbe andare a vivere in montagna. (alcuno)
2. Io e Marcus abitiamo vicini ma l'ho incontrato solo .... volte. (poco)
3. Offro dell'.................... torta ai miei ospiti. (altro)
4. .... persone preferiscono passare le vacanze a casa propria. (certo)
5. Ho trovato .... difficoltà nel fare questo esercizio. (alcuno)
6. Non conosco .... canzone di Fabri Fibra. (nessuno)
7. Il mio gatto ha sempre .... fame. (molto)
8. .... studente deve presentarsi in segreteria entro le 10.00 di lunedì. (ciascuno)
9. Ho una .... rabbia che vorrei mettermi a urlare! (tale)
10. Oggi in centro c'era .... gente. (parecchio)

19 Completa **le frasi con gli aggettivi indefiniti proposti.**

Es.: Oggi ho davvero molti compiti da fare.

alcuni – troppa – qualche – certe – poca – ogni – ~~molti~~ – nessun

1. In .... situazioni è meglio non reagire e restare in silenzio.
2. Ho mal di pancia, ho mangiato .... cioccolata.
3. Ho aspettato mezz'ora ma non è passato .... autobus per il centro città.
4. .... studenti sono andati in cortile a fare ricreazione.
5. La professoressa di italiano dà ad .... studente un compito personalizzato.
6. Devo pulire la mia stanza anche se ho .... voglia di farlo.
7. Vorrei fare .... viaggio con i miei amici.

20 Completa le domande con gli aggettivi interrogativi.

Es.: – Che bevanda prendi? – Un tè, grazie.

1. – .... anni ha Giuseppe? – Credo 13.
2. – .... città italiane hai visitato? – Firenze, Pisa e Perugia.
3. – .... lingue conosci? – L'italiano, l'inglese e lo spagnolo.
4. – .... sms hai mandato a Karl? – Oggi solo 2.
5. – .... strada è meglio fare per il museo? – Il corso principale.
6. – .... materie studi più volentieri? – Geografia e storia dell'arte.

21 Riscrivi in lettere i seguenti numeri e poi trasformali in ordinali.

Es.: 3 tre terzo

a.	11	....	....	g.	35	....	....
b.	64	....	....	h.	7	....	....
c.	6	....	....	i.	14	....	....
d.	13	....	....	l.	19	....	....
e.	8	....	....	m.	2000	....	....
f.	2	....	....	n.	125	....	....

22 Completa le frasi con gli aggettivi numerali, ordinali o cardinali.

Es.: In un anno ci sono dodici mesi.

1. Mio fratello ha un anno meno di me, lui ha dieci anni, io ....
2. Il martedì è il .... giorno della settimana.
3. Il mese di febbraio ha solo .... giorni.
4. Dicembre è il .... mese dell'anno.
5. In un'ora ci sono .... minuti.
6. In questo palazzo ci sono quindici piani, io abito all'ultimo, cioè il .... piano.
7. Un anno è fatto di .... giorni.
8. Ho vinto contro Luis a tennis per la .... volta; finora aveva sempre vinto lui.

23 Scrivi in cifre il numero di riferimento di questi numerali.

Es.: ambedue 2

a. dozzina	....	e. duetto	....	i. biennio	....
b. entrambi	....	f. migliaio	....	l. decina	....
c. paio	....	g. doppio	....	m. quaterna	....
d. triplice	....	h. quintuplo	....	n. centinaio	....

24 Sottolinea **gli aggettivi numerali in queste frasi e** specifica **se sono ordinali (o), cardinali (ca), moltiplicativi (m), distributivi (d), frazionari (fr) o collettivi (co).**

Es.: Ho visto questo film una decina di volte e ancora lo rivedrei. co

1. Questa casa ha un terrazzo di venti metri quadrati. ....
2. Alice da sola ha mangiato mezza torta di mele. ....
3. Giovanna ha vinto il primo premio alla gara di disegno. ....
4. Ogni giorno migliaia di turisti visitano il museo di arte contemporanea. ....
5. Nella lasagna c'è un triplo strato di besciamella. ....
6. Siamo entrati a fare l'esame uno alla volta. ....
7. Oggi a pranzo ho mangiato solo un paio di tramezzini. ....
8. Parlo inglese e francese; ho studiato entrambe le lingue a scuola. ....
9. A teatro abbiamo trovato posto in sesta fila. ....
10. Ho sbucciato quasi i tre quarti delle patate. ....

25 Indica **la categoria dei seguenti aggettivi.**

Es.: settimo numerale ordinale

1. diversi ....
2. quante ....
3. due ....
4. i miei ....
5. quel ....
6. centinaio ....
7. tutto ....
8. altrui ....
9. stesso ....
10. nessuna ....
11. quali ....
12. un terzo ....
13. questo ....
14. doppio ....

26 Completa **le frasi con un aggettivo determinativo seguendo le indicazioni.**

Es.: (dimostrativo) Di chi sono questi stivali neri?

1 (indefinito) In questa camera c'è .... polvere.
2 (interrogativo) .... prendi per secondo?
3 (numerale ordinale) Domani visitiamo la mostra su Picasso per la .... volta.
4 (possessivo) .... amici vengono dal Venezuela.
5 (dimostrativo) Abbiamo la .... maglietta perché giochiamo tutti in questa squadra.
6 (indefinito) Oggi ho fatto .... esercizi.
7 (numerale cardinale) In classe ci sono .... sedie.
8 (interrogativo) .... persone c'erano ieri sera a casa tua?
9 (possessivo) Bisogna sempre rispettare le opinioni ....

L'AGGETTIVO

- **è** una parola che si aggiunge a un nome per
  - indicarne una qualità
  - determinarlo meglio
- **può essere**
  - **QUALIFICATIVO**
    - **TIPO**
      - primitivo: basso, rosso, solo
      - derivato: lunare, infelice, insuperabile
      - alterato: bellino, grassone, dolciastro
      - composto: agrodolce, antibellico, anglo-francese
    - **GRADO**
      - positivo: forte
      - comparativo
        - di maggioranza: più forte (di)
        - di minoranza: meno forte (di)
        - di uguaglianza: (tanto) forte come
      - superlativo
        - assoluto: fortissimo
        - relativo: il più forte (di)
  - **DI GENERE**
    - maschile: bello, tuo, quello, alcuno, quanto...
    - femminile: bella, tua, quella, alcuna, quanta...
  - **DI NUMERO**
    - singolare: bello / bella, tuo / tua, quello / quella
    - plurale: belli / belle, tuoi / tue, quelli / quelle
  - **DETERMINATIVO (o INDICATIVO)**
    - possessivo: mio, tuo, suo, nostro, vostro, loro, proprio, altrui
    - dimostrativo (o indicativo): questo, codesto, quello, stesso, medesimo, tale
    - indefinito: ogni, qualche, ciascuno, nessuno, altro, poco, molto, tanto, quanto, parecchio, troppo...
    - interrogativo ed esclamativo: che, quale, quanto
    - numerale
      - cardinale: uno, due, tre, dieci, cento...
      - ordinale: primo, secondo, terzo, decimo...
      - moltiplicativo: doppio, triplo, duplice, decuplo...
      - frazionario: tre quarti, due terzi...
      - distributivo: a tre a tre, due per ciascuno...
      - collettivo: ambedue, ambo, entrambi...

05 I pronomi

I pronomi: funzione e classificazione

Non potevo crederci! Era proprio lui, il mio cantante preferito! Sono andata subito a chiedergli un autografo.

I **pronomi si usano al posto dei nomi** per evitarne la ripetizione. In base al loro significato e alla funzione che svolgono, si distinguono in:

- **personali:** *io, tu, egli* ecc.
- **indefiniti:** *qualcuno, nessuno* ecc.
- **possessivi:** *mio, tuo, suo* ecc.
- **relativi:** *che, il quale* ecc.
- **dimostrativi:** *questo, quello* ecc.
- **interrogativi** ed **esclamativi:** *chi, quanto, quale*...

I **pronomi**, oltre al nome, possono sostituire altre parti del discorso o addirittura un'intera frase:

Telefono a Paola e ***la*** *invito alla mia festa.* (il pronome **la** sostituisce il nome *Paola*).

Dario è molto simpatico, il suo amico, invece, non ***lo*** *è per niente.* (il pronome **lo** sostituisce l'aggettivo *simpatico*).

Mara ama suonare il violino e ***lo*** *fa ogni pomeriggio.* (il pronome **lo** sostituisce il verbo *suonare*).

Florin ha vinto la gara e ***questo*** *lo emoziona molto.* (il pronome **questo** sostituisce la frase *Florin ha vinto la gara*).

PRIMA VERIFICA

1 Sottolinea **il nome o la frase sostituiti dai pronomi in grassetto.**

Es.: Telefono spesso ai <u>miei nonni</u> e **loro** sono molto contenti.

1. Il professore ha fatto una domanda a Leo ma **lui** non ha risposto.
2. Questo è il ragazzo **che** gioca sempre con me a ping pong.
3. Vania va a correre tutti i giorni e **lo** fa molto volentieri.
4. Il mio astuccio è rosso, il **tuo** è blu.
5. Avete mangiato tutte le caramelle e **questo** farà arrabbiare vostra madre!
6. Se incontro Andrea **gli** dico di venire al cinema con noi.
7. Questo studente ha dodici anni, **quello** invece è più grande.
8. Durante la ricreazione gli studenti vanno in cortile ma **qualcuno** rimane in classe.
9. Prendete il libro e apritelo a pagina 19.
10. Marta pratica molti sport ma non so **quale** preferisca.

I pronomi personali soggetto e complemento

Alla festa io cantavo, lei suonava, voi ballavate. Tutti gli altri ci guardavano e applaudivano.

I pronomi personali **indicano le persone coinvolte nel discorso.** Hanno forma diversa secondo la persona, il numero, il genere e la funzione (di soggetto o di complemento) che svolgono nella frase. I pronomi personali con funzione di complemento possono avere due forme, la **forma**

tonica (che ha accento proprio) e la **forma atona** (che non ha accento proprio), come si può vedere dalla tabella:

PERSONA	FUNZIONE SOGGETTO	FUNZIONE COMPLEMENTO	
		forma tonica	forma atona
1ª singolare	io	me	mi
2ª singolare	tu	te	ti
3ª singolare	egli/ella, lui/lei, esso/essa	lui/lei, esso/essa, sé	lo/la, gli/le, ne, si
1ª plurale	noi	noi	ci
2ª plurale	voi	voi	vi
3ª plurale	essi/esse, loro	essi/esse, loro, sé	li/le, ne, si, gli

I pronomi personali con funzione di soggetto **indicano il soggetto di un verbo.**
A differenza di altre lingue, in italiano i pronomi personali soggetto sono spesso sottintesi perché la desinenza del verbo indica già la persona che compie l'azione: *parl-**o*** = **io** parlo; *ascolt-**i*** = **tu** ascolti; *parl-**iamo*** = **noi** parliamo.
Nei seguenti casi, invece, il pronome soggetto deve essere comunque espresso:
- quando alle terze persone si vuole indicare con precisione se il soggetto dell'azione è maschio o femmina: ***Lui** spiega, **lei** ripete*;
- quando il tempo del verbo ha la stessa forma per più persone: *Voglio che **tu** vada*; *Voglio che **lei vada***;
- quando si vuole dare rilievo al soggetto e nelle contrapposizioni: *Lo pensi **tu**, non **lei***; *Proprio **tu** mi dici questo?*;
- quando c'è un verbo sottinteso: ***Tu** di sera in quella strada?*

Io e tu si trasformano in **me** e **te**:
– nelle esclamazioni: *Povero **me**!*; *Beato **te**!*;
– nei paragoni: *Nessuno è disponibile quanto **me***; *Sono contenta come **te***;
– dopo il verbo essere: *Se fossi **te**, salterei di gioia.*

Egli, ella oggi sono spesso sostituiti da lui e lei**, come anche** al posto di essi**,** esse si preferisce la forma loro.

L'uso di **lui** e **lei** al posto di **egli** ed **ella** è obbligatorio quando:
– si vuole dare rilievo al soggetto: ***Lui** dice questo!*;
– si vuole fare una contrapposizione: ***Lei** lavora, **lui** si diverte*;
– sono preceduti da **perfino**, **anche**, **nemmeno**, **come**, **pure**, **tanto**, **quanto**: *Perfino **lui** si è convinto*; *Anche **lei** è d'accordo*;
– sono posti dopo il verbo: *Ha portato **lui** la torta!*

Rivolgendosi a persone con cui non si ha confidenza, sia uomini sia donne, si usano i pronomi di 3ª persona singolare femminile o, se si tratta di corrispondenza commerciale, il pronome di 2ª persona plurale. Queste forme, dette **pronomi di cortesia**, si scrivono di solito con la maiuscola. *Come* ***Lei*** *sa, dottore, soffro di emicrania; Alleghiamo il nostro nuovo catalogo, dove* ***Voi*** *troverete tutte le offerte.*

PRIMA VERIFICA

2 Scegli **il pronome corretto fra le due alternative proposte.**

Es.: Mario non ha passato la verifica, nemmeno lui / **esso** che ha studiato tanto!

1. Professore, **lui / Lei** viene a scuola in bicicletta?
2. Domani vai al mare? Beata **te / tu**!
3. Mara e Giorgio fanno le pulizie: lei lava i piatti e **esso / lui** spazza.
4. Marco, voglio che **te / tu** vada subito a studiare!
5. La Gioconda è il dipinto più famoso di Leonardo: **esso / egli** si trova a Parigi.
6. Hai preso un bel voto in matematica? Sono molto contento per **tu / te**!
7. Il vaso l'ha rotto **egli / lui**!
8. Se tu fossi **me / io** cosa faresti in questa situazione?
9. Signora Rossi, è **tu / Lei** che ha parcheggiato la macchina in cortile?
10. **Voi / Essi** e i Vostri clienti sarete molto soddisfatti di questo prodotto.

I **pronomi personali complemento hanno la funzione di complemento oggetto** e rispondono alle domande: **chi? che cosa?** (*Sono contenta che lui abbia consultato* ***te*** *prima di decidere*).
Quando, invece, sono introdotti da preposizioni (*a, di, da, con, per* ecc.), i pronomi possono assumere la funzione dei vari complementi indiretti.
I pronomi personali complemento possono avere due differenti forme:
- la **forma tonica** o **forte** (*me, te, lui, lei, esso, essa, noi, voi, loro, essi, esse, sé*), che è d'obbligo quando il pronome svolge la funzione di **complemento indiretto**, preceduto da una preposizione o da una locuzione preposizionale: *Vado* ***da lei****; Ursula uscirà insieme* ***con voi****; Hui è entrato* ***prima di me****.*
- la **forma atona** o **debole**, rappresentata dalle **particelle pronominali** (*mi, ti, lo, gli, la, le, ci, vi, li, le, si, ne*), può precedere il verbo (***mi*** *chiami!*) oppure seguirlo formando con esso un'unica parola (*Chiama****mi****!*).

Nella lingua colloquiale, spesso la forma **gli** sostituisce la forma **loro**.
*Vai dai ragazzi che giocano in cortile e di**gli** che la cena è pronta.*
Le particelle *mi, ti, si, ci, vi* si trasformano in *me, te, se, ce, ve* davanti ai pronomi *lo, la, le, li, ne*: *Ti presto la penna, ma poi **me la** devi restituire.* Nei modi imperativo (eccetto la terza persona singolare e plurale), infinito e gerundio, la coppia pronominale segue il verbo: *Se vedi Alice e Matilde, saluta**mele** tanto!*. Il pronome atono **gli**, unito ad altre particelle, diventa **glie:** *Ho comprato i croccantini per Cherie, **glieli** do questa sera.*

Alcuni pronomi hanno degli impieghi particolari:
- la **particella 'ne'** è usata come pronome personale atono:
  - nel significato di *di lui / lei / loro / esso / essa / essi / esse, da lui / lei / loro* ecc.: *Ho chiesto ad Anna di Magda, ma non **ne** sapeva nulla* (*ne* = di lei); *Ascolta tuo nonno e **ne** riceverai buoni consigli* (*ne* = da lui);
  - come pronome dimostrativo nel significato di *di questo, da quello, di ciò, da ciò*: *Renzo ha chiesto a Lucia di sposarlo, in paese **ne** parlano tutti* (*ne* = di questo);
- **Ci** e **vi** si usano come:
  - pronomi dimostrativi con il significato di *a ciò, su ciò, per ciò* ecc.: ***Ci** ho pensato molto* (Ho pensato molto **a ciò**);
  - avverbi di luogo con il significato di *in quel luogo, da quel luogo* ecc. (***Ci** verrò di sicuro* = Verrò **là, in quel luogo** di sicuro).

PRIMA VERIFICA

3 Sottolinea i pronomi complemento.

Es.: Non posso venire con voi, devo tornare subito a casa.

1. Chiamo Laura per invitarla a mangiare la pizza.
2. Ho conosciuto Mafalda prima di te.
3. Il vostro ex vicino di casa vi saluta con affetto.
4. Conosco questo scrittore, il professore ne ha parlato molto in classe.
5. Questa frase è sbagliata, correggila subito!
6. Conosci la nuova gelateria in centro? Ci sono stato proprio ieri!
7. Ho comprato questo libro per Simona, stasera glielo porto.
8. Amo i dolci: ne mangio molti.
9. Mi piace il mare, ci vado ogni fine settimana.
10. Ho chiesto informazioni su questa notizia ma nessuno ne sa niente.

4 **Indica se i pronomi complemento in grassetto sono alla forma atona (a) o tonica (t).**

Es.: In vacanza i miei amici mi mancavano molto, pensavo **a loro** ogni giorno. t

1. Il nostro cane è affezionato soprattutto **a me.** ....
2. **Ti** scrivo appena posso. ....
3. Voglio invitare **lei** alla festa, non suo fratello! ....
4. Ho incontrato Samuele e **l'**ho salutato. ....
5. Quando torno a casa il mio gatto **mi** aspetta dietro la porta. ....
6. Ringraziamo **voi** e tutto il vostro staff. ....
7. Il professore **vi** ha sgridati perché non avete fatto i compiti. ....
8. Quando hai bisogno di aiuto chiedi pure **a me**, sono il tuo migliore amico! ....
9. Non ricordo dove **ti** ho già visto! ....
10. Gianni ha salutato solo **me**! ....

Pronomi personali riflessivi

Io mi trucco

tu ti lavi

lei si specchia.

Le particelle *mi, ti, si* sono pronomi personali riflessivi perché **l'azione compiuta dal soggetto si riflette, cioè ricade, sul soggetto stesso.** Infatti, si potrebbe anche dire: *Io lavo me stesso, tu trucchi te stessa, Nadia specchia se stessa.* Ecco la tabella con le forme dei pronomi personali riflessivi:

	1ª PERSONA	2ª PERSONA	3ª PERSONA
SINGOLARE	mi	ti	si, sé
PLURALE	ci	vi	si, sé, loro

- Per la 1ª e 2ª persona singolare e plurale si usano i pronomi atoni **mi, ti, ci, vi:** ***Mi*** *vesto;* ***Vi*** *lavate.* Per dare maggior risalto al pronome, si possono usare le forme toniche **me, te, noi, voi,** rafforzate a volte da **stesso** o da **medesimo:** *Curo* ***me stesso.***
- Per la 3ª persona si può usare sia la forma atona **si** sia quella tonica **sé,** spesso rafforzata da **stesso** o da **medesimo** (nel qual caso il pronome può non essere accentato: ***se*** *stesso* o ***se*** *medesimo*).
- La forma **sé** al plurale è sostituita da **loro** quando è preceduta da **tra, fra, in mezzo a, vicino a, rispetto a:** *Litigano sempre* ***tra loro****; Eri così felice* ***in mezzo*** *a loro.*

Quando i pronomi plurali indicano un'azione che si svolge fra due o più persone del soggetto si dicono **pronomi reciproci**: *A Natale Luisa e Marino* ***si*** *scambiano i regali.*

PRIMA VERIFICA

5 Sottolinea i pronomi riflessivi.

Es.: Vado a far<u>mi</u> la doccia.

1. Oggi fa freddo, mettetevi la sciarpa.
2. A che ora ti sei svegliato stamattina?
3. Signora, si sieda pure qui.
4. Gloria è un'egoista, pensa solo a se stessa.
5. Ieri sera mi sono addormentato alle otto.
6. Gli studenti si sono preparati con serietà per l'esame finale.
7. Il cane in giardino si diverte come un matto.
8. Devo andare a togliermi la camicia sporca.

6 Indica quali fra questi verbi riflessivi sono reciproci.

Es.: Walter e Mirko hanno litigato e adesso non <u>si</u> parlano più.

1. Come si chiamano queste ragazze?
2. Voi vi raccontate sempre quello che fate durante il giorno?
3. Io e Dora non ci conosciamo personalmente, ma abitiamo vicini da diverso tempo.
4. Ci dobbiamo sempre lavare le mani prima di mangiare.
5. A che ora vi svegliate la mattina?
6. Cecilia e Franco si incontrano sempre alla fermata del tram.

I pronomi possessivi

– Il mio zaino è qui, il tuo è là. (aggettivo possessivo, pronome possessivo)

I **pronomi possessivi**, al contrario degli aggettivi che accompagnano il nome (*il mio zaino*), **lo sostituiscono** e **indicano di chi è una cosa, un animale** o **un oggetto** (*il tuo* = lo zaino che appartiene a te). Sono sempre preceduti da un articolo determinativo o da una preposizione articolata: *Quella è la mia borsa, non* ***la tua****; La sua auto è parcheggiata vicino* ***alla nostra****.*
Hanno le stesse forme degli aggettivi possessivi (vedi lo schema a pag. 80) e concordano sempre in genere e numero con il nome che sostituiscono: *Ho preso il tuo libro, non* ***il suo*** (il suo è maschile singolare perché sostituisce la parola *libro*).
Anche gli aggettivi **altrui** e **proprio** possono essere usati come pronomi: *Tu pensi sempre ai tuoi interessi e mai a* ***quelli altrui****; Sonia mi ha dato la penna della compagna e non* ***la propria****.*
Ci sono dei casi particolari in cui i pronomi possessivi sono usati **con valore di sostantivo:**
I miei (genitori) *sono appena arrivati.*

La mamma sgrida Raffaele perché ne avrà combinata un'altra ***delle sue*** (marachelle, malefatte).

PRIMA VERIFICA

7 **Sottolinea i pronomi possessivi e cerchia il nome a cui si riferiscono.**

Es.: Il mio (cane) è marrone, il tuo è bianco.

1. La tua classe è più grande della mia.
2. Voi conoscete tutti i miei amici, io invece non conosco i vostri.
3. Comincia pure a mangiare la tua pizza senza aspettare che arrivi anche la mia.
4. La nostra casa è molto lontano dalla tua.
5. Oggi non ho portato il libro, posso seguire la lezione sul tuo?
6. Prendiamo la tua macchina o la mia?
7. Mia madre chiacchiera sempre con le vostre davanti alla scuola.
8. Mirko e Lory usano il mio tablet perché il loro è in riparazione.

I pronomi dimostrativi

– Quale libro vorresti?
– Quello sulla terza mensola... Dalla copertina sembra lo stesso che ho visto a casa della mia amica.

I **pronomi dimostrativi sostituiscono un nome e ne indicano la posizione nello spazio** (*quello*) **e nel tempo oppure specificano una relazione di identità** (*lo stesso*).
I pronomi dimostrativi corrispondono agli aggettivi dimostrativi (**questo**, **quello**, **stesso**), più:

- **colui**, **colei**, **coloro**: sono usati solo per indicare persone e sono quasi sempre seguiti dal pronome relativo **che** (*Alzino la mano solo* ***coloro che*** *conoscono la risposta*);
- **ciò**: è invariabile e si riferisce soltanto a cose o fatti; si usa per indicare *questa cosa*, *queste cose*, *quella cosa*, *quelle cose*: *Ho tanto desiderato* ***ciò*** (= questa cosa).

Ciò può essere sostituito dalle particelle pronominali **lo** (= ciò), **ci** (= a ciò), **ne** (= di ciò): ***Lo*** *desidera tanto* (= desidera tanto ciò); ***Ci*** *penserò* (= penserò tanto a ciò); ***Ne*** *discuteremo* (= discuteremo di ciò).

PRIMA VERIFICA

8 Indica la parola o la frase sostituite dai pronomi dimostrativi sottolineati.

Es.: Non mi piace la torta al cioccolato, preferisco <u>quella</u> di mele. (torta)

1. Prendiamo quell'autobus, <u>questo</u> non arriva alla stazione. ....
2. Mia nonna dice sempre che i gelati non sono più buoni come <u>quelli</u> che mangiava lei ai suoi tempi. ....
3. Questa via è molto trafficata, <u>quella</u> invece è molto più tranquilla. ....
4. Questo libro è lo <u>stesso</u> che ho letto l'estate scorsa in spiaggia. ....
5. Fra casa mia e <u>quella</u> di Leo ci sono solo pochi metri di distanza. ....
6. Hai preso un brutto voto all'interrogazione? Dovresti preoccuparti di <u>ciò</u> invece di giocare sempre! ....
7. Questa barzelletta è meno divertente di <u>quella</u> che ha raccontato Andrea. ....
8. Quello zaino è di Martin, però <u>questo</u> non so proprio di chi sia. ....

I pronomi indefiniti

Per l'intervista all'autore del romanzo alcuni ragazzi registreranno, altri faranno le foto, tutti prenderanno appunti. Nessuno dovrà distrarsi!

I pronomi indefiniti indicano in modo generico la quantità, la qualità o l'identità del nome che sostituiscono (*altri, tutti, nessuno* si riferiscono ai ragazzi).
Hanno funzione di pronomi quasi tutti gli aggettivi indefiniti indicati alle pagine 83-84: *alcuno, certo, tale, molto (più, moltissimo), poco (meno, pochissimo), tanto (tantissimo), quanto, parecchio, troppo, alquanto, altrettanto, tutto, ciascuno, nessuno, altro, cadauno*, più:

- **nessuno**, **niente** e **nulla**, se messi dopo il verbo, si rafforzano con l'avverbio **non**: ***Nessuno** verrà* o ***Non** verrà **nessuno**; **Niente/nulla** mi fermerà* o ***Non** mi fermerà **niente/nulla***;
- **uno** e **una** possono essere usati al plurale quando sono in relazione con **altri**: *gli uni... gli altri, le une... le altre* (*Saranno accontentati sia gli **uni** che le **altre***), oppure al singolare per indicare una persona, senza specificarne l'identità: *È venuto **uno*** (= un tale) *a cercarti.*
- **qualcuno** (**-a**), **qualcosa**, **chiunque** e **ognuno** (**-a**) corrispondono agli aggettivi indefiniti **qualche, qualsiasi, qualunque, ogni**: ***Qualcuno*** (= qualche persona) *ha suonato alla porta; Non riesco a dormire, c'è **qualcosa*** (= qualche cosa) *che mi disturba; **Chiunque*** (= qualunque persona) *potrebbe entrare; **Ognuno*** (= ogni persona) *ha il diritto di dire la propria opinione.*

PRIMA VERIFICA

9 **Sottolinea i pronomi indefiniti in queste frasi.**

Es.: Gli studenti che partecipano al progetto sono <u>molti</u>.

1. Molte persone dicono di amare gli animali ma veramente pochi li rispettano davvero.
2. Beviamo qualcosa di fresco in quel bar?
3. Abbiamo troppi compiti, non riusciamo a farli tutti.
4. Chiunque abbia rotto il vetro dovrà ripagarlo.
5. Hai mangiato qualcosa a colazione o hai solo bevuto una spremuta?
6. Non capisco niente di quello che stai dicendo.
7. Va bene così o desiderate altro?
8. Al Carnevale di Venezia c'erano tante maschere, alcune davvero sorprendenti.

I pronomi relativi

Pinocchio, il burattino di cui/del quale tutti conosciamo la storia, salva Geppetto che/il quale era finito nella pancia della balena.

I pronomi relativi **sostituiscono un nome e servono a collegare due frasi.** I pronomi relativi sono:

- che, invariabile e sostituisce spesso le forme **il quale, la quale, i quali, le quali**; è il pronome relativo più usato. **Che** si usa per persone, animali o cose e si colloca subito dopo il nome cui si riferisce, che può essere soggetto o oggetto diretto del verbo: *La gatta* ***che*** *passeggia sul tetto è del mio vicino* (soggetto); *La gatta che vedi sul tetto è del mio vicino* (oggetto);
- cui, invariabile e può essere preceduto da una preposizione semplice o articolata: *Ho incontrato le amiche* ***con cui*** (= con le quali) *vado a lezione di danza.*
- il quale, la quale, i quali, le quali possono essere quasi sempre una forma alternativa ai pronomi **che** (quando sostituisce un nome con valore di soggetto) o **cui:** *Conosco un ragazzo* ***che/il quale*** *viene da Hong Kong; La ditta* ***per cui/per la quale*** *lavoro produce mobili.*

PRIMA VERIFICA

10 Sottolinea **i pronomi relativi e** cerchia **i nomi che sostituiscono.**

Oggi in classe sono arrivati i due nuovi studenti di cui la professoressa ci aveva parlato: Yang, che viene dalla Cina, e Nigel, che invece è nato in Italia, ma prima abitava in un'altra città in cui frequentava una scuola internazionale. Yang, che non parla italiano molto bene, si è seduto in prima fila con un altro studente di origine cinese, con cui ha iniziato subito a guardare il libro di italiano. Nigel invece è molto alto, motivo per il quale si è seduto all'ultima fila vicino a me. Lui è molto bravo in matematica e sono sicuro che sarà lo studente a cui tutti chiederemo aiuto prima delle verifiche. Io invece, che sono molto bravo in chimica e in fisica, lo aiuterò nelle attività di laboratorio.
Oggi pomeriggio, intanto, andremo insieme al centro sportivo che frequento regolarmente, così gli presenterò gli amici con cui gioco a calcetto.

I pronomi relativi doppi

Vedo che sei molto affezionata alla tua palla: la porti ovunque tu vada.

I pronomi relativi doppi **hanno la funzione di collegare due frasi e sostituiscono due pronomi diversi: un dimostrativo o un indefinito e uno relativo.**
I pronomi relativi doppi sono:

- **chi**, pronome invariabile di forma singolare, svolge la funzione di un pronome dimostrativo più uno relativo e significa *colui il quale, colei la quale, coloro i quali/le quali, quelli/quelle che*: *La legge punisce* ***chi*** *tratta male gli animali*;
- **quanto**, invariabile, è riferito a cose ed equivale a un pronome dimostrativo più uno relativo con il significato di *(tutto) ciò che*: *Prendine* ***quanto*** *vuoi* (= tutto ciò che);
- **quanti**, **quante**: usato al plurale, si riferisce a persone o animali e ha il valore di *(tutti) quelli che, (tutte) quelle che*: *Le hostess sono a disposizione di* ***quanti*** *hanno bisogno di assistenza durante il volo*;
- **chiunque**, invariabile, equivale a *tutti quelli che*: ***Chiunque*** *veda Andrea, gli dica che lo cerco* (= Tutti quelli che vedono);
- **dovunque** e **ovunque**, invariabili, hanno il valore di pronomi relativi quando collegano due frasi: *Andrò* ***dovunque*** (= in tutti i luoghi in cui) *mi mandi l'azienda*; *È davvero un caro amico: mi accompagna* ***ovunque*** (= in tutti i luoghi in cui) *vada*.

PRIMA VERIFICA

11 Sottolinea **i pronomi relativi doppi.**

Es.: Allo stadio potrà entrare solo chi ha la tessera del tifoso e un documento.

1. Ecco la macedonia: prendine quanta ne vuoi.
2. Non mi piace chi non mantiene le promesse.
3. Mi fido dei consigli di quanti hanno già fatto questa esperienza.
4. Chi vincerà la gara avrà in premio una mountain bike.
5. Sono andato dovunque vendano i biglietti del concerto ma non li ho trovati.
6. Chiunque potrebbe sollevare questa valigia, è leggerissima.
7. Stimo molto chi, nel tempo libero, fa volontariato.

I pronomi interrogativi ed esclamativi

Quanto è bello! Chi te l'ha regalato?

I **pronomi interrogativi introducono una domanda, diretta o indiretta**, e sono usati al posto di un nome. I pronomi interrogativi sono quattro:

- **chi**, invariabile, indica solo persone: ***Chi** verrà stasera?; Vorrei sapere **chi** verrà stasera*;
- **che**, invariabile, indica solo cose: ***Che** hai detto?; Mi piacerebbe sapere **che** hai detto*. La forma **che** è spesso sostituita da **che cosa**, abbreviata anche in **cosa**: ***Che cosa** cerchi?; Dimmi **cosa** cerchi*;
- **quale**, **qual**, **quali**, invariabili nel genere, indicano persone, animali o cose: ***Quali** di quei ragazzi sono i tuoi fratelli?; Non so **quale** sia la risposta giusta*;
- **quanto** (**-a**, **-i**, **-e**), variabile, è usato sia per persone, animali e cose: ***Quante** sono le persone invitate a cena?; Chiedigli **quanto** si fermerà in Sicilia.*

I **pronomi esclamativi introducono un'esclamazione** e sono:

- **chi**, invariabile, indica solo persone: *Tu non lo sai **chi** ho visto!*;
- **che**, invariabile, indica solo cose: ***Che** dici mai!*;
- **quanto** (**-a**, **-i**, **-e**), variabile, è usato per persone, animali e cose: ***Quanti** vorrebbero avere un bel lavoro come il tuo!*

PRIMA VERIFICA

12 Scegli **il pronome interrogativo o esclamativo corretto fra le due alternative proposte.**

Es.: Per favore, mi diresti <u>che cosa</u> / **quanto** vuoi per cena?

1. Questi sono tutti i romanzi di Calvino; **che** / **quale** vuoi leggere?
2. Non so ancora **chi** / **quali** mi ha fatto quello stupido scherzo.
3. Se ti piacciono queste borse dimmi **quale** / **che** preferisci e te la regalo.
4. **Quanto** / **che** buona questa insalata di riso!
5. Ti ho chiesto **chi** / **che** è quell'uomo, perché non mi rispondi?
6. Ho preparato dei biscotti allo zenzero: **quali** / **quanti** ne vuoi?
7. **Che cosa** / **chi** pensi di Sonia? Ti è simpatica?
8. Non mi hai ancora detto **quanti** / **chi** hai incontrato oggi in centro.

13 Completa **le frasi con i pronomi personali soggetto e complemento.**

Es.: Lo abbiamo chiamato molte volte ma lui non ha mai risposto.

1. Stefano sbuccia la banana e .... mangia.
2. Finalmente anche .... possiamo andare in vacanza.
3. Questo è il nostro gatto: tutti a casa .... amiamo molto.
4. Telefono a Fabrizio e .... chiedo un favore.
5. Sandra è antipatica, non gioco mai con ....
6. Hai vinto al superenalotto? .... sei davvero molto fortunato!
7. Anna è molto innamorata di Sergio, parla sempre di ....
8. Io e Luana andiamo a mangiare la pizza, venite con ....?
9. .... siete sempre in ritardo e io non voglio aspettarvi più!
10. Prendi esempio da questi ragazzi: .... tutti i giorni fanno due ore di sport.

14 Completa **le frasi con i pronomi 'io, me, tu, te'.**

Es.: Per fortuna che tu sei sempre pronto ad aiutarmi!

1. Povero .... ! Ho perso il portafoglio mentre correvo al parco.
2. Anche .... canti sempre sotto la doccia?
3. Sei davvero un amico! Nessuno è disponibile quanto ....!
4. Hai trovato il biglietto per il concerto? Beato ....!
5. Voglio che .... venga a casa mia dopo la lezione.
6. Io sono di Milano; anche loro sono milanesi, proprio come ....
7. Andate al museo? Vengo anche ....!
8. Mangio molta frutta e il mio fratellino ne mangia quanto ....

15 Completa **le frasi con le coppie pronominali.**

Es.: Mi dovete restituire la bicicletta; quando me la portate?

1. Se non hai la macchina fotografica .... posso prestare io.
2. Preparo la torta per Giulia e .... offro dopo cena.
3. Ragazzi, se vi piacciono gli spaghetti .... cucino subito.
4. Dobbiamo usare il pc per la ricerca, ... potete prestare?
5. Questa pallina è per il tuo gatto! Porta ....
6. Mi dai una penna rossa, per favore? .... puoi dare subito?
7. Volete un tè? .... preparo una tazza.
8. Franco vuole assaggiare i tuoi biscotti: offri .... uno.

16 Riscrivi **le frasi sostituendo le forme atone dei pronomi complemento con le forme toniche.**

Es.: I carabinieri l'hanno fermato. I carabinieri hanno fermato lui.

1. Mandaci le foto delle vacanze.
2. Non ascoltarlo, non dà buoni consigli.
3. Perché non mi dai l'ultima fetta di torta?
4. Il direttore ti vuole vedere subito.
5. Il tassista ha dovuto aspettarmi per venti minuti.
6. Marina ti ha salutato ma tu non le hai risposto.
7. Telefoniamogli subito!
8. Il professore ci dà molti compiti.
9. Se vedete Irene le potete dare il suo libro, per favore?
10. Vi ascolto sempre con interesse.

17 Scrivi **il pronome riflessivo in queste frasi.**

Es.: Mariana si lava i capelli tutti i giorni.

1. Patrizia .... è messa il pigiama ed è andata a letto.
2. Dobbiamo ricordar............... di comprare il pane.
3. Ragazzi, ... siete divertiti ieri alla festa?
4. Vorrei rilassar............... un po' sul divano.
5. Julia pensa sempre e solo a .... stessa.
6. Prego Professore, ... accomodi!
7. Fabio, perché non .... sei tolto il cappello?
8. Noi .... siamo dimenticati di telefonare a Marco.
9. Io e i miei amici .... incontriamo sempre in palestra.
10. I bambini .... sono stancati molto a giocare al parco.

18 Sottolinea **i pronomi riflessivi e** cerchia **quelli complemento.**

Es.: Erica si pittura sempre le unghie di rosso.

1. Boris e Caterina vi invitano alla loro festa.
2. Ragazzi, è tardi, perché non vi siete ancora cambiati?
3. Diego, quando ci vediamo?
4. I nostri genitori ci chiamano spesso al cellulare.
5. Oggi non mi sento molto bene.
6. Pronto, Rossella, mi senti?

19 Sottolinea **gli aggettivi possessivi e** cerchia **i pronomi.**

Es.: Visto che hai lasciato la tua merenda a casa, vuoi un po' della mia?

1. Nella nostra classe ci sono diciotto studenti, nella loro ventiquattro.
2. Mia sorella ha sedici anni, e la tua?
3. Ci siamo molto divertiti alla vostra festa, speriamo che anche voi vi divertirete alla nostra.
4. I tuoi genitori sono di Napoli, i loro di Trieste.
5. Questa è la mia penna o la tua?
6. Oggi pomeriggio porto il mio cane al parco, perché non vieni anche tu con il tuo?
7. Ecco i vostri cappuccini, questo invece è il mio.
8. Se la tua bici ha la ruota bucata, puoi usare la nostra.

20 Completa **le frasi con i pronomi 'altrui' e 'proprio'.**

Es.: Piero mi ha dato il numero di telefono di Giada ma non il proprio.

1. Elisa sta chattando dal mio computer invece che dal ....
2. Finisci la tua verifica in silenzio e lascia il tuo compagno finire la ....
3. Spesso invece di comportarmi secondo le mie idee, mi faccio influenzare da quelle ....
4. Bisogna essere fieri della propria cultura e rispettare quelle ....
5. Fabio è davvero arrogante, critica sempre i difetti degli amici ma non riconosce mai i ....
6. Pensa a risolvere i tuoi problemi senza preoccuparti di quelli ....

21 Sottolinea **i pronomi dimostrativi.**

Es.: Prendete quell'ascensore, questo non funziona.

1. Ho già fatto tutti gli esercizi d'inglese ma non ho ancora cominciato quelli di matematica.
2. Questi pantaloni ti stanno male, perché non ti metti quelli verdi?
3. Questa bicicletta costa molto meno di quella in vetrina.
4. I quadri in questa mostra sono gli stessi che abbiamo visto l'anno scorso al museo.
5. Coloro che partecipano alla gita devono portare l'autorizzazione firmata dei genitori.
6. Luisa studia con molto interesse, ciò rende molto contenti i suoi genitori.
7. Questo tappeto è turco, quello è persiano.
8. Questo campeggio è lo stesso in cui abbiamo passato le vacanze lo scorso anno.

22 Completa le frasi con i pronomi dimostrativi.

Es.: Quel cane laggiù è di Laura, questo qui invece è di Marilena.

1. Che brutto questo film, mi è piaciuto molto di più .... che abbiamo visto sabato scorso.
2. .... che vogliono iscriversi alla gara di karate, devono compilare questo modulo.
3. Quei libri sullo scaffale sono di Camilla, ... qui sul tavolo invece di Federica.
4. Darò in premio questi pennarelli a .... che scriverà la poesia più bella.
5. I pantaloni in questa vetrina sono gli .... che vendono anche al mercato.
6. Chi ti ha detto .... è davvero una persona cattiva e invidiosa.

23 Scegli il pronome indefinito corretto fra le due alternative proposte.

Es.: Abito qui da poco, non conosco ancora **chiunque** / **nessuno.**

1. Molti studenti hanno fatto un buon compito, solo **ognuno** / **qualcuno** l'ha sbagliato.
2. Posso fare **qualcosa** / **troppo** per aiutarti?
3. Oggi in classe è venuto **uno** / **ognuno** che voleva parlare con la professoressa.
4. Mi dispiace, non ho più **tutto** / **niente** da dirti.
5. Durante lo spettacolo **chiunque** / **tutti** ascoltavano in silenzio.
6. Hai parlato con **qualcuno** / **tali** di questo problema?
7. Allo stadio ero seduto in un posto perfetto, vedevo **tutto** / **niente** benissimo.
8. **Ciascuno** / **Alcuno** di noi dovrebbe aiutare le persone bisognose.

24 Completa le frasi con i pronomi indefiniti dell'elenco.

Es.: Qualunque cosa tu dica io ti credo.

altro – chiunque – nessuno – niente – ognuno – poche – qualcuno – ~~qualunque~~ – troppe

1. Che facile questo esercizio, ... potrebbe farlo!
2. Molte ragazze studiano danza ma solo .... giocano a calcio.
3. I vestiti in saldo non mi piacevano, non ho comprato ....
4. Ho mangiato un panino grandissimo ma ne mangerei un ....
5. .... vuole fare una domanda?
6. Le patatine mi hanno fatto venire mal di stomaco, ne ho mangiate davvero ....
7. .... di voi deve fare l'esercizio da solo.
8. Ho suonato il campanello tre volte ma probabilmente in casa non c'è ....

25 Sostituisci **i pronomi relativi sottolineati con "quale/quali" preceduti da articolo o preposizione.**

Es.: Ettore, <u>che</u> parla inglese perfettamente, ci aiuta sempre a fare i compiti. il quale

1. Questa è la mia amica <u>con cui</u> gioco a pallavolo. ....
2. Lo studente <u>che</u> è entrato adesso in classe arriva sempre in ritardo. ....
3. Giorgia ti ha spiegato il motivo <u>per cui</u> è arrabbiata con te? ....
4. Quello è l'autobus <u>da cui</u> sono scesi tutti quei turisti polacchi. ....
5. Nel palazzo <u>in cui</u> abita Lea non c'è l'ascensore. ....
6. Il professore <u>che</u> ci ha insegnato il tedesco ha abitato a Francoforte. ....
7. Il gatto si è addormentato sulla poltrona <u>su cui</u> si siede il nonno. ....
8. I ragazzi <u>che</u> giocano in giardino sono gli amici di mio fratello. ....

26 Completa **le frasi con i pronomi relativi accompagnati da eventuali articoli e preposizioni.**

Es.: Non ho mai sentito il nome del regista che/ il quale ha girato questo film.

1. Questa è la finestra .... sono entrati i ladri.
2. Chi è il ragazzo .... parla con Dimitri?
3. Il parco .... abbiamo fatto merenda era pieno di gente.
4. La macchina .... mio padre vuole comprare funziona a metano.
5. Non hai ancora letto il libro .... ti ha regalato Enrica?
6. Non mi hai ancora detto il motivo .... mi hai telefonato.
7. Gli amici .... abbiamo mandato una mail abitano a Shangai.
8. Carla è l'amica .... mi diverto di più.

27 Scegli **il pronome relativo doppio fra le due alternative proposte.**

Es.: Per favore, <u>**quanto**</u> / **ovunque** ti ho detto deve restare fra noi!

1. Apprezzo molto **chi / quanti** pratica sport con costanza.
2. Non credo a una parola di **quanti / quanto** mi hai raccontato.
3. **Quanto / chiunque** vada a Parigi, visita il museo del Louvre.
4. Porto sempre con me il mio cellulare, **chiunque / dovunque** io vada.
5. Spediremo il nostro catalogo a **quanti /chi** ne faranno richiesta.
6. Ti aiuto **chi / quanto** posso.

Il pronome

28 Inserisci nelle frasi i pronomi relativi doppi dell'elenco.

Es.: Voglio uscire solo con ...chi... ama fare le stesse cose che amo io.

chi – ~~chi~~ – chiunque – dovunque – quante – quanto – quanti – chi – chiunque

1. La madre di Giuliana è molto apprensiva: la segue .... lei vada a giocare.
2. Detesto .... usa il telefonino a tavola.
3. Daranno in omaggio un dopobarba a .... acquisteranno un rasoio elettrico.
4. È incredibile .... ho letto sul giornale stamattina!
5. .... abbia visto lo spettacolo ha detto che è stato bellissimo.
6. In quel negozio regalano una gonna a .... saranno estratte nella lotteria.
7. Sto cercando .... possa aiutarmi a fare il trasloco.
8. .... lo abbia conosciuto ne parla bene.

29 Sostituisci le parole sottolineate con i pronomi relativi doppi.

Es.: Quello che ho sentito alla conferenza era davvero interessante. ...quanto...

1. Le persone che vogliono essere in buona salute devono mangiare moltissima frutta e verdura. ....
2. In Inghilterra e negli Stati Uniti ho sentito parlare italiano in tutti i posti in cui sono andato. ....
3. Tutto quello che ti ha raccontato la tua amica Maria Grazia è completamente falso. ....
4. Tutti quelli che hanno comprato questo modello di smartphone sono molto soddisfatti. ....
5. L'istruttore di ginnastica ha fatto fare esercizi supplementari a tutte le ragazze che volevano allenarsi di più. ....
6. Dopo le brutte esperienze che ho avuto, racconto i miei segreti a colui che sa mantenerli....................
7. Colui che fa fatica ad addormentarsi la sera potrebbe bere una camomilla prima di andare a letto. ....
8. Siamo molto contenti perché tutti quelli che mangiano nel nostro ristorante sono soddisfatti. ....
9. Sei una persona che si adatta facilmente, infatti ti senti a casa in ogni posto in cui ti trovi. ....
10. Non avere paura, racconta al commissario tutto quello che hai visto poco fa. ....

30 Indica **se i pronomi sottolineati sono interrogativi (i) o esclamativi (e).**

Es.: Siete molto fortunati. Quanti vorrebbero essere al vostro posto! e

1. Hai già l'armadio pieno di vestiti, quanti ne vuoi comprare ancora? ....
2. Che bello! Domani cominciano le vacanze! ....
3. Quanti di voi fanno sport regolarmente? ....
4. Queste sono le camicie da lavare: quali devo mettere in lavatrice e quali invece sono da lavare a mano? ....
5. Vorrei sapere chi ha suonato il citofono alle tre di notte. ....
6. Queste torte sono tutte buonissime; tu quale vuoi assaggiare? ....
7. Indovina chi è passato a salutarci ieri sera! ....
8. Quanto è stata bella la nostra festa di fine anno scolastico! ....

31 Completa **le frasi con i pronomi interrogativi ed esclamativi.**

Es.: Lo stadio è pieno di tifosi: secondo te, quanti sono?

1. Adesso, come sempre, l'insegnante chiederà .... ha fatto i compiti.
2. Fra tutte le tue scarpe .... metti più spesso?
3. Ludovico e Fabio hanno litigato; .... l'avrebbe mai immaginato!
4. .... vuoi bere? Tè freddo o succo di frutta?
5. Guarda quella felpa in vetrina! .... bella!
6. Cambio spesso colore dei capelli ma non ho ancora capito con .... sto meglio.
7. La mamma vuole sapere .... verrà a fare merenda da noi.
8. Ho chiesto in segreteria .... durerà il corso di tedesco.

32 Sottolinea **i pronomi in queste frasi e** indica **la loro funzione.**

Es.: Questa maglietta è troppo larga, posso provare quella? dimostrativo

1. Hai superato brillantemente l'esame per cui eri tanto preoccupato. ....
2. Clelia, posso usare il tuo tablet? Il mio ha la batteria scarica. ....
3. Guarda un po' chi sta arrivando! ....
4. Sto volentieri con chiunque abbia il senso dell'umorismo. ....
5. Mentre studiavo, tu hai giocato facendo un sacco di rumore! ....
6. Non sopporto chi sporca le strade e non usa i cestini. ....
7. Tommaso si sta facendo la barba. ....
8. Queste sciarpe sono tutte molto belle: quale prendo? ....

33 Scrivi almeno quattro pronomi per ognuna di queste categorie.

1. personali ....
2. indefiniti ....
3. possessivi ....
4. relativi ....
5. dimostrativi ....
6. interrogativi ....

34 Completa le frasi con i pronomi nel riquadro.

Es.: Hanno suonato alla porta, aspetti qualcuno?

che – chi – il mio – la tua – lo – lui – propri – qualcosa – ~~qualcuno~~ – quale – quanti – questo – si

1. I segretari sono a disposizione di .... abbiano bisogno di informazioni.
2. .... di questi libri mi consigli?
3. Ornella pensa sempre ai problemi degli altri e mai ai ....
4. Ho comprato un regalo per Monica, ... invece è per te.
5. Mi piace un sacco quel calciatore, ... è proprio il più forte!
6. Eleonora .... pettina sempre con cura.
7. Devo fare gli auguri di compleanno a Romano, adesso .... chiamo.
8. Lo snowboard di Norbert è verde, ... invece è viola.
9. C'è .... che posso fare per te?
10. Il professore loda .... si impegna nello studio.
11. Ma .... dici mai!
12. La mia gatta si chiama Diana, come si chiama ....?

35 Scrivi una frase con ciascuno di questi pronomi.

i miei ....
coloro ....
nessuno ....
cui ....
dovunque ....
ti ....
ne ....
qualcosa ....

IL PRONOME

- **è**
  - una parte variabile del discorso che si usa al posto del nome per evitarne la ripetizione
- **può essere**
  - **PERSONALE**
    - soggetto: io, tu, egli / ella, lui / lei, esso / essa, noi, voi, essi / esse, loro
    - complemento
      - forma tonica (o forte): me, te, lui / lei, esso / essa, sé, noi, voi, loro, essi / esse, sé
      - forma atona (o debole): mi, ti, lo / la, gli / le, si, ne, ci, vi, li/ le, si, ne
  - **POSSESSIVO**: mio, tuo, suo, nostro, vostro, loro, proprio, altrui
  - **INDEFINITO**
    - con funzione solo di pronome: uno, qualcuno, ognuno, chiunque, chicchesia, qualcosa, nulla, niente, alcunché, checché
    - con funzione anche di aggettivo: alcuno, ciascuno, nessuno, tale, certo, poco, molto, tanto, quanto, alquanto, parecchio, troppo, tutto, altro, cadauno
  - **DIMOSTRATIVO o INDICATIVO**
    - con funzione solo di pronome: costui, costei, costoro, colui, colei, coloro, ciò
    - con funzione anche di aggettivo: questo, codesto, quello, stesso, medesimo, tale
  - **RELATIVO**: che, il quale, cui
    - relativo doppio: chi, quanto, chiunque
  - **INTERROGATIVO ed ESCLAMATIVO**: chi, che, cosa, quanto, quale

06 Il verbo e la sua struttura

Che cos'è il verbo

Michele e Lidia sentirono improvvisamente un rumore alle loro spalle: qualcosa era caduto. Subito pensarono che fosse stato il famoso fantasma del castello, il quale si divertiva a spaventare i visitatori notturni.

Le parole in rosso sono **verbi**, una parte variabile del discorso che costituisce l'elemento fondamentale di una frase. Infatti, si può parlare di frase solo se c'è un verbo espresso o sottinteso.
Il verbo indica molte **funzioni**:

- un'azione fatta dal soggetto: *Il ragazzo* ***legge*** *un libro*;
- un'azione subita dal soggetto: *Francesco* ***è stato multato*** *dal vigile*;
- lo svolgersi di un evento indipendente dal soggetto: ***È caduta*** *una pioggia violenta*;
- un modo di essere del soggetto: *Martina* ***è*** *brava*;
- uno stato del soggetto: *L'atleta* ***era*** *in ottime condizioni fisiche*;
- l'esistenza o la presenza del soggetto: *C'****è*** *uno splendido sole stamattina.*

Le frasi «senza verbo» o frasi nominali

Anche se il verbo è la parte essenziale del discorso, esistono frasi come: *Cento di questi giorni!* oppure *Fuori di qui!*, dette **frasi nominali**, in cui il verbo non appare ma è sottinteso: [*Ti auguro*] *cento di questi giorni!*; [*Andate*] *fuori di qui!*

PRIMA VERIFICA

1 **Cancella le parole che non sono verbi.**

studiare – partire – ~~plurale~~ – giocare – essere – polare – scrivere – salumiere – ripetere – avere – martire – stare – piovere – tastiere – fare – gare – uscire – cameriere – sognare – cadere – genere – piacere – pensare – cratere – volere

La coniugazione del verbo

Io leggo, tu leggi, loro leggeranno.

Le parole evidenziate sono voci del verbo *leggere*. Ogni voce verbale è composta da una parte fissa chiamata **tema** o **radice** (in questo caso **legg-**) e da una parte variabile, la **desinenza** o **terminazione** (**-o**, **-i**, **-eranno**). La radice esprime il significato del verbo, la desinenza permette, invece, di individuare:

- la **persona** o **il soggetto** che compie o subisce l'azione (1ª, 2ª o 3ª singolare o plurale): *Legg-**o*** (1ª persona singolare);
- il **modo** in cui si presenta l'azione (certa, desiderabile, possibile...): *Legg-**i*** (il modo indicativo indica un fatto certo);
- il **tempo** in cui si svolge l'azione (presente, passato, futuro): *Legg-**eranno*** (tempo futuro).

I verbi cambiano secondo il gruppo o coniugazione cui appartengono.
Le coniugazioni dei verbi sono **tre** e si distinguono in base alla **vocale tematica** (a, e, i) dell'infinito presente:

CONIUGAZIONE	DESINENZA	
1ª	**-are**	*am-**are**, studi-**are**, port-**are***
2ª	**-ere**	*ved-**ere**, tem-**ere**, scriv-**ere***
3ª	**-ire**	*sent-**ire**, dorm-**ire**, part-**ire***

PRIMA VERIFICA

2 **Scrivi a quale coniugazione appartiene ciascun verbo.**

Es.: scendere ...2ª...

correre	amare	leggere	finire	spegnere	visitare ....
nascere	colpire	preferire	ascoltare	pagare	prendere ....
bere	starnutire	viaggiare	venire	nevicare	uscire ....

La persona e il numero

Io cant-o; Martina cant-a;
Noi cant-iamo.

La **desinenza del verbo dà informazioni sul soggetto dell'azione:** per questo, a differenza di altre lingue, in italiano spesso il pronome personale soggetto può essere sottinteso.
Il verbo ha **tre persone** (1ª, 2ª e 3ª) e **due numeri**, il **singolare** e il **plurale:**

- la **1ª persona** (*io*, *noi*) si usa quando è il soggetto a parlare o a scrivere;
- la **2ª persona** (*tu*, *voi*) precisa che il soggetto è colui che ascolta;
- la **3ª persona** (*egli / ella*, *esso / essa*, *essi / esse*) indica una persona diversa da chi parla e da chi ascolta.

	SINGOLARE	PLURALE
1ª persona (chi parla)	io salt-**o**	noi salt-**iamo**
2ª persona (chi ascolta)	tu salt-**i**	voi salt-**ate**
3ª persona (ciò di cui si parla)	egli / ella salt-**a**	essi / esse salt-**ano**

La persona del verbo è espressa solo nei **modi finiti.**

PRIMA VERIFICA

3 Collega i soggetti al resto della frase.

1. Il mio gatto .... a parli davvero bene lo spagnolo!
2. Io e mia sorella .... b a che ora uscite da scuola?
3. Gli atleti ...1... c miagola sempre quando ha fame.
4. Tu .... d parte da Milano alle 12.00 in punto.
5. Il treno .... e torno a casa a piedi.
6. Io .... f andiamo al centro commerciale con la mamma.
7. Voi .... g fanno molto allenamento prima delle gare.

I modi

Il verbo *dire* nel dialogo è coniugato in diversi **modi**. **I modi di un verbo specificano il carattere dell'azione, indicano cioè il modo in cui si presenta** (certa, desiderabile, possibile ecc.).
I modi del verbo sono **sette**: quattro **finiti** e tre **indefiniti**.

- I **modi finiti** sono detti così perché **definiscono** chiaramente **la persona** (chi compie l'azione) **e il momento in cui l'azione si compie** (*quando*).
- I **modi indefiniti** sono quelli che **presentano l'azione in forma indeterminata**, perché da soli non precisano la persona che agisce e hanno bisogno di collegarsi a un altro verbo per avere un significato completo.

MODI FINITI		
Indicativo	È il modo che indica la realtà, cioè presenta l'azione come certa, sicura.	**Dorme** molto. **Giocò** con tutti i bambini. **Torneranno** domani.
Congiuntivo	È il modo che presenta l'azione come possibile, desiderabile, non certa.	Può darsi che **vengano** ancora. Ah, se **tornasse** il sole! Credo che **siano** già **usciti**.
Condizionale	È il modo che presenta l'azione come desiderabile, come subordinata a una condizione, come richiesta fatta con gentilezza.	**Vorrei** un bel gelato. **Partirebbe**, se avesse i soldi. Mi **passeresti** quella rivista?
Imperativo	È il modo che presenta l'azione come un comando, una richiesta, un'esortazione.	**Esci** subito! **Calmati**, per favore! **Mangia** di meno!

MODI INFINITI		
Infinito	È il modo che esprime semplicemente il significato del verbo; a volte può assumere valore di sostantivo.	Mi piace **sognare**. **Piangere** può far bene (= Il pianto può far bene).
Participio	È il modo che svolge funzione di verbo e di aggettivo.	Ho l'ombrello **grondante** acqua. Era **preoccupato** per il ritardo.
Gerundio	È il modo che indica la circostanza attraverso la quale si verifica l'azione principale; dipende perciò spesso da un altro verbo.	**Leggendo**, mi rilasso. Ha fatto carriera **impegnandosi** molto.

Il verbo, quindi, è una parola che varia moltissimo. La sua forma base è l'**infinito, da cui** si ottengono quasi sempre tutte le altre forme del verbo:

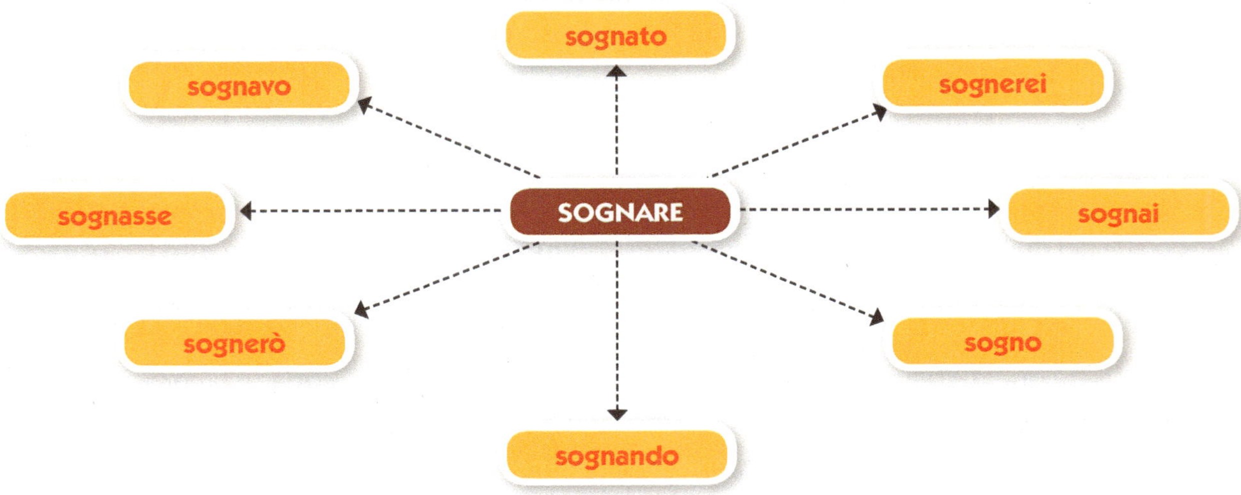

PRIMA VERIFICA

4 Indica **se i verbi sottolineati sono al modo finito (f) o indefinito (i).**

Es.: Lukas ha imparato l'italiano ascoltando le canzoni. ...i...

1. In vacanza andavo tutti i giorni in spiaggia. ....
2. Finito l'esame, gli studenti sono usciti dalla classe. ....
3. Le lasagne cucinate da Iris erano buonissime. ....
4. Domani faremo una gita a Siena. ....
5. Fare sport regolarmente è molto salutare. ....
6. Il treno entrò lentamente in stazione. ....
7. Allenandoti molto, probabilmente vincerai la gara. ....
8. Mangerei volentieri un gelato. ....
9. Per favore, parla più lentamente. ....
10. Nonostante ci sia il sole, fa un po' freddo. ....
11. È importante leggere le istruzioni con attenzione. ....
12. Facendo i capricci non avrai quello che desideri. ....
13. Perché Luigi non torna a casa con noi? ....
14. Il mio amico Silvestro è davvero simpatico. ....

I tempi

Il topo ruba sempre il formaggio.

Un giorno il gatto Martino inseguì il topo fino alla sua tana.

Il topo riuscirà a mettersi in salvo?

Le azioni si svolgono in un determinato **tempo**. Ogni azione, infatti, può essere:

- **contemporanea / abituale** rispetto al momento in cui si parla: *ruba* (ora, nel presente, o sempre);
- **anteriore** rispetto al momento in cui si parla: *inseguì* (ieri, una volta, nel passato);
- **posteriore** rispetto al momento in cui si parla: *riuscirà* (tra poco, domani, nel futuro).

Il verbo esprime attraverso la desinenza il tempo in cui l'azione si verifica, che sostanzialmente avviene in tre momenti fondamentali: passato, presente e futuro. Ogni modo del verbo ha un diverso numero di tempi ma solo l'indicativo li ha tutti.

MODO INDICATIVO		
Momento	**Tempo**	**Esempi**
Presente	presente	io canto
Passato	imperfetto passato prossimo passato remoto trapassato prossimo trapassato remoto	io cantavo io ho cantato io cantai io avevo cantato io ebbi cantato
Futuro	futuro semplice futuro anteriore	io canterò io avrò cantato

MODO CONGIUNTIVO		
Momento	**Tempo**	**Esempi**
Presente	presente	che io canti
Passato	imperfetto passato trapassato	che io cantassi che io abbia cantato che io avessi cantato

MODO CONDIZIONALE		
Momento	**Tempo**	**Esempi**
Presente	presente	io canterei
Passato	passato	io avrei cantato

MODO IMPERATIVO		
Momento	**Tempo**	**Esempi**
Presente	presente	canta (tu)

MODI INDEFINITI		
Momento	**Tempo**	**Esempi**
Presente	infinito presente participio presente gerundio presente	cantare cantante cantando
Passato	infinito passato participio passato gerundio passato	avere cantato cantato avendo cantato

Come mostra la tabella, i tempi verbali si distinguono in:

- **tempi semplici**, formati da una parola: **radice + desinenza** (*cant-o*);
- **tempi composti**, formati da uno dei verbi ausiliari, ***essere*** o ***avere***, più il **participio passato del verbo che si sta coniugando** (*sono tornato, abbia cantato*).

PRIMA VERIFICA

5 Indica **quale momento esprimono i verbi sottolineati.**

Es.: Gli antichi romani parlavano in latino.	passato	presente	futuro
1. Un giorno andrò a vedere i giochi olimpici.	passato	presente	futuro
2. Prendo lo scuolabus tutti i giorni alla stessa ora.	passato	presente	futuro
3. Quasi quasi mangerei uno snack.	passato	presente	futuro
4. Niccolò Machiavelli morì nel 1527 a Firenze.	passato	presente	futuro
5. Da piccolo avrei voluto un cane.	passato	presente	futuro
6. Spegni immediatamente il computer!	passato	presente	futuro
7. Quando il film sarà finito andremo a letto.	passato	presente	futuro
8. I miei amici mi hanno regalato un libro.	passato	presente	futuro

Gli ausiliari essere e avere

Mariella è arrivata in classe presto e ha posato subito lo zaino.

I verbi **essere** e **avere** nell'esempio non hanno un significato autonomo ma **aiutano a formare i tempi composti di altri verbi** (*arrivare* e *posare*) e per questo sono detti **ausiliari**.

• Il verbo **essere** si usa:
- nella forma passiva dei verbi transitivi: ***Siete stati informati*** *male*;
- nei tempi composti di molti verbi intransitivi: ***Siamo usciti***;
- nei tempi composti della forma riflessiva o di quella pronominale: ***Si è pettinata*** *con cura;* ***Si sono pentiti***;
- con i verbi impersonali: ***È piovuto; È accaduto***;
- come ausiliare di se stesso nei tempi composti, prendendo dal verbo *stare* il participio passato: ***Sei stato*** *bravo.*

• Il verbo **avere** si usa:
- nei tempi composti di verbi transitivi attivi: ***Ho bevuto*** *una bibita*;
- con alcuni verbi intransitivi: ***Ha dormito*** *per due ore*;
- come ausiliare di se stesso nei tempi composti: ***Abbiamo avuto*** *fortuna.*

Non si hanno regole precise per la formazione dei tempi composti dei verbi intransitivi, perché alcuni vogliono l'ausiliare **essere** (*andare, venire, cadere...*), altri l'ausiliare **avere** (*dormire, camminare, miagolare...*), altri ancora si coniugano sia con l'uno sia con l'altro (*correre, iniziare, crescere...*).

I verbi *essere* e *avere,* quando non svolgono la funzione di ausiliari, hanno un significato autonomo:

- il verbo **essere** può significare *esistere* (*Ci* ***sono persone vegetariane***), *stare* (*Il poliziotto* ***era*** *di guardia*), *giungere* (***Sarò*** *a casa per cena*). Inoltre può avere la funzione di **copula**, formando, insieme a un nome o a un aggettivo, il predicato nominale: *L'Etna* ***è*** *un vulcano; La mia gatta Marachella* ***è*** *affettuosa.*
- Il verbo **avere** può significare *possedere* (***Hai*** *una bella voce*), *sentire* (***Ho*** *freddo*), *indossare* (***Aveva*** *dei jeans neri*), *ottenere* (***Ha avuto*** *un'altra promozione*) ecc.

Questi due verbi sono irregolari e hanno una coniugazione propria.

Coniugazione del verbo *essere*

INDICATIVO		CONGIUNTIVO	
Tempi semplici	Tempi composti	Tempi semplici	Tempi composti
Presente	Passato prossimo	Presente	Passato
io sono tu sei egli è noi siamo voi siete essi sono	io sono stato tu sei stato egli è stato noi siamo stati voi siete stati essi sono stati	che io sia che tu sia che egli sia che noi siamo che voi siate che essi siano	che io sia stato che tu sia stato che egli sia stato che noi siamo stati che voi siate stati che essi siano stati
Imperfetto	Trapassato prossimo	Imperfetto	Trapassato
io ero tu eri egli era noi eravamo voi eravate essi erano	io ero stato tu eri stato egli era stato noi eravamo stati voi eravate stati essi erano stati	che io fossi che tu fossi che egli fosse che noi fossimo che voi foste che essi fossero	che io fossi stato che tu fossi stato che egli fosse stato che noi fossimo stati che voi foste stati che essi fossero stati
Passato remoto	Trapassato remoto	CONDIZIONALE	
		Presente	Passato
io fui tu fosti egli fu noi fummo voi foste essi furono	io fui stato tu fosti stato egli fu stato noi fummo stati voi foste stati essi furono stati	io sarei tu saresti egli sarebbe noi saremmo voi sareste essi sarebbero	io sarei stato tu saresti stato egli sarebbe stato noi saremmo stati voi sareste stati essi sarebbero stati
Futuro semplice	Futuro anteriore	IMPERATIVO	
io sarò tu sarai egli sarà noi saremo voi sarete essi saranno	io sarò stato tu sarai stato egli sarà stato noi saremo stati voi sarete stati essi saranno stati	– sii (sia) (siamo) siate (siano)	(non ha tempi composti)
PARTICIPIO		INFINITO	
Presente	(non ha tempi composti)	Presente	Passato
–		essere	essere stato
Passato		GERUNDIO	
		Presente	Passato
stato		essendo	essendo stato

Coniugazione del verbo *avere*

INDICATIVO	
Tempi semplici	Tempi composti
Presente	**Passato prossimo**
io ho tu hai egli ha noi abbiamo voi avete essi hanno	io ho avuto tu hai avuto egli ha avuto noi abbiamo avuto voi avete avuto essi hanno avuto
Imperfetto	**Trapassato prossimo**
io avevo tu avevi egli aveva noi avevamo voi avevate essi avevano	io avevo avuto tu avevi avuto egli aveva avuto noi avevamo avuto voi avevate avuto essi avevano avuto
Passato remoto	**Trapassato remoto**
io ebbi tu avesti egli ebbe noi avemmo voi aveste essi ebbero	io ebbi avuto tu avesti avuto egli ebbe avuto noi avemmo avuto voi aveste avuto essi ebbero avuto
Futuro semplice	**Futuro anteriore**
io avrò tu avrai egli avrà noi avremo voi avrete essi avranno	io avrò avuto tu avrai avuto egli avrà avuto noi avremo avuto voi avrete avuto essi avranno avuto

CONGIUNTIVO	
Tempi semplici	Tempi composti
Presente	**Passato**
che io abbia che tu abbia che egli abbia che noi abbiamo che voi abbiate che essi abbiano	che io abbia avuto che tu abbia avuto che egli abbia avuto che noi abbiamo avuto che voi abbiate avuto che essi abbiano avuto
Imperfetto	**Trapassato**
che io avessi che tu avessi che egli avesse che noi avessimo che voi aveste che essi avessero	che io avessi avuto che tu avessi avuto che egli avesse avuto che noi avessimo avuto che voi aveste avuto che essi avessero avuto

CONDIZIONALE	
Presente	**Passato**
io avrei tu avresti egli avrebbe noi avremmo voi avreste essi avrebbero	io avrei avuto tu avresti avuto egli avrebbe avuto noi avremmo avuto voi avreste avuto essi avrebbero avuto

IMPERATIVO	
– abbi (abbia) (abbiamo) abbiate (abbiano)	(non ha tempi composti)

PARTICIPIO	
Presente	(non ha tempi composti)
avente	
Passato	
avuto	

INFINITO	
Presente	**Passato**
avere	avere avuto

GERUNDIO	
Presente	**Passato**
avendo	avendo avuto

PRIMA VERIFICA

6 Scegli **l'ausiliare corretto nelle seguenti frasi.**

Es.: Mario <u>ha</u> / è pulito la sua stanza.

1. Ieri sera mi **ho** / **sono** addormentato tardi e **ho** / **sono** dormito poco.
2. Non **ho** / **sono** andato in piscina perché **avevo** / **ero** studiato molto ed ero stanco.
3. Guarda quanta gente! Che cosa **ha** / **è** successo?
4. La scorsa estate **avremmo** / **saremmo** partiti per la Grecia ma non **abbiamo** / **siamo** trovato i biglietti del traghetto.
5. Quanti studenti si **hanno** / **sono** iscritti al torneo di calcetto?
6. Quando **avrò** / **sarò** imparato a suonare il piano, studierò il flauto.
7. Ieri il tempo **ha** / **è** stato davvero bello.
8. **Avendo** / **essendo** vinto molti soldi alla lotteria, Teresa **ha** / **è** deciso di aprire un rifugio per gli animali randagi.

La coniugazione attiva dei verbi regolari

I verbi regolari sono quelli in cui **la radice rimane inalterata in tutti i modi e in tutti i tempi:** ***am**-erò*, ***am**-ai*, ***am**-are...*; ***tem**-evo*, ***tem**-esse*, ***tem**-endo...*; ***dorm**-o*, ***dorm**-ano*, ***dorm**-ito...*
Di seguito sono indicate le coniugazioni attive di tre verbi che possono servire da modello per coniugare gli altri verbi regolari.
– 1ª coniugazione: parl**are** – 2ª coniugazione: cred**ere** – 3ª coniugazione: serv**ire**

MODO INDICATIVO						
Tempi semplici			Tempi composti			
Presente			Passato prossimo			
io parl**o** tu parl**i** egli parl**a** noi parl**iamo** voi parl**ate** essi parl**ano**	cred**o** cred**i** cred**e** cred**iamo** cred**ete** cred**ono**	serv**o** serv**i** serv**e** serv**iamo** serv**ite** serv**ono**	io ho tu hai egli ha noi abbiamo voi avete essi hanno	parlato parlato parlato parlato parlato parlato	creduto creduto creduto creduto creduto creduto	servito servito servito servito servito servito
Imperfetto			Trapassato prossimo			
io parl**avo** tu parl**avi** egli parl**ava** noi parl**avamo** voi parl**avate** essi parl**avano**	cred**evo** cred**evi** cred**eva** cred**evamo** cred**evate** cred**evano**	serv**ivo** serv**ivi** serv**iva** serv**ivamo** serv**ivate** serv**ivano**	io avevo tu avevi egli aveva noi avevamo voi avevate essi avevano	parlato parlato parlato parlato parlato parlato	creduto creduto creduto creduto creduto creduto	servito servito servito servito servito servito

Passato remoto		
io parl**ai** tu parl**asti** egli parl**ò** noi parl**ammo** voi parl**aste** essi parl**arono**	cred**etti** / cred**ei** cred**esti** cred**ette** / cred**é** cred**emmo** cred**este** cred**ettero**	serv**ii** serv**isti** serv**ì** serv**immo** serv**iste** serv**irono**

Trapassato remoto			
io ebbi tu avesti egli ebbe noi avemmo voi aveste essi ebbero	parlato parlato parlato parlato parlato parlato	creduto creduto creduto creduto creduto creduto	servito servito servito servito servito servito

Futuro semplice		
io parl**erò** tu parl**erai** egli parl**erà** noi parl**eremo** voi parl**erete** essi parl**eranno**	cred**erò** cred**erai** cred**erà** cred**eremo** cred**erete** cred**eranno**	serv**irò** serv**irai** serv**irà** serv**iremo** serv**irete** serv**iranno**

Futuro anteriore			
io avrò tu avrai egli avrà noi avremo voi avrete essi avranno	parlato parlato parlato parlato parlato parlato	creduto creduto creduto creduto creduto creduto	servito servito servito servito servito servito

MODO CONGIUNTIVO

Tempi semplici

Presente		
che io parl**i** che tu parl**i** che egli parl**i** che noi parl**iamo** che voi parl**iate** che essi parl**ino**	cred**a** cred**a** cred**a** cred**iamo** cred**iate** cred**ano**	serv**a** serv**a** serv**a** serv**iamo** serv**iate** serv**ano**

Imperfetto		
che io parl**assi** che tu parl**assi** che egli parl**asse** che noi parl**assimo** che voi parl**aste** che essi parl**assero**	cred**essi** cred**essi** cred**esse** cred**essimo** cred**este** cred**essero**	serv**issi** serv**issi** serv**isse** serv**issimo** serv**iste** serv**issero**

Tempi composti

Passato			
che io abbia che tu abbia che egli abbia che noi abbiamo che voi abbiate che essi abbiano	parlato parlato parlato parlato parlato parlato	creduto creduto creduto creduto creduto creduto	servito servito servito servito servito servito

Trapassato			
che io avessi che tu avessi che egli avesse che noi avessimo che voi aveste che essi avessero	parlato parlato parlato parlato parlato parlato	creduto creduto creduto creduto creduto creduto	servito servito servito servito servito servito

MODO CONDIZIONALE

Tempi semplici

Presente		
io parl**erei** tu parl**eresti** egli parl**erebbe** noi parl**eremmo** voi parl**ereste** essi parl**erebbero**	cred**erei** cred**eresti** cred**erebbe** cred**eremmo** cred**ereste** cred**erebbero**	serv**irei** serv**iresti** serv**irebbe** serv**iremmo** serv**ireste** serv**irebbero**

Tempi composti

Passato			
io avrei tu avresti egli avrebbe noi avremmo voi avreste essi avrebbero	parlato parlato parlato parlato parlato parlato	creduto creduto creduto creduto creduto creduto	servito servito servito servito servito servito

MODO IMPERATIVO

Presente		
- parl**a** (parl**i**) (parl**iamo**) parl**ate** (parl**ino**)	cred**i** (cred**a**) (cred**iamo**) cred**ete** (cred**ano**)	serv**i** (serv**a**) (serv**iamo**) serv**ite** (serv**ano**)

(non ha tempi composti)

INFINITO						
Presente			Passato			
parl**are**	cred**ere**	serv**ire**	avere	parlato	creduto	servito
PARTICIPIO						
Presente			(non ha tempi composti)			
parl**ante**	cred**ente**	serv**ente**				
Passato						
parl**ato**	cred**uto**	serv**ito**				
GERUNDIO						
Presente			Passato			
parl**ando**	cred**endo**	serv**endo**	avendo	parlato	creduto	servito

Osservazioni sulla prima coniugazione (-*are*)

- I verbi che terminano in -c-are e -g-are (*moltipli**c-are**, allar**g-are***) prendono una **h** davanti a desinenze inizianti per **-e** o per **-i**: *tu moltiplic-**h**-i, noi moltiplic-**h**-iamo* (e non *moltiplic-i, moltiplic-iamo*); *tu allarg-**h**-i, noi allarg-**h**-iamo, tu allarg-**h**-erai.*
- I verbi che terminano in -ci-are, -gi-are e -sci-are (*verni**ci-are**, man**gi-are**, fa**sci-are***) perdono la **–i** finale della radice davanti a desinenze che iniziano per **-e** o per **-i**: *tu verni**c-i**, io verni**c-erò*** (e non *vernici-i, vernici-erò*); *tu man**g-i**, io man**g-erò***; *tu fa**sc-i**, io fa**sc-erò**.*
- I verbi che terminano in -gn-are conservano regolarmente la **i** delle desinenze in **-iamo** (*bagniamo* = presente indicativo e presente congiuntivo) e in **-iate** (*bagniate* = presente congiuntivo).
- I verbi che terminano in -chi-are, -ghi-are e -gli-are (*ris**chi-are**, rin**ghi-are**, ta**gli-are***):
  - perdono la **i** della radice davanti a desinenze che cominciano per **-i**: *tu ris**ch-i**, noi ris**ch-iamo**; tu rin**gh-i**, noi rin**gh-iamo**; tu ta**gl-i**, noi ta**gl-iamo***;
  - conservano la **i** della radice davanti a desinenze che cominciano per **-a**, **-e**, **-o**: *io mis**chi-o**, esso rin**ghi-a**, lui ta**gli-erebbe**.*

Osservazioni sulla seconda coniugazione (-*ere*)

- I verbi terminanti in -gn-ere si comportano come quelli in -gn-are, mantenendo cioè la **i** quando fa parte della desinenza: *noi spe**gn-iamo**, che voi spe**gn-iate**.*
- Molti verbi della 2ª coniugazione hanno al passato remoto due forme per la 1ª e 3ª persona singolare e per la 3ª plurale: *io temei, egli temé, essi temerono / io temetti, egli temette, essi temettero*. In caso di dubbio, è bene consultare il dizionario.
- Appartengono alla 2ª coniugazione anche i seguenti verbi: *condurre, dire, fare, porre, trarre*, che derivano dal latino. Per individuare la coniugazione cui appartengono questi verbi, basta osservare la vocale tematica dell'imperfetto indicativo: *conduc-**e**-vo, dic-**e**-vo.*

Osservazioni sulla terza coniugazione (-*ire*)

Il verbo *capire*, come molti altri della 3ª coniugazione (*guarire*, *finire*, *punire*...), inserisce il gruppo **-isc-** tra la radice e la desinenza in alcune voci verbali:

- alla 1ª, 2ª, 3ª persona singolare e alla 3ª plurale dell'indicativo presente e del congiuntivo presente;
- alla 2ª persona singolare dell'imperativo.

INDICATIVO PRESENTE		CONGIUNTIVO PRESENTE		IMPERATIVO PRESENTE	
io cap-isc-o	noi cap-iamo	che io cap-isc-a	che noi cap-iamo	-	(cap-iamo noi)
tu cap-isc-i	voi cap-ite	che tu cap-isc-a	che voi cap-iate	cap-isc-i (tu)	cap-ite (voi)
egli cap-isc-e	essi cap-isc-ono	che egli cap-isc-a	che essi cap-isc-ano	(cap-isc-a egli)	(cap-isc-ano essi)

- Alcuni participi presenti dei verbi della 3ª coniugazione possono terminare in **-iente** (*obbed**iente***, *nutr**iente***).

PRIMA VERIFICA

7 Completa **la tabella con le coniugazioni dei verbi indicati.**

PARTIRE INDICATIVO FUTURO SEMPLICE	DISEGNARE INDICATIVO IMPERFETTO	CRESCERE CONDIZIONALE PRESENTE	ARRIVARE INDICATIVO PASSATO REMOTO
io partirò	io	io	io
tu	tu	tu	tu
egli	egli	egli	egli
noi	noi	noi	noi
voi	voi	voi	voi
essi	essi	essi	essi
LEGGERE IMPERATIVO	**FUGGIRE CONGIUNTIVO IMPERFETTO**	**PREFERIRE INDICATIVO PRESENTE**	**CREDERE CONGIUNTIVO PRESENTE**
	io	io	io
tu	tu	tu	tu
egli	egli	egli	egli
noi	noi	noi	noi
voi	voi	voi	voi
essi	essi	essi	essi

8 Scrivi **la forma infinita di questi verbi, il modo, il tempo e la persona, se possibile.**

Es.: avevo dimenticato:
dimenticare, indicativo, trapassato prossimo, 1ª persona singolare.

1. avrebbero cucinato: ....
2. fummo usciti: ....
3. abbiate lasciato: ....
4. sarai caduto: ....
5. ho venduto: ....
6. fosse dimagrito: ....
7. eri salito: ....
8. avendo dormito: ....
9. siano caduti: ....
10. essere tornato: ....

Verbi irregolari

Alcuni verbi sono irregolari perché non presentano le caratteristiche dei verbi regolari, ossia non mantengono inalterata la radice in tutti i tempi e i modi della coniugazione (***and**-are*, ***vad**-o*) e/o non rispettano le desinenze proprie delle tre coniugazioni regolari (*cad-**di*** invece di *cad-**ei*** o *cad-**etti**; col-**si*** invece di *cogli-**ei*** o *cogli-**etti***).
Qui di seguito sono elencati i verbi irregolari più usati, suddivisi nelle tre coniugazioni. I tempi e i modi che non sono indicati nell'elenco si formano regolarmente dalla radice dell'infinito.

Irregolari della 1ª coniugazione

Andare	(rad. **and**-) ind. pres. *vado, vai, va,* (andiamo, andate), *vanno;* fut. *andrò, andrai...*; cong. pres. *vada...,* (andiamo, andate), *vadano;* condiz. pres. *andrei, andresti...*; imper. *va* o *va'* o *vai,* (andate).
Dare	(rad. **d**-) ind. pres. (do), *dai, dà,* (diamo, date), *danno;* pass. rem. *dièdi* o *dètti, désti, dière* o *dètte, démmo, déste, dièdero* o *dèttero*; fut. *darò, darai...*; cong. pres. *dia...,* (diamo, diate), *diano;* imperf. *déssi, déssi, désse, déssimo, déste, déssero*; cond. pres. *darei, daresti...*; imper. *dà* o *da'* o *dai,* (date). Tra i composti di *dare* solo ***ridare*** si coniuga allo stesso modo (*tu ridai...*); *circondare* ed *estradare* seguono la coniugazione regolare (*tu circondi, tu estradi...*).
Stare	(rad. **st**-) ind. pres. (sto), *stai,* (sta, stiamo, state), *stanno;* pass. rem. *stètti, stésti, stètte, stémmo, stéste, stèttero*; fut. *starò, starai...*; cong. pres. *stia...,* (stiamo, stiate), *stiano*; imperf. *stéssi, stéssi, stésse, stéssimo, stéste, stéssero*; condiz. pres. *starei, staresti...*; imper. *sta* o *sta'* o *stai,* (state). Si coniugano come *stare* i composti ***ristare*** (raro) e ***sottostare***. Seguono invece la coniugazione regolare ***contrastare***, ***prestare***, ***restare*** e ***sovrastare***.

Irregolari della 2ª coniugazione

Accendere	pass. rem. *accési, accese, accesero*; part. pass. *acceso.*
Accludere	pass. rem. *acclusi, accluse, acclusero*; part. pass. *accluso.* Si coniugano come *accludere* i verbi ***concludere, escludere*** e ***includere.***
Accorgersi	pass. rem. *mi accòrsi, si accorse, si accorsero*; part. pass. *accortosi.*
Affliggere	pass. rem. *afflissi, afflisse, afflissero*; part. pass. *afflitto.*
Alludere	pass. rem. *allusi, alluse, allusero*; part. pass. *alluso.* Si coniugano come *alludere* i verbi ***deludere*** e ***illudere.***
Annettere	pass. rem. *annettéi* (meno comune *annèssi*), *annetté* (o *annesse*), *annetterono* (o *annessero*); part. pass. *annesso.*
Appendere	pass. rem. *appési, appese, appesero*; part. pass. *appeso.* Si coniuga come *appendere* il verbo ***dipendere.***
Ardere	pass. rem. *arsi, arse, arsero*; part. pass. *arso.*
Assolvere	pass. rem. *assolsi* o *assolvei* o *assolvetti, assolse* o *assolvé* o *assolvette, assolsero* o *assolverono* o *assolvettero*; part. pass. *assolto.* Si coniuga come *assolvere* il verbo ***risolvere.***
Assumere	pass. rem. *assunsi, assunse, assunsero*; part. pass. *assunto.*
Bere	(rad. prim. **bev-**) pass. rem. *bévvi* o *bevètti* (raro *bevei*), *bevve, bevvero*; fut. *berrò* (meno comune *beverò*), *berrai...*; cond. pres. *berrei* (beverei), *berresti...*
Cadere	pass. rem. *caddi, cadde, caddero*; fut. *cadrò, cadrai...*; cond. pres. *cadrei, cadresti...*
Chiedere	pass. rem. *chièsi, chiese, chiesero*; part. pass. *chiesto.*
Chiudere	pass. rem. *chiusi, chiuse, chiusero*; part. pass. *chiuso.*
Cingere	pass. rem. *cinsi, cinse, cinsero*; part. pass. *cinto.*
Cogliere	(rad. **cogli-**) ind. pres. *còlgo, cogli,* (coglie), *cogliamo,* (cogliete), *colgono*; pass. rem. *colsi,* (cogliesti), *colse,* (cogliemmo, coglieste), *colsero*; cong. pres. *colga, cogliamo, cogliate, colgano*; imper. *cogli,* (cogliete); part. pass. *còlto.*
Comprimere	pass. rem. *compressi, compresse, compressero*; part. pass. *compresso.* Si coniugano come *comprimere* i verbi ***deprimere, imprimere, opprimere*** e ***sopprimere.***
Concedere	pass. rem. *concèssi* o *concedéi* o *concedètti, concesse, concessero*; part. pass. *concesso.*
Condurre	(rad. prim. **conduc-**) pass. rem. *condussi, condusse, condussero*; fut. *condurrò...*; cond. pres. *condurrei...*; part. pass. *condotto.* Si coniugano come *condurre* i verbi ***addurre, introdurre*** e ***ridurre.***
Conoscere	pass. rem. *conóbbi, conobbe, conobbero*; part. pass. *conosciuto.*
Correre	pass. rem. *córsi, corse, corsero*; part. pass. *corso.*
Crescere	pass. rem. *crébbi, crebbe, crebbero*; part. pass. *cresciuto.*

Cuocere	ind. pres. *cuocio*, (cuoci...), *cuociono*; pass. rem. *còssi, cosse, cossero*; cong. pres. *cuocia*, (cuociamo...); part. pass. *cotto*. In tutta la coniugazione il dittongo *uo* si può ridurre a *o* quando non è accentato; perciò: *cuociamo* o *cociamo, cuocevo* o *cocevo*...
Decidere	pass. rem. *decisi, decise, decisero*; part. pass. *deciso*.
Difendere	pass. rem. *difési, difese, difesero*; part. pass. *difeso*. Si coniuga come *difendere* il verbo ***offendere***.
Dipingere	pass. rem. *dipinsi, dipinse, dipinsero*; part. pass. *dipinto*.
Dire	(rad. prim. **dic-**) ind. pres. (dico...), *dite*, (dicono); imperf. (dicevo...); pass. rem. *dissi*, (dicesti), *disse, dissero*; fut. *dirò...*; cong. pres. (dica..., diciamo, diciate, dicano); cong. imperf. (dicessi...); cond. pres. *direi...*; imper. *dì* o *di', dite*; part. pres. (dicente); part. pass. *detto*; ger. pres. (dicendo). Si coniugano come *dire* il verbo composto ***ridire***, così come ***disdire, indire, predire, benedire, contraddire*** e ***maledire***, che però all'imperativo (2ª sing.) fanno *disdici, indici, predici, benedici, contraddici* e *maledici*.
Dirigere	pass. rem. *dirèssi, diresse, diressero*; part. pass. *diretto*.
Discutere	pass. rem. *discussi, discusse, discussero*; part. pass. *discusso*.
Disfare	ind. pres. *disfaccio* o *disfò* o *disfo, disfai* o *disfi, disfà* o *disfa, disfacciamo* (o meno correttamente *disfiamo*), *disfate, disfanno* o *disfano*; cong. pres. *disfaccia* o *disfi*. Per tutte le altre voci vedi ***fare***.
Distinguere	pass. rem. *distinsi, distinse, distinsero*; part. pass. *distinto*.
Distruggere	pass. rem. *distrussi, distrusse, distrussero*; part. pass. *distrutto*.
Dividere	pass. rem. *divisi, divise, divisero*; part. pass. *diviso*.
Dolere, dolersi	ind. pres. (mi) *dòlgo*, (ti) *duoli*, (si) *duole*, (ci doliamo, vi dolete), (si) *dolgono*; imperf. (mi dolevo...); pass. rem. (mi) *dòlsi*, (si) *dolse*, (si) *dolsero*; fut. (mi) *dorrò...*; cong. pres. (mi) *dòlga...*, (ci doliamo, vi doliate), (si) *dolgano*; cond. pres. (mi) *dorrei...*; imper. *duòli(ti), dolete(vi)*; part. pass. *doluto(si)*.
Dovere	ind. pres. *dèvo* o *dèbbo, devi, deve, dobbiamo*, (dovete), *devono* o *debbono*; fut. *dovrò...*; cong. pres. *deva* o *debba..., dobbiamo, dobbiate, devano* o *debbano*; cond. pres. *dovrei...*; imper. (manca); part. pres. (manca); part. pass. *dovuto*.
Elidere	pass. rem. *elisi, elise, elisero*; part. pass. *eliso*.
Emergere	pass. rem. *emèrsi, emerse, emersero*; part. pass. *emerso*. Si coniuga come *emergere* il verbo ***sommergere***.
Ergere	pass. rem. *èrsi, erse, ersero*; part. pass. *erto*.
Esigere	part. pass. *esatto* (nel senso di *riscosso*).
Esistere	part. pass. *esistito*.
Espellere	pass. rem. *espulsi, espulse, espulsero*; part. pass. *espulso*.
Esplodere	pass. rem. *esplòsi, esplose, esplosero*; part. pass. *esploso*.
Evadere	pass. rem. *evasi, evase, evasero*; part. pass. *evaso*.

Fare	(rad. prim. **fac**-) ind. pres. *faccio* o *fo*, *fai*, *fa*, *facciamo*, *fate*, *fanno*; pass. rem. *féci*, (facesti), *fece*, (facemmo, faceste), *fecero*; fut. *farò*...; cong. pres. *faccia*..., *facciamo*, *facciate*, *facciano*; cond. pres. *farei*...; imper. *fa* o *fa'* o *fai*, *fate*; part. pass. *fatto*. Si coniugano come *fare* i composti ***assuefare***, ***contraffare***, ***rifare***, ***sopraffare***. Per i composti *disfare* e *soddisfare* controlla le relative voci.
Fingere	pass. rem. *finsi*, *finse*, *finsero*; part. pass. *finto*.
Flettere	pass. rem. *flèssi* (o *flettéi*), *flesse*, *flessero*; part. pass. *flesso*.
Fondere	pass. rem. *fusi*, *fuse*, *fusero*; part. pass. *fuso*. Si coniuga come *fondere* il verbo ***confondere***.
Frangere	pass. rem. *fransi*, *franse*, *fransero*; part. pass. *franto*.
Friggere	pass. rem. *frissi*, *frisse*, *frissero*; part. pass. *fritto*.
Giacere	ind. pres. *giaccio*, (giaci, giace), *giacciamo* (o giaciamo), (giacete), *giacciono*; pass. rem. *giacqui*, *giacque*, *giacquero*; cong. pres. *giaccia*..., *giacciamo* (o giaciamo), *giacciate* (o giaciate), *giacciano*; imper. (giaci, giacete); part. pass. *giaciuto*.
Giungere	pass. rem. *giunsi*, *giunse*, *giunsero*; part. pass. *giunto*. Si coniuga come *giungere* il verbo ***aggiungere***.
Incidere	pass. rem. *incisi*, *incise*, *incisero*; part. pass. *inciso*.
Incutere	pass. rem. *incussi*, *incusse*, *incussero*; part. pass. *incusso*.
Indulgere	pass. rem. *indulsi*, *indulse*, *indulsero*; part. pass. *indulto*.
Ledere	pass. rem. *lési*, *lese*, *lesero*; part. pass. *leso*.
Leggere	pass. rem. *lèssi*, *lesse*, *lessero*; part. pass. *letto*.
Mettere	pass. rem. *misi*, *mise*, *misero*; part. pass. *messo*. Si coniugano come *mettere* i verbi ***ammettere*** e ***scommettere***.
Mordere	pass. rem. *mòrsi*, *morse*, *morsero*; part. pass. *morso*.
Mungere	pass. rem. *munsi*, *munse*, *munsero*; part. pass. *munto*.
Muovere	pass. rem. *mòssi*, *mosse*, *mossero*; part. pass. *mosso*. In tutta la coniugazione il dittongo *uo* può ridursi (ed è preferibile) a *o* quando non è accentato; perciò *muoviàmo* (meglio moviàmo), *muovèvo* (o movèvo)... Si coniuga come *muovere* il verbo ***commuovere***.
Nascere	pass. rem. *nacqui*, *nacque*, *nacquero*; part. pass. *nato*.
Nascondere	pass. rem. *nascósi*, *nascose*, *nascosero*; part. pass. *nascosto*.
Nuocere	ind. pres. *nòccio* o *nuoccio*, (nuoci, nuoce), *nociamo* (o nuociamo), *nocéte* (o nuocete), *nocciono* o *nuocciono*; imperf. *nocévo* (o nuocevo)...; pass. rem. *nòcqui*, *nocésti* (o nuocesti), *nocque*, *nocquero*; fut. *nocerò* (o nuocerò); cong. pres. *noccia* o *nuoccia*..., *nociamo* (o nuociamo), *nociate* (o nuociate), *nocciano* o *nuocciano*; cong. imperf. *nocéssi* (o nuocessi); cond. pres. *nocerei* (o nuocerei)...; imper. *nuoci*, *nocete* (o nuocete); part. pass. *nociuto* o *nuociuto*.
Parere	ind. pres. *paio*, (pari, pare), *paiamo*, (parete), *paiono*; pass. rem. *parvi*, *parve*, *parvero*; fut. *parrò*...; cong. pres. *paia*..., *paiamo*, *paiate*, *paiano*; cond. pres. *parrei*...; imper. (manca); part. pres. *parvente*; part. pass. *parso*.

Percuotere	pass. rem. *percòssi, percosse, percossero*; part. pass. *percosso*.
Perdere	pass. rem. *pèrsi* (o *perdéi* o *perdètti*), *perse, persero*; part. pass. *perso* (o perduto).
Persuadere	pass. rem. *persuasi, persuase, persuasero*; part. pass. *persuaso*.
Piacere	ind. pres. *piaccio*, (piaci, piace), *piacciamo*, (piacete), *piacciono*; pass. rem. *piacqui, piacque, piacquero*; cong. pres. *piaccia..., piacciamo, piacciate, piacciano*; part. pass. *piaciuto*.
Piangere	pass. rem. *piansi, pianse, piansero*; part. pass. *pianto*.
Piovere	pass. rem. *piòvvi, piovve, piovvero*.
Porgere	pass. rem. *pòrsi, porse, porsero*; part. pass. *porto*.
Porre	(rad. prim. **pon-**) ind. pres. *póngo*, (poni...), *pongono*; pass. rem. *posi, pose, posero*; fut. *porrò...*; cong. pres. *ponga...*, (poniamo, poniate), *pongano*; cond. pres. *porrei...*; part. pass. *posto*.
Potere	ind. pres. *pòsso, puoi, può, possiamo*, (potete), *possono*; fut. *potrò...*; cong. pres. *possa..., possiamo, possano*; cond. pres. *potrei...*; part. pres. *potente* (o *possente*, usato solo come aggettivo).
Prediligere	pass. rem. *predilessi, predilesse, predilessero*; part. pass. *prediletto*.
Prendere	pass. rem. *prési, prese, presero*; part. pass. *preso*.
Proteggere	pass. rem. *protèssi, protesse, protessero*; part. pass. *protetto*.
Pungere	pass. rem. *punsi, punse, punsero*; part. pass. *punto*.
Radere	pass. rem. *rasi, rase, rasero*; part. pass. *raso*.
Redigere	pass. rem. *redassi, redasse, redassero*; part. pass. *redatto*.
Redimere	pass. rem. *redènsi, redense, redensero*; part. pass. *redento*.
Rendere	pass. rem. *rési, rese, resero*; part. pass. *reso*.
Ridere	pass. rem. *risi, rise, risero*; part. pass. *riso*.
Rimanere	ind. pres. *rimango*, (rimani...), *rimangono*; pass. rem. *rimasi, rimase, rimasero*; fut. *rimarrò...*; cong. pres. *rimanga..., rimangano*; cond. pres. *rimarrei...*; part. pass. *rimasto*.
Rispondere	pass. rem. *rispósi, rispose, risposero*; part. pass. *risposto*.
Rodere	pass. rem. *rósi, rose, rosero*; part. pass. *roso*.
Rompere	pass. rem. *ruppi, ruppe, ruppero*; part. pass. *rótto*. Si coniuga come *rompere* il verbo ***interrompere***.
Sapere	ind. pres. *so, sai, sa, sappiamo*, (sapete), *sanno*; pass. rem. *sèppi, seppe, seppero*; fut. *saprò...*; cong. pres. *sappia..., sappiamo, sappiate, sappiano*; cond. pres. *saprei...*; imper. *sappi, sappiate*; part. pres. *sapiente* (usato solo come aggettivo o sostantivo).
Scegliere	(rad. **scegli-**) ind. pres. *scélgo, scegli*, (sceglie), *scegliamo*, (scegliete), *scelgono*; pass. rem. *scelsi, scelse, scelsero*; cong. pres. *scelga..., scegliamo, scegliate, scelgano*; imper. *scegli*, (scegliete); part. pass. *scelto*.
Scendere	pass. rem. *scési, scese, scesero*; part. pass. *sceso*.
Scindere	pass. rem. *scissi, scisse, scissero*; part. pass. *scisso*.

Sciogliere	(rad. **sciogli-**) ind. pres. *sciòlgo, sciogli,* (scioglie), *sciogliamo,* (sciogliete), *sciolgono;* pass. rem. *sciolsi, sciolse, sciolsero;* cong. pres. *sciolga..., sciogliamo, sciogliate, sciolgano;* imper. *sciogli* (sciogliete); part. pass. *sciolto.*
Sconfiggere	pass. rem. *sconfissi, sconfisse, sconfissero;* part. pass. *sconfitto.*
Scorgere	pass. rem. *scòrsi, scorse, scorsero;* part. pass. *scorto.*
Scrivere	pass. rem. *scrissi, scrisse, scrissero;* part. pass. *scritto.*
Sedere	ind. pres. *sièdo* (letter. *sèggo*), *siedi, siede,* (sediamo, sedete), *siedono* (letter. seggono); fut. *sederò* (o meno bene *siederò*); cong. pres. *sieda* (letter. *segga*)..., (sediamo, sediate), *siedano* (letter. *seggano*); cond. pres. *sederei* (meno bene *siederei*); imper. *siedi,* (sedete).
Soddisfare	si coniuga come *fare* ma al pres. ind. e al pres. cong. si può coniugare anche come verbo regolare della 1ª coniugazione (*soddisfo, che io soddisfi...*); part. pass. *soddisfatto.*
Sorgere	pass. rem. *sórsi, sorse, sorsero;* part. pass. *sorto.*
Spandere	pass. rem. *spandei* (raro *spansi*)...; part. pass. *spanto* (ma il composto *espandere* al part. pass. fa *espanso*).
Spargere	pass. rem. *sparsi, sparse, sparsero;* part. pass. *sparso.*
Spegnere	ind. pres. *spèngo,* (spegni...), *spengono;* pass. rem. *spensi, spense, spensero;* cong. pres. *spenga..., spengano;* part. pass. *spento.*
Spingere	pass. rem. *spinsi, spinse, spinsero;* part. pass. *spinto.*
Stringere	pass. rem. *strinsi, strinse, strinsero;* part. pass. *strétto.*
Succedere	pass. rem. *succèssi* (o *succedéi* o *succedètti*), *successe, successero;* part. pass. *successo* (o *succeduto*).
Tacere	ind. pres. *taccio,* (taci...), *tacciono;* pass. rem. *tacqui, tacque, tacquero;* cong. pres. *taccia..., tacciano;* part. pass. *taciuto.*
Tendere	pass. rem. *tési, tese, tesero;* part. pass. *teso.*
Tenere	ind. pres. *tèngo, tieni, tiene,* (teniamo, tenete), *tengono;* pass. rem. *ténni, tenne, tennero;* fut. *terrò...;* cong. pres. *tènga..., tengano;* cond. pres. *terrei...;* imper. *tieni,* (tenete). Si coniuga come *tenere* il verbo ***ottenere.***
Tergere	pass. rem. *tèrsi, terse, tersero;* part. pass. *terso.*
Tingere	pass. rem. *tinsi, tinse, tinsero;* part. pass. *tinto.*
Togliere	si coniuga come *cogliere.* Le forme contratte *tòrre* (infinito), *torrò* (futuro) e *torrèi* (condizionale) sono oggi rare.
Tradurre	(rad. prim. **trad-**) ind. pres. *traduco, traduci;* pass. rem. *tradussi, tradusse, tradussero;* fut. *tradurrò;* cond. pres. *tradurrei;* part. pass. *tradotto.*
Torcere	pass. rem. *tòrsi, torse, torsero;* part. pass. *torto.*
Trarre	(rad. prim. **tra-**) ind. pres. *traggo,* (trai...), *traggono;* pass. rem. *trassi, trasse, trassero;* fut. *trarrò...;* cong. pres. *tragga...,* (traiamo, traiate), *traggano;* part. pass. *tratto.*
Uccidere	pass. rem. *uccisi, uccise, uccisero;* part. pass. *ucciso.*

Ungere	pass. rem. *unsi, unse, unsero*; part. pass. *unto.*
Valere	ind. pres. *valgo*, (vali...), *valgono*; pass. rem. *valsi, valse, valsero*; fut. *varrò...*; cong. pres. *valga..., valgano*; cond. pres. *varrei...*; part. pass. *valso.*
Vedere	ind. pres.: la coniugazione è regolare (sono forme letterarie *véggo* e *véggono*); pass. rem. *vidi, vide, videro*; fut. *vedrò...*; cong. pres.: la coniugazione è regolare (sono forme letterarie *végga* e *véggano*); cond. pres. *vedrei...*; part. pres. *vedente* (o *veggente*, usato solo come sostantivo o aggettivo); part. pass. *visto* (o veduto).
Vivere	pass. rem. *vissi, visse, vissero*; part. pass. *vissuto.*
Volere	ind. pres. *voglio, vuoi, vuole, vogliamo*, (volete), *vogliono*; pass. rem. *vòlli, volle, vollero*; fut. *vorrò...*; cong. pres. *voglia..., vogliamo, vogliate, vogliano*; cond. pres. *vorrei...*; imper. *vògli, vogliate.*

Irregolari della 3ª coniugazione

Aborrire	ind. pres. *abòrro* o *aborrisco, aborri* o *aborrisci, aborre* o *aborrisce, aborrono* o *aborriscono;* cong. pres. *aborra* o *aborrisca..., aborrano* o *aborriscano;* imper. *aborri* o *aborrisci,* (aborrite). Si coniugano come *aborrire* i verbi ***applaudire, assorbire, inghiottire, mentire*** e ***nutrire.***
Apparire	ind. pres. *appaio* o *apparisco, appari* o *apparisci, appare* o *apparisce,* (appariamo, apparite), *appaiono* o *appariscono*; pass. rem. *apparvi* (meno comuni *apparii* o *apparsi), apparve* (*apparì* o *apparse), apparvero* (o *apparirono* o *apparsero*); cong. pres. *appaia* o *apparisca...,* (appariamo, appariate), *appaiano* o *appariscano;* imper. *appari* o *apparisci,* (apparite); part. pass. *apparso.* Si coniuga come *apparire* il verbo ***comparire.***
Aprire	pass. rem. *aprii* (non comune *apersi)...*; part. pass. *aperto.* Si coniugano come *aprire* i verbi ***coprire*** e ***scoprire.***
Assalire	ind. pres. *assalgo* (meno comune *assalisco), assalgono* (o *assaliscono*); cong. pres. *assalga* (meno comune *assalisca)..., assalgano* (o *assaliscano*); imper. *assali* (meno comune *assalisci), assalite.*
Morire	ind. pres. *muòio, muori, muore,* (moriamo, morite), *muoiono*; fut. *morirò* o *morrò...*; cond. pres. *morirei* o *morrei*; imper. *muori,* (morite); part. pass. *morto.*
Offrire	pass. rem. *offrii* o *offèrsi, offrì* o *offerse, offrirono* o *offersero*; part. pres. *offerente*; part. pass. *offerto.* Si coniuga come *offrire* il verbo ***soffrire.***
Salire	ind. pres. *salgo,* (sali...), *salgono;* cong. pres. *salga..., salgano.*
Scomparire	si coniuga come *apparire.* La forma *scompaio...* è usata nel significato di *sparire;* la forma *scomparisco...* è usata nel significato figurato di *sfigurare, fare brutta figura.*
Seppellire	part. pass. *sepólto* o *seppellito.*
Udire	ind. pres. *òdo, odi, ode,* (udiamo, udite), *odono*; fut. *udirò* o *udrò...*; cong. pres. *oda..., odano*; cond. pres. *udirei* o *udrei*; imper. *odi,* (udite); part. pres. *udente* (raro *udiente*).
Uscire	ind. pres. *èsco, esci, esce,* (usciamo, uscite), *escono*; cong. pres. *esca..., escano*; imper. *esci,* (uscite).
Venire	ind. pres. *vèngo, vieni, viene,* (veniamo, venite), *vengono*; pass. rem. *vénni, venne, vennero*; fut. *verrò...*; cong. pres. *vènga..., vengano*; cond. pres. *verrei...*; imper. *vieni,* (venite); part. pres. *veniente*; part. pass. *venuto.*

PRIMA VERIFICA

9 Indica se queste forme verbali sono regolari (r) o irregolari (i).

Es.: salgo: i

1. scendo: ....
2. offrivano: ....
3. sciolsi: ....
4. siedono: ....
5. correrai: ....
6. beva: ....
7. cuociamo: ....
8. vadano: ....
9. muoiono: ....
10. nascosto: ....

ESERCIZI DI RIEPILOGO

10 Sottolinea i verbi contenuti nel testo.

I bambini e i ragazzi fanno grandi sogni. E sognano il lavoro che faranno da grandi. Il camice bianco, lo studio, l'orario di visita incollato alla porta. Aveva immaginato già tutto quando ancora era piccolissima: «Penso che il lavoro più adatto a me sia quello della veterinaria». Certo, a dodici anni, Lara ha ancora qualche dubbio: «Non so esattamente se visiterò solo gatti o cani, o tutti e due». Mentre Jessica, con l'istinto da poliziotto che si ritrova, pensa già alle prime indagini: «Ovviamente non lavorerò solo io, ma ci saranno i poliziotti che mi aiuteranno a trovare tutte le informazioni sul caso oppure ad arrestare il ladro». Jacopo, prima media, s'immagina all'università e ha deciso «ingegnere aerodinamico in galleria del vento» (anche se, confessa, «gli strumenti che userò al computer non li conosco»). Ha pensato invece a come spenderebbe il primo stipendio: «Comprerò una casa a Montecarlo, prenderò una Lamborghini e un bel pc».

Adattato da www.corriere.it/piccoli

11 Scrivi l'infinito di questi verbi.

Es.: mangiavano mangiare

1. andiamo ....
2. volo ....
3. ascoltai ....
4. partirebbero ....
5. salivo ....
6. domanderete ....
7. scriva ....
8. spedisce ....
9. smetterà ....
10. abbaiano ....
11. riderei ....
12. puliamo ....

12 Indica **a quali persone si riferiscono le seguenti forme verbali.**

pulite perdi discutiamo saltano canta desidero sentono ripetete apro ricaviamo legge telefoni vedo sale accarezzate vivono stupiamo fuggi

Io desidero

tu ...

egli ...

noi ...

voi ...

essi ...

13 Indica **se il modo dei verbi sottolineati esprime un'azione certa e sicura (a), possibile o desiderabile (b), un comando o un'esortazione (c), una richiesta gentile (d).**

Es.: Compreresti il pane, tornando a casa? d

1. Ieri non sono stato bene. ...
2. Oggi ci siamo svegliati molto presto. ...
3. Mi piacerebbe visitare Lisbona. ...
4. Tornate subito in classe! ...
5. Può essere che Irene abbia perso il treno. ...
6. Forza ragazzi, consegnate le verifiche. ...
7. Che lavoro fanno i tuoi genitori? ...
8. Potresti abbassare il volume della tv? ...
9. A che ora incontrerai i tuoi amici? ...
10. Credo che questo sia l'ultimo autobus. ...

14 Sottolinea **i verbi ai tempi semplici e** cerchia **quelli ai tempi composti.**

Es.: L'aereo arrivò in orario anche se era partito in ritardo.

1. Sono stanco perché oggi ho lavorato molto.
2. Bevete un tè con noi?
3. Il mio amico era partito perciò ero molto triste.
4. Ieri sera avrei guardato volentieri la tv ma ero davvero stanco.
5. Quando imparerai a guidare la macchina?
6. Penso che il cuoco abbia cotto troppo la pasta.
7. Non sono andato al cinema con gli amici perché non mi piace il genere horror.
8. Non sapevo che tu avessi studiato il cinese.

15 Sottolinea i verbi 'essere' e 'avere' quando hanno la funzione di ausiliare e cerchiali quando hanno un significato autonomo.

Es.: Cristina (ha) sempre molta fortuna nel lavoro.

1. Gianluca ed Elena sono gemelli: hanno tredici anni.
2. Non ho capito molto bene la lezione di chimica.
3. Miriana è bionda e ha gli occhi castani.
4. Dove hai messo la cartellina gialla?
5. Quando sono arrivato alla stazione, il treno era già partito.
6. Alle otto saremo tutti in classe puntuali.
7. Credo che Martin non si sia divertito alla festa.
8. Bologna è una città molto bella e ha circa 400.000 abitanti.
9. Quando ho conosciuto Alice aveva gli occhiali ed era molto timida.
10. Il cane era in giardino e aveva un grande osso da rosicchiare.

16 Scegli la forma verbale corretta.

Es.: Il film **comincierà** / **comincerà** alle 21.00.

1. Noi **capiamo** / **capisciamo** l'italiano perfettamente.
2. Cosa **mangi** / **mangii** questa sera?
3. Per favore, **spegniereste** / **spegnereste** il telefonino?
4. La prossima settimana mi **arriccierò** / **arriccerò** i capelli.
5. È probabile che voi non **finiate** / **finisciate** i compiti prima di cena.
6. Tu **apparecchi** / **apparecchii** la tavola e io cucino.
7. Fa caldo, **bagniamoci** / **bagnamoci** nella fontana!
8. Domani **pagerò** / **pagherò** la retta della mensa scolastica.

17 Completa le frasi con le forme verbali indicate.

Es.: Javier studierà all'università di Padova. *studiare, futuro semplice indicativo*

1. Nonostante .... freddo molti bambini giocavano nel cortile della scuola. *fare, imperfetto congiuntivo*
2. Lo scorso fine settimana noi .... un nuovo scooter. *comprare, passato prossimo indicativo*
3. All'arrivo dei genitori a casa i bambini .... già a dormire. *andare, trapassato prossimo indicativo*
4. Benché Lucio .... molto, è nervosissimo per la verifica. *studiare, passato congiuntivo*

5. Selim, ... il tè alla pesca o alla menta? *preferire, presente indicativo*
6. Gli abitanti di Pompei .... un grande boato prima dell'eruzione del Vesuvio. *sentire, passato remoto indicativo*
7. Sono andato a scuola .... *correre, gerundio presente*
8. Dopo .... tutte quelle ore non puoi essere ancora stanco! *dormire, infinito passato*
9. Olga, ... subito dal bagno! *uscire, imperativo*
10. Io ti .... volentieri ad aggiornare il computer se solo me lo avessi chiesto. *aiutare, condizionale passato*

18 Scrivi **la terza persona singolare del passato remoto dei seguenti verbi irregolari.**

Es.: venire: venne

1. dare: ....
2. spingere: ....
3. nascere: ....
4. offrire: ....
5. dirigere: ....
6. togliere: ....
7. fare: ....
8. vedere: ....
9. piacere: ....
10. apparire: ....
11. perdere: ....
12. tacere: ....

19 Indica **il modo e il tempo delle seguenti forme verbali.**

Es.: acceso: participio passato

1. berresti: ....
2. stesse: ....
3. risolto: ....
4. vorrai: ....
5. tenga: ....
6. ruppi: ....
7. vollero: ....
8. assalgano: ....
9. esploso: ....
10. sepolto: ....
11. traggano: ....
12. stesse: ....

20 Scrivi **il participio passato di questi verbi.**

Es.: fare: fatto

1. scomparire ....
2. cogliere ....
3. offrire ....
4. rompere ....
5. succedere ....
6. percuotere ....
7. ungere ....
8. bere ....
9. ridere ....
10. aprire ....
11. piangere ....
12. proteggere ....

21 Scegli la forma verbale corretta.

Es.: Dopo aver cantato a lungo, gli uccelli **tacquero / tacettero** improvvisamente.

1. Buongiorno, **voleremmo / vorremmo** due caffè, per favore.
2. Mio zio, dopo essere emigrato in Argentina, **scrisse / scrivette** molte lettere ai nonni.
3. È meglio che loro **andano / vadano** a piedi.
4. Quando **muoro / muoio** voglio che qualcuno si prenda cura dei miei gatti.
5. Metti subito il gelato nel congelatore prima che si **scioglia / sciolga**.
6. Gaetano Bresci **uccise / uccidette** il re Umberto I.
7. Ilenia ha fatto la lavatrice e ha **steso / stenduto** i panni.
8. Dieci anni fa **piovve / piovette** così tanto che ci fu un'alluvione.
9. Che male! Mi sono **morduto / morso** la lingua.
10. Non voglio che i ragazzi **escano / eschino** con gli amici tutte le sere.

22 Sottolinea i verbi in queste frasi e scrivi sul tuo quaderno modo, tempo e persona.

Es.: Ieri mentre andavo in biblioteca ho visto il nuovo negozio di dischi.
andavo: indicativo, imperfetto, prima persona singolare
ho visto: indicativo, passato prossimo, prima persona singolare

1. Non appena gli operai avranno terminato i lavori in casa, cominceranno quelli in giardino.
2. Secondo le previsioni, il prossimo fine settimana nevicherà.
3. Ieri sono passato a casa di Gabriella ma lei non c'era perché era partita per il fine settimana.
4. Di solito cosa fai quando buchi una gomma? Chiami il gommista?
5. Fabiana, mangia la tua insalata e dopo va' in camera tua a studiare!
6. I turchi occuparono Otranto nel 1480 ma riuscirono a tenerla solo pochi mesi.
7. Se fossi al tuo posto, invece di criticare sempre, cercherei una soluzione.
8. Magari potessimo fare tutti i giorni colazione in pasticceria!
9. Avendo ordinato ognuno piatti diversi, dovremo aspettare un po' prima che ci servano.
10. Avrei preso volentieri un cioccolatino se non avessi avuto un forte mal di denti.

23 Scrivi sul tuo quaderno una frase con ciascuna delle seguenti forme verbali.

perderei – avendo scelto – nascosero – distruggessimo – avrebbe fatto – avevate chiesto – cadrai – venga – avremo spento – partiva

07 Uso dei modi e dei tempi del verbo

L'indicativo

Oggi è una splendida giornata e Andrea è andato al mare con la sua famiglia. Mentre i genitori prendevano il sole, lui ha fatto una bella nuotata.

L'indicativo è il modo che si usa per indicare azioni o fatti reali, perciò definito il *modo della certezza e dell'obiettività*. L'indicativo conta **otto tempi**, quattro semplici (**presente, imperfetto, passato remoto, futuro semplice**) e quattro composti (**passato prossimo, trapassato prossimo, trapassato remoto, futuro anteriore**).

Presente

Il presente indica un'azione che accade nel momento in cui si parla: *Il telefono **squilla** con insistenza.* Si possono distinguere altri tipi di presente:

- il **presente abituale**, che si usa per indicare azioni che si ripetono con regolarità: *In genere **entro** a scuola alle otto del mattino; Per Pasqua **andiamo** sempre al paese dei nonni*;
- il **presente atemporale**, che si usa per indicare uno stato permanente e immutabile nel tempo: *Il leone **vive** in Asia e in Africa*;
- il **presente storico**, utilizzato per raccontare con maggiore immediatezza un'azione passata: *Il personaggio di Cenerentola **si ispira** a una fiaba di Basile;*
- il **presente usato per un'azione futura** considerata certa: *Martedì Luca **va** finalmente dal medico.*

Imperfetto

L'imperfetto indica un'azione svolta nel passato che ha avuto una certa continuità e durata: *La bambina **passeggiava** nel parco con la mamma.* Si possono distinguere vari tipi d'imperfetto:

- l'**imperfetto abituale**, che indica un'azione ripetuta nel passato con una certa frequenza: *Quando eravamo piccoli, il sabato pomeriggio lo zio ci **portava** al cinema;*
- l'**imperfetto descrittivo**, usato per le descrizioni nel passato: *Leonardo da Vinci **era** molto intelligente;*

- l'**imperfetto storico**, che si usa per dare maggiore risonanza all'azione o nei resoconti giornalistici, soprattutto di cronaca nera: *Il 14 luglio1789* ***veniva assaltata*** *la Bastiglia; La fuga di gas* ***metteva*** *in allarme tutti gli abitanti del quartiere;*
- l'**imperfetto di contemporaneità**, usato per indicare un'azione che si svolge contemporaneamente a un'altra azione passata: *Mentre Rosa* ***chiedeva*** *spiegazioni all'insegnante, la compagna* ***copiava*** *l'esercizio dal suo quaderno.*

Passato prossimo e passato remoto

Il **passato prossimo** indica **un'azione avvenuta e conclusa in un tempo passato**, ma ancora molto **vicino al presente:** *Stamattina* ***è venuto*** *a trovarmi Marco*; oppure **un'azione svolta nel passato i cui effetti durano ancora:** *Mio fratello* ***ha imparato*** *il francese alle superiori.*
Il **passato remoto** indica **un'azione avvenuta in un passato lontano che non ha alcuna relazione con il presente** ed è spesso usato nella narrazione: *Una terribile alluvione* ***colpì*** *Firenze; Cenerentola* ***perse*** *la scarpina.*

Trapassato prossimo e trapassato remoto

Il **trapassato prossimo** e il **trapassato remoto** indicano **un'azione passata che è accaduta prima di un'altra ugualmente passata.**

- Il **trapassato prossimo** è di solito collegato con il passato prossimo, il passato remoto o l'imperfetto: ***È arrivato*** *in ritardo, anche se ci* ***aveva avvertito****; Mia madre mi* ***aveva svegliato*** *per tempo, ma io* ***mi sono riaddormentato****; Anche se* ***avevano litigato*** *con lui, lo* ***trattavano*** *sempre con gentilezza.* A volte questo tempo si può anche usare senza alcun rapporto con un altro tempo passato: *Solo lei* ***aveva avuto*** *il coraggio di parlare.*
- Il **trapassato remoto** è in genere collegato con il passato remoto ed è ormai in disuso: *Dopo che* ***fu arrivato*** *a Parigi, Antonio* ***avvertì*** *la madre.*

Futuro semplice e futuro anteriore

Il **futuro semplice** esprime **un evento successivo al momento presente:** *Presto* ***vedrai*** *la tua nuova casa.*
Il **futuro anteriore** indica **un'azione futura che accade prima di un'altra espressa sempre al futuro:** ***Lavorerò*** *solo dopo che mi* ***sarò riposato*** *un po'.*
Il futuro semplice e il futuro anteriore sono a volte usati al posto di altri tempi dell'indicativo come nei seguenti casi:

- per esprimere un **dubbio:** *Guglielmo* ***sarà*** (=è) *già a casa a quest'ora?*; *Maria Grazia* ***avrà passato*** *l'esame?*;
- per esprimere una **concessione:** ***Raul sarà*** *pure* (= Ammetto, ti concedo che è) *bello ma è troppo presuntuoso;*
  Sull'autobus ***saranno*** *anche* ***stati tutti*** (= ammettiamo anche che sono stati tutti) *onesti, ma il mio portafoglio è comunque sparito dalla borsetta;*
- per esprimere un'**approssimazione:** *Questo lavoro* ***richiederà*** *circa un mese;*
- per esprimere un **comando** in forma cortese: *I candidati* ***dovranno presentare*** *un documento d'identità.*

PRIMA VERIFICA

1 Indica **se in queste frasi il presente ha valore storico (s), atemporale (at), abituale (ab) o futuro (f).**

Es.: Domenica prossima gioco a pallavolo con i miei amici. ...f...

1. Questa pasticceria vende ottimi dolci. ....
2. Il Medioevo finisce convenzionalmente nel 1492. ....
3. La Terra gira intorno al Sole. ....
4. Che classe frequenta quel ragazzo? ....
5. Domenica prossima l'Inter gioca in casa. ....
6. A che ora ti alzi durante la settimana? ....
7. La Seconda Guerra mondiale scoppia nel 1939. ....
8. Le sigarette fanno male alla salute. ....

2 Indica **se in queste frasi l'imperfetto ha valore abituale (a), descrittivo (d), storico (s) o di contemporaneità (c).**

Es.: Dopo la rapina il ladro scappava velocemente a bordo di una grossa moto. ...s...

1. Tanti anni fa qui c'erano solo prati. ....
2. Mentre gli attori recitavano sul palco, gli spettatori ascoltavano in silenzio. ....
3. Da bambino, non volevo mai bere la spremuta d'arancia. ....
4. Negli anni '60 l'Italia conosceva un periodo di grande sviluppo economico. ....
5. Leonardo da Vinci aveva una lunga barba bianca. ....
6. La polizia arrestava i responsabili della rapina e li portava in carcere. ....
7. All'asilo giocavo tutto il giorno con gli altri bambini. ....
8. L'insegnante girava fra i banchi ma gli studenti cercavano ugualmente di copiare. ....

3 Scegli **la forma corretta del verbo.**

Es.: L'imperatore Nerone **ha bruciato / <u>bruciò</u>** Roma.

1. Dove **hai comprato / comprasti** questo zaino?
2. Ieri **è nato / nacque** il mio fratellino.
3. Gli antichi Egizi **hanno costruito / costruirono** le piramidi per seppellire i faraoni.
4. Sono contento! Finalmente Claudia **ha trovato / trovò** un lavoro.
5. Romolo **è stato / fu** il primo re di Roma.
6. Siamo seduti a teatro da tanto ma lo spettacolo ancora non **è cominciato / cominciò**.
7. Garibaldi **ha unito / unì** l'Italia nel 1860.
8. I dinosauri **sono vissuti / vissero** milioni di anni fa.

4 Coniuga i verbi in parentesi al trapassato prossimo.

Es.: Ho ordinato un'altra pizza anche se ne (mangiare) avevo mangiata già una.

1. Non ho sentito suonare il telefono perché (addormentarsi) .... già da un po'.
2. Dopo la lezione Junji è tornato in classe perché (lasciato) .... il cellulare sul banco.
3. Marcel non era in casa, (uscire) .... con suo fratello.
4. Il quartiere dove abitavo era molto grigio perché (loro, costruire) .... molti palazzi.
5. Finalmente è arrivato il cd che (prenotare) .... da due mesi.
6. Quando è scoppiato il temporale, i ragazzi non (tornare) .... ancora a casa.
7. Ieri Giuditta non si sentiva bene perché non (dormire) .... tutta la notte.
8. Abbiamo bevuto un frullato al bar anche se (fare) .... merenda a casa.

5 Coniuga i verbi in parentesi al trapassato remoto.

Es.: Quando (svegliarsi) si fu svegliato, il bambino cominciò a chiamare la mamma.

1. Dopo che il gatto (entrare) .... in casa, andò a dormire sul divano.
2. Quando il pittore (finire) .... di dipingere il quadro, lo espose alla mostra.
3. Non appena il principe (baciare) .... la principessa, tutti cominciarono ad applaudire.
4. Quando (risparmiare) .... abbastanza soldi, mio nonno poté emigrare in America.
5. Appena Pinocchio (arrivare) .... a casa, salutò Geppetto.
6. I Rossi poterono andare a dormire solo dopo che la festa nel giardino dei vicini (finire) ....

6 Indica se le forme verbali al futuro sottolineate esprimono un'azione che si realizza in seguito (f), un dubbio (d), una concessione (cn), un'approssimazione (a) o un comando (cm).

Es.: Miguel avrà più o meno tredici anni. a

1. Dove farai la tua festa di compleanno? ....
2. I miei amici brasiliani arriveranno in Italia sabato prossimo. ....
3. Farà anche freddo, però almeno c'è il sole! ....
4. Quanto avrà studiato Carla per prendere un voto così alto? ....
5. Non uscirai dalla tua stanza fino all'ora di cena, capito? ....
6. L'anno prossimo mi iscriverò al liceo classico. ....
7. Fra casa mia e la spiaggia ci saranno circa trecento metri di distanza. ....
8. Ma che bel cane! Di che razza sarà? ....
9. Azafa sarà anche intelligente ma non studia mai. ....
10. Rita è stanca stamattina, ieri sera avrà letto fino a tardi. ....

Il congiuntivo

– Pare che domani ci sia un bellissimo concerto rock.
– Magari potessi andarci!

Il modo congiuntivo **indica che l'azione espressa dal verbo è possibile, desiderabile o incerta.** Ha **quattro tempi:** due semplici (**presente** e **imperfetto**) e due composti (**passato** e **trapassato**).
Il congiuntivo esprime soprattutto:
– un dubbio, una supposizione: *Non credo che **tu abbia studiato** seriamente per l'esame; Immagino che **facciate** molte prove per preparare bene lo spettacolo;*
– un comando, un invito: ***Esca** fuori immediatamente!; **Abbiate** un po' di pazienza;*
– un augurio, un desiderio: *Che tutto **vada** per il meglio!; Ah, **potessi** vincere alla lotteria!;*

Il congiuntivo è anche usato, nel tempo presente, per sostituire le persone mancanti dell'imperativo (**congiuntivo esortativo**): ***Salga**!; **Parliamo** a bassa voce!; **Vadano** subito alla biglietteria.*

L'uso più frequente del congiuntivo è però nelle frasi dipendenti, in cui è introdotto da:
- **aggettivi** o **pronomi indefiniti** (**qualunque, chiunque, qualsiasi** ecc.): *Chiunque **l'abbia visto**, l'ha trovato molto cambiato;*
- **congiunzioni** (**che, affinché, purché, se, sebbene, malgrado** ecc.): *Ho partecipato alla gara malgrado non mi **sia*** (io) *sufficientemente allenato.*

In particolare, si usa il congiuntivo dopo la congiunzione **che** preceduta da:
- **verbi** o **espressioni impersonali** (**occorre, è necessario, può darsi che** ecc.): *Occorre che ognuno **faccia** il proprio dovere;*
- **verbi che esprimono un dubbio, un desiderio, un timore** (**penso, credo, mi auguro, temo che** ecc.): *Credevo che **avessi** fiducia in me.*

Nelle frasi dipendenti i **tempi del congiuntivo** si usano nel seguente modo:
- il **presente** per esprimere la contemporaneità con l'azione presente o futura della frase principale: *Spero che **stia** bene; Crederà che io non **voglia** incontrarlo;*

- l'**imperfetto** per esprimere la contemporaneità con l'azione passata della principale o l'anteriorità rispetto all'azione presente della principale: *Pensavano che **fossimo** d'accordo* (contemporaneità); *Penso che Jacopo **avesse** ragione* (anteriorità);
- il **passato** per esprimere l'anteriorità rispetto all'azione presente o futura della frase principale: *Credo che **sia uscito**; Penserà che gli amici non **abbiano voluto** invitarlo*;
- il **trapassato** per esprimere l'anteriorità rispetto all'azione passata della frase principale: *Speravamo che gli **avessi spiegato** tu la situazione.*

PRIMA VERIFICA

7 Sottolinea i congiuntivi dipendenti e cerchia quelli indipendenti.

Es.: Avessi ancora vent'anni!

1. Non voglio che voi cuciniate tutte quelle cose per me!
2. Siate sempre rispettosi nei confronti delle persone anziane!
3. Non voglio mangiare a quest'ora sebbene abbia già fame.
4. Non era necessario che tu venissi a riportarmi il libro così in fretta.
5. Ah... potessi andare al concerto di Katy Perry!
6. È bene che facciate attività fisica almeno tre volte alla settimana.
7. Qualunque cosa tu abbia fatto, devi parlarne con i tuoi genitori.
8. Penso che Patrizia sia già tornata a casa.

8 Completa le frasi coniugando i verbi al congiuntivo secondo le indicazioni.

Es.: Credo che gli studenti (capire) abbiano capito perfettamente la spiegazione. *passato*

1. Faceva ancora molto caldo nonostante l'autunno (cominciare) .... già da un mese. *trapassato*
2. Chiunque (spedire) .... in tempo la domanda di ammissione, potrà partecipare al concorso. *passato*
3. Speravo che tutti i miei compagni (venire) .... alla cena di fine anno. *imperfetto*
4. Non è bello che tu (fare) .... sempre scherzi al tuo fratellino. *presente*
5. Credo che Venezia (essere) .... la città più bella del mondo. *presente*
6. Malgrado (io, arrivare) .... al negozio molto presto, il pane era già finito. *trapassato*
7. Sebbene (essere) .... tardi, ho telefonato al dottore. *imperfetto*
8. È probabile che a quest'ora Bruno non (uscire) .... ancora dal lavoro. *passato*

Il condizionale

– Potresti venire a cena da me questa sera.
– Mi farebbe piacere ma purtroppo sto partendo per andare a visitare la mostra di Picasso a Milano.

Il condizionale **esprime un dubbio, un'incertezza** o **la possibilità che un evento accada *a condizione* che prima se ne verifichi un altro.** Il condizionale ha due tempi: uno semplice (**presente**) e uno composto (**passato**).
Il **presente** indica un fatto che potrebbe verificarsi nel momento in cui si parla o in seguito: *Ti **cucinerei** le tagliatelle, se tu venissi a pranzo.*
Il **passato** indica un fatto che sarebbe potuto accadere prima del momento in cui si parla ma che non si è realizzato: *Se ci aveste invitati, **saremmo venuti** con molto piacere!*
Il condizionale si usa per esprimere:
- una **richiesta** cortese: ***Potrei** avere un minuto di attenzione?*
- un **desiderio: *Avrei cantato*** *volentieri insieme a te;*
- un **dubbio: *Dovrei*** *dirglielo?;*
- una **probabilità,** un'**ipotesi: *Sarebbero stati*** *dei ladri professionisti a organizzare la rapina;*
- un'**opinione personale:** *Secondo me **sarebbe** meglio parlare con il direttore;*
- una **realtà condizionata: *Dormirei*** *ancora, se non dovessi studiare tanto.*

PRIMA VERIFICA

9 Indica **se i verbi al condizionale sottolineati esprimono una richiesta (ri), un desiderio (de), un dubbio (du), una probabilità (p), un'opinione (o) o una realtà condizionata (rc).**

Es.: Potresti venire qui un momento? ri

1. Mi piacerebbe tanto imparare a suonare la chitarra. ....
2. Cosa potrei fare per risolvere questo problema? ....
3. Studierei il russo se potessi frequentare regolarmente un corso. ....
4. Mi passeresti la bottiglia dell'acqua frizzante, per favore? ....
5. Ieri sera sarei andato volentieri a fare una passeggiata in centro. ....
6. Il ladro avrebbe rubato la macchina con l'aiuto di un complice. ....
7. Mangerei più cioccolata se la mamma me lo permettesse. ....
8. Matilde, porteresti queste fotocopie alla segretaria? ....
9. Secondo me sarebbe meglio chiedere informazioni al vigile. ....
10. Avresti dovuto chiedere scusa a Letizia per le cose brutte che le hai detto. ....

L'imperativo

Mi raccomando: venite tutti alla festa e non fate tardi!

L'imperativo **esprime un comando, un invito** o **una preghiera:** ***Stai zitto!***, ***Abbi** cura di te!*; *Per favore, **non fare** tardi!*
L'imperativo ha **un solo tempo**, il **presente**, e ha solo la 2ª persona, singolare e plurale: ***Vieni***; ***Venite***.
Per le altre persone si usano le forme del congiuntivo presente: *Che **partano** in tempo*; ***Accogliamo**li*; ***Venga** pure!*
La 2ª persona singolare ha una forma negativa diversa dalle altre persone, perché è composta dall'infinito preceduto da **non:** ***Non gridare!***

PRIMA VERIFICA

10 Scegli **la forma corretta del verbo fra le due alternative proposte.**

Es.: Tiziana, **vieni** / **viene** qui un momento!

1. Professore, per favore, non **parlare** / **parli** così velocemente!
2. La lezione comincia, gli studenti **entrano** / **entrino** in classe!
3. Ragazzi, per favore, non **usare** / **usate** il cellulare in sala!
4. Mamma, ho capito, non **ripetere** / **ripeti** sempre la stessa cosa!
5. Gli spettatori si **accomodano** / **accomodino**, lo spettacolo inizia!
6. Signor Paoli, **venga** / **viene** pure, è il benvenuto!
7. Alfonso, non **copia** / **copiare** dal tuo compagno!
8. Ragazzi, non **fare** / **fate** rumore, disturbate i vicini!

L'infinito

Lavorare ancora? Dopo aver passato molte ore davanti al computer, sono stanca morta.

L'infinito **esprime il significato del verbo**, senza determinare persona e numero (*dormire, mangiare, scrivere*). Ha due tempi: uno semplice, il **presente** (*cantare, partire*), e uno composto, il **passato** (*avere cantato, essere partito*).

L'infinito è usato:

- in frasi interrogative ed esclamative: *Che **pensare** di loro?*; ***Alzarsi** alle cinque del mattino! Una follia!*;
- come imperativo: ***Eseguire** attentamente le istruzioni*;
- quando segue un verbo servile o una forma verbale fraseologica: ***Vuole vedere** te e Lisa*; *Il film **sta per iniziare**.*

Usato in frasi dipendenti, l'infinito presente indica un'azione contemporanea o successiva rispetto a quella principale: *Penso di **restare** a casa stasera*; *Pensavo di **restare** a casa quella sera.*
L'infinito passato indica un'azione precedente a quella della principale: *Mi ricordo di **averla** già **incontrata***; *Mi ricordavo di **averla** già **incontrata**.*

PRIMA VERIFICA

11 Scrivi **l'infinito presente e passato di queste forme verbali.**

	INFINITO PRESENTE	INFINITO PASSATO
bevo	bere	avere bevuto
capisco		
guardo		
ricevo		
entro		
cado		
spedisco		
dormo		
torno		

Il participio

Bagnati dalla pioggia, rientrammo con i vestiti gocciolanti.

Il participio **indica una caratteristica, un modo di fare** o **di essere secondo il significato del verbo.** Il participio ha **due tempi** semplici, il **presente** e il **passato**, e **non specifica la persona.**
Il participio presente si usa come:

- **aggettivo** (attributo del nome) concordato col nome cui si riferisce: *È una notizia* ***scioccante***;
- **nome**, preceduto dall'articolo o da un aggettivo dimostrativo: ***Quei concorrenti*** *sono stati eliminati*;
- **verbo** che regge un complemento: *Uno sciroppo* ***calmante*** (= che calma) *la tosse*. L'uso come verbo è poco frequente perché si preferisce come alternativa una frase relativa: *Sono orgoglioso di mio fratello,* ***che aiuta*** (= aiutante di) *mio padre in negozio.*

I participi presenti di molti verbi con il tempo hanno perso il loro valore verbale, trasformandosi in veri e propri sostantivi autonomi e aggettivi: cantante, emigrante ecc.; interessante, importante ecc.

Il participio passato si usa soprattutto come **verbo**:
- unito agli ausiliari *essere* e *avere* per formare i tempi composti: *La mamma* ***è uscita*** *di corsa dall'ufficio; Rosa e Lucia* ***hanno camminato*** *tanto;*
- unito all'ausiliare *essere* per formare la forma passiva: ***Siete stati richiamati*** *dal direttore;*
- da solo con valore causale o temporale: ***Affaticato*** (= poiché ero stato affaticato) *dalla nuotata, mi sono addormentato sul letto;* ***Arrivato*** (= dopo essere arrivato) *in palestra, ho cominciato subito ad allenarmi.*

Il participio passato si usa anche:
- come **aggettivo**, concordando nel genere e nel numero con il nome cui si riferisce: *gli schiavi* ***liberati****, una partita* ***persa****, la porta* ***accostata****, le finestre* ***aperte****;*
- come **sostantivo**, preceduto dall'articolo o da un aggettivo dimostrativo: *il gelato*, *l'evaso*, *una mangiata*, *questo candidato*, *quegli invitati* ecc.

PRIMA VERIFICA

12 Sottolinea i participi presenti in queste frasi.

Es.: La soia è un cibo molto <u>nutriente</u> e sano.

1. Pablo è il nostro rappresentante di classe.
2. Il conducente dell'autobus non può parlare con i passeggeri.
3. Farò molte foto ai partecipanti alla maratona cittadina.
4. Sto leggendo una notizia davvero sorprendente!
5. Il pattinaggio su ghiaccio è uno sport molto emozionante.
6. Che brutto film, davvero deludente!
7. Al mare mi metto sempre una crema abbronzante.
8. Il mio cane è sempre stato ubbidiente.

13 Sottolinea i participi passati in queste frasi.

Es.: <u>Meravigliati</u> dalla bellezza della Puglia, abbiamo deciso di ritornarci per le prossime vacanze.

1. Per favore, guarda se in quell'armadio aperto ci sono i miei pantaloni.
2. La storia raccontata in questo romanzo è molto avventurosa.
3. Il tennista, premiato con la coppa, era molto felice.
4. Il giardino della nostra scuola, curato da tutti gli studenti, è davvero bellissimo.
5. Quel cancello chiuso è l'ingresso principale del castello.
6. Arrivati a casa ci siamo finalmente riposati un po'.
7. Le tue camicie, lavate e stirate, sono sulla sedia.
8. Gli invitati arriveranno verso le otto.

Il gerundio

Avendo deciso improvvisamente di andare a nuotare, Elisa si è precipitata verso la spiaggia correndo.

Il gerundio **indica un'azione che si realizza in stretto rapporto** (di causa, di modo, di mezzo o di tempo) **con quella della frase principale.** Ha **due tempi,** uno semplice, il **presente,** e uno composto, il **passato,** e la sua forma è invariabile. Il gerundio può esprimere:

- **la causa dell'azione principale:** ***Svegliandomi*** *presto* (= a causa della sveglia di buon'ora) *tutte le mattine, il sabato ho voglia di riposare;*
- **il modo** in cui si realizza l'azione principale: *Il pubblico mostrò il proprio entusiasmo* ***chiedendo*** (= con la richiesta) *il bis;*
- **il mezzo** attraverso cui si realizza l'azione principale: ***Correndo*** (= per mezzo della / grazie alla corsa) *ogni mattina per un'ora, ho perso molti chili;*
- **il tempo** in cui avviene l'azione principale: *Comprerò il libro* ***andando*** (= quando vado) *in centro.*

Il gerundio presente indica un'azione contemporanea a quella della principale e può riferirsi al presente, al passato o al futuro: *Si rilassa* ***correndo*** (= quando corre); *Mi avvertì del pericolo* ***urlando*** (= poiché urlò); *Ti chiamerà* ***arrivando*** *in aeroporto* (= quando arriverà all'aeroporto).

Il gerundio passato indica un'azione precedente a quella della principale: ***Avendo fatto*** *tardi la sera* (prima), *la mattina successiva non si reggeva in piedi* (dopo); ***Essendo caduto*** *dalla scala* (prima), *Enrico ha un piede rotto* (dopo).

PRIMA VERIFICA

14 Indica **se i gerundi sottolineati esprimono causa (c), modo (mo), mezzo (me) o tempo (t).**

Es.: Avendo fatto ginnastica per un'ora, sono molto stanco. ...C...

1. Facendo i compiti ho mangiato molte caramelle. ....
2. Ascoltando i consigli dei tuoi insegnanti non avrai difficoltà agli esami. ....
3. Mi sono addormentato leggendo un libro noioso. ....
4. Mi diverto molto giocando alla play station. ....
5. Essendo andato a letto molto tardi, stamattina ho ancora sonno. ....

15 Scegli la forma corretta del verbo fra le due alternative proposte.

Es.: Domani la lezione **comincerà** / **sarà** cominciata alle 9.00.

1. Ieri il tempo **era stato** / **è stato** molto bello.
2. Da bambino ogni giorno **avevo fatto** / **facevo** merenda a casa dei nonni.
3. Il primo uomo che **ebbe messo** / **mise** il piede sulla luna si chiamava Armstrong.
4. Che bello questo negozio! Non ci **stetti** / **ero stato** mai prima di adesso.
5. Il mio bisnonno paterno **faceva** / **fece** un giro intorno al mondo.
6. Dopo le scuole medie **saremo andati** / **andremo** tutti alle superiori.
7. Quello è il mio compagno Karl, **andiamo** / **eravamo andati** a scuola insieme.
8. Marco, quando **partirai** / **sarai partito** per le vacanze?

16 Scegli la forma corretta del verbo.

Es.: Lo scorso fine settimana **sono andato** / **andavo** in campagna dai nonni.

1. Da bambino mio padre **ha giocato** / **giocava** a pallone tutte le domeniche.
2. Ieri sera **ho telefonato** / **telefonavo** a Silvie.
3. La mia maestra elementare **è stata** / **era** molto simpatica.
4. Mentre **ho guardato** / **guardavo** la tv, il mio gatto **ha dormito** / **dormiva** sulle mie gambe.
5. I miei genitori si **sono sposati** / **sposavano** venti anni fa.
6. **Ho conosciuto** / **conoscevo** Simon due anni fa in piscina.
7. Quando **ho frequentato** / **frequentavo** le elementari **ho portato** / **portavo** la merenda a scuola tutti i giorni.
8. Lo scorso fine settimana a Venezia **ho visitato** / **visitavo** molti musei interessanti.

17 Completa le frasi con i verbi al passato prossimo o al trapassato prossimo.

Es.: Quando siamo arrivati all'arena, il concerto (cominciare) era cominciato già da dieci minuti.

1. Non vengo al cinema con voi perché (vedere) .... il film ieri.
2. In montagna c'erano molti sciatori perché la notte prima (nevicare) .... molto.
3. Il professore ha punito la classe perché tutti (disturbare) .... durante la lezione.
4. Voglio invitare a casa mia i ragazzi che (conoscere) .... ieri al campo di calcetto.
5. La torta gelato non era più in frigorifero, l' (mangiare) .... tutta Luca.
6. Ho telefonato a Selene per raccontarle cosa (succedere) .... in classe.
7. Porto lo scooter dal meccanico perché (rompersi) ....
8. Ieri sera (io, leggere) .... un nuovo romanzo di avventure.

18 Scegli la forma corretta del verbo.

Es.: La polizia ha arrestato i ladri che **ebbero rapinato** / <u>**avevano rapinato**</u> la banca.

1. Quando sono arrivato a casa di Elvira la cena **fu già finita / era già finita.**
2. L'impero romano cominciò a crollare dopo che le popolazioni barbariche l' **invadevano / ebbero invaso.**
3. Dopo che il principe **ha visto / ebbe visto** Cenerentola se ne innamorò.
4. Quando io sono nato, mio fratello **aveva già iniziato / ebbe già iniziato** le scuole medie.
5. Anche se **ebbi lavorato / avevo lavorato** moltissimo ed ero stanco, sono andato a pattinare.
6. Non appena i padroni **furono usciti / sono usciti**, il cane cominciò a piangere dietro la porta.

19 Completa le frasi con il futuro semplice o anteriore per esprimere dubbio.

Es.: Non ho l'orologio, che ore (essere) ...saranno... ?

1. Beatrice ha i pantaloni tutti sporchi, chissà cosa (fare) ....
2. Che bel pacchetto regalo. Cosa (esserci) .... dentro?
3. Marco è arrabbiato, (litigare) .... con il suo amico.
4. Chi ha bevuto il mio latte? (essere) .... Andrea, come sempre!
5. Dove (abitare) .... Birkan? Arriva sempre a lezione in ritardo.
6. Yuna non risponde al telefono, (essere) .... sotto la doccia.
7. La mamma non è ancora arrivata, (perdere) .... l'autobus.
8. Matteo ha una pronuncia inglese perfetta, probabilmente (fare) .... un corso di lingua a Londra.

20 Scegli il verbo al tempo corretto.

Es.: Pensavo che questo libro sia **stato** / <u>**fosse**</u> più interessante.

1. Adoro questo cantante. Penso che **sia / sia stato** il migliore in questo periodo.
2. Gli spaghetti sono buonissimi, nonostante **fossero / siano** un po' troppo salati.
3. Non sapevo che il nostro professore **abbia studiato / avesse studiato** in America.
4. La bici non c'è, è probabile che la **prenda / abbia presa** mia sorella.
5. Suppongo che questi ragazzi **siano / siano stati** i tuoi amici portoghesi.
6. Ero arrabbiato con Julian, volevo che lui mi avesse **chiesto / chiedesse** scusa.
7. Credevo che tu **abitassi / abiti** più vicino alla scuola.
8. Le strade erano asciutte malgrado **piovesse / avesse piovuto** tutta la notte.

21 Scegli la forma corretta del verbo fra le due alternative proposte.

Es.: Ieri **avresti dovuto** / **dovresti** fare gli auguri di compleanno a Deniz.

1. Scusa, **avresti ripetuto** / **ripeteresti** quello che hai detto? Non ho capito bene.
2. L'anno scorso mi **sarebbe piaciuto** / **piacerebbe** andare in montagna con gli amici.
3. Se tu ascoltassi i consigli del tuo insegnante non **avresti** / **avresti avuto** tutti questi problemi con la grammatica.
4. Sono molto stanco, se non vi dispiace **sarei andato** / **andrei** a letto presto stasera.
5. Secondo me **dovresti** / **avresti dovuto** metterti quel vestito rosso per la festa di domani sera.
6. I giornali hanno scritto che alla manifestazione di ieri **parteciperebbero** / **avrebbero partecipato** centomila persone.
7. **Saremmo venuti** / **verremmo** a vederti giocare se non fossimo stati impegnati fino a tardi.
8. **Leggerei** / **avrei letto** volentieri l'ultimo romanzo di Carlos Ruiz Zafón ma in questo periodo sono molto occupato.

22 Trasforma queste frasi al passato.

Es.: Oggi mangerei una pizza margherita. Ieri avrei mangiato una pizza margherita.

1. Stasera andrei al cinema. Ieri sera ....
2. Adesso dovresti salutare l'insegnante. Prima ....
3. Oggi sarebbe meglio prendere l'ombrello. Ieri ....
4. Senza dizionario sarebbe impossibile passare l'esame. Ieri mattina ....
5. Adesso, secondo le ultime notizie, il primo ministro sarebbe a colloquio con i ministri. Prima ....
6. I turisti fotograferebbero tutti i monumenti. Ieri ....

23 Sottolinea i verbi all'imperativo. Attenzione, l'imperativo non c'è in tutte le frasi.

Es.: Non mangiare troppe patatine fritte. Devi invece mangiare molta verdura fresca.

1. Quante lingue parli?
2. Signor Biagi, vada in farmacia e compri queste medicine.
3. Mamma, per favore, non cucinare ancora pasta e fagioli!
4. Signora, parli con suo figlio di questo argomento importante.
5. Mi sembra che questo treno vada a Roma.
6. Quante volte la settimana correte al parco?
7. Cucinare è la mia passione.
8. Bambini, non correte! Non c'è fretta!

24 Completa le frasi con i verbi nell'elenco.

Es.: Bambini, non uscite dal cortile della scuola durante la ricreazione!

accendere accendi lava lavare parlare parlate parli uscite uscire

1. Walter, non .... i piatti con l'acqua fredda, è meglio quella calda!
2. Patrizia, per favore, ... la tv.
3. Dottore, non .... in modo così complicato, non la capisco!
4. Giorgio, prima di apparecchiare, ... il tavolo.
5. Papà, non .... l'aria condizionata, non fa caldo!
6. Ragazzi, siete a Berlino, ... in tedesco!
7. Marcello, non .... Fuori fa molto freddo e piove.
8. Per favore Marius, non .... di calcio, sai che non mi interessa.

25 Sottolinea i verbi all'infinito presente e cerchia quelli al passato.

Es.: Dopo essere usciti di casa abbiamo preso l'autobus.

1. Prima degli esami è meglio andare a letto presto.
2. Credo di avere fatto la cosa giusta.
3. Hai deciso quale lingua studiare oltre all'inglese?
4. Ricordati di chiudere le finestre prima di uscire.
5. Ivan pensa di non avere comprato il regalo giusto per sua madre.
6. Che bella idea fare una gita in collina oggi!
7. Dopo essere stata dal parrucchiere Marilena tornò a casa sotto una forte pioggia.
8. Sono felice di avere conosciuto il mio migliore amico!

26 Completa le frasi con i verbi all'infinito presente o passato.

Es.: (fare) Ieri, dopo aver fatto la spesa, ho cucinato.

1. (pensare) Non so davvero cosa .... di questa brutta situazione.
2. (bere) Non .... l'acqua della fontana, non è potabile.
3. (chiamare) Non ricordo di .... Dalina lo scorso fine settimana.
4. (mangiare) Con questo caldo è bene .... tanta frutta fresca.
5. (essere) Mi sembra di .... molto gentile ieri con il mio nuovo vicino.
6. (ricevere) Dopo .... il suo brutto messaggio, mi sono molto arrabbiato con Anil.
7. (leggere) Mi diverto molto a .... i fumetti umoristici.
8. (riuscire) L'atleta crede di .... a battere il record dello scorso anno.

27 Scrivi **il participio presente di questi verbi.**

Es.: abitare ...abitante...

1. cantare ....
2. brillare ....
3. divertire ....
4. pesare ....
5. interessare ....
6. aiutare ....
7. calmare ....
8. conservare ....
9. invadere ....
10. esigere ....
11. stimolare ....
12. vincere ....

28 Indica **se i participi sottolineati sono usati come aggettivi (a) o nomi (n).**

Es.: Questo libro è molto interessante. ...a...

1. Quella ragazza è la corrispondente da New York per un giornale. ....
2. Il fiume Adda è un affluente del Po. ....
3. Questa squadra vince sempre grazie al suo attaccante straordinario. ....
4. Fra questi due eventi non c'è nessuna relazione apparente. ....
5. Il caffè è una bevanda eccitante. ....
6. In Italia alle prossime elezioni il numero di votanti sarà più elevato. ....
7. Metto sempre sulle mani una crema idratante perché ho la pelle secca. ....
8. Mario non è un mio amico, è solo un conoscente. ....

29 Sostituisci **alle espressioni sottolineate il gerundio presente.**

Es.: Poiché dobbiamo imparare il tedesco, andiamo a fare un corso a Berlino.
...dovendo...

1. Quando torno a casa, mi fermo a casa dei nonni per salutarli. ....
2. Poiché amo la musica pop, vado sempre ai concerti. ....
3. Se compriamo la bici online, risparmiamo molto. ....
4. Grazie allo studio con la mia compagna, ho imparato a usare il computer molto bene. ....
5. Mentre passeggiavo in centro, ho incontrato un cantante famoso. ....
6. Siccome ha paura del temporale, il mio gatto dorme sul mio letto con me. ....
7. Se mangi molta cioccolata, ti sentirai male. ....
8. Chiacchiero in chat con gli amici mentre guardo la tv. ....
9. Poiché è appassionata di balletto, Tea studia danza classica. ....
10. Se ti comporti ancora male in classe, farai arrabbiare i tuoi insegnanti. ....

30 Completa le frasi con i verbi al gerundio passato.

Es.: (vivere) Avendo vissuto molti anni a Parigi, parlo il francese perfettamente.

1. (prendere) Non .... l'ombrello, Hans si è bagnato completamente.
2. (guidare) .... per molte ore, mio padre si è fermato per fare una pausa.
3. (bere) .... una camomilla, ho dormito profondamente.
4. (uscire) .... di casa molto presto stamattina, non ho trovato traffico.
5. (cadere) .... mentre sciava, Biagio ha la gamba ingessata.
6. (incontrare) .... Sandro, gli ho restituito il suo orologio.
7. (arrivare) .... in ritardo, alcuni spettatori non sono potuti entrare a teatro.
8. (lavorare) .... molto, oggi Gloria è molto stanca.

31 Completa le frasi con i verbi all'infinito, al participio o al gerundio (presente e passato).

Es.: Dopo (fare) avere fatto tanto allenamento, sono tornato a casa stanco morto.

1. Per Ludovico (dormire) .... è la cosa più bella della vita.
2. (amare) .... molto la letteratura, compro molti romanzi.
3. (finire) .... il temporale è apparso in cielo l'arcobaleno.
4. Dopo (mangiare) .... la frutta, ho assaggiato un po' di gelato di soia.
5. (essere) .... molto cattivo con Gerardo poco fa, voglio chiedergli scusa.
6. (passare) .... il semaforo, l'automobilista si è fermato per chiedere indicazioni.
7. Sono tornato a casa (passeggiare) .... piacevolmente con Giulia.
8. Dario è stato punito dai suoi genitori per (dire) .... una bugia.

32 Sottolinea e correggi gli errori di modo e di tempo in queste frasi.

Es: Ieri andavo al cinema ma non ho potuto. sarei andato

1. Gli uomini primitivi vivranno nelle caverne. ....
2. Malgrado Gaetano suona molto bene il piano, non fa mai concerti in pubblico. ....
3. Oggi sarebbe proprio una bella giornata: c'è il sole e la temperatura è ideale. ....
4. Ieri i miei genitori furono partiti per gli Stati Uniti per un viaggio di lavoro. ....
5. Scusa Gianni, non ho capito, mi avresti ripetuto quello che hai detto, per favore? ....
6. Dopo finire i compiti siamo tutti andati sul lungomare a mangiare un gelato. ....
7. Quando Irene e Domenico si sono sposati non hanno ancora compiuto venticinque anni. ....
8. Sofia, adesso basta con la chat! Va' subito in camera tua a studiare e non esci fino all'ora di cena! ....

08 Il genere e la forma dei verbi

Il genere del verbo: verbi transitivi e intransitivi

Chiara **legge** un libro.

Un meteorite **cade** sulla Terra.

Il **genere** del verbo indica il modo in cui il soggetto funziona rispetto agli altri elementi della frase. In base al genere, i verbi si suddividono in due gruppi: **transitivi** e **intransitivi.**
Nella frase *Chiara legge un libro*, il verbo è **transitivo**, perché l'azione passa direttamente (transita) sull'oggetto (*un libro*):

Chiara	legge	che cosa?	un libro.
soggetto (compie l'azione)	verbo transitivo (esprime l'azione)		compl. oggetto o compl. diretto (riceve l'azione)

I **verbi** sono **transitivi** quando **l'azione compiuta dal soggetto si trasferisce direttamente**, senza l'aiuto di una preposizione, **su un altro elemento** (persona, animale o cosa), che assume così la funzione di complemento oggetto e che risponde alle domande **chi?** o **che cosa?**

Nella frase *Un meteorite cade sulla Terra*, il verbo è **intransitivo**, perché l'azione compiuta dal soggetto non transita direttamente su un altro elemento della frase:

Un meteorite	cade	dove?	sulla Terra.
soggetto (compie l'azione)	verbo intransitivo (esprime l'azione)		compl. indiretto (luogo in cui avviene l'azione)

I verbi intransitivi **esprimono uno stato o un'azione che si esaurisce in sé o passa su un altro elemento** non direttamente ma **tramite una preposizione**, formando un complemento indiretto.

Molti verbi sono esclusivamente transitivi e altri esclusivamente intransitivi; esiste, però, un gruppo che ha doppia forma, **transitiva** e **intransitiva, e di conseguenza ha doppio significato.**

FUNZIONE TRANSITIVA	FUNZIONE INTRANSITIVA
*L'ufficio postale **ha cambiato** orario di apertura.*	*Il tempo **cambia** rapidamente.*
*Il giocatore **passa** la palla.*	*Le vacanze **passano** rapidamente.*
*Il cameriere **serve** velocemente i tavoli.*	*Il tuo consiglio non mi **è servito** a niente.*

I verbi transitivi formano i **tempi composti** sempre con l'ausiliare *avere* (**ho** *mangiato*, **hanno** *letto*), mentre quelli intransitivi li formano sia con l'ausiliare *avere* (**ha** *sorriso*, **ho** *dormito*), sia con l'ausiliare *essere* (**sono** *partito*, **è** *andato*).

PRIMA VERIFICA

1 Sottolinea **i verbi che possono avere un oggetto diretto.**

entrare	lavare	partire	cucire	scrivere	uscire	andare	prendere
imparare	mettere	cadere	stare	rimanere	dire	ridere	aprire

2 Scrivi **sul tuo quaderno almeno tre oggetti per ogni verbo sottolineato nell'esercizio 1.**

Es.: lavare la macchina, i capelli, i pantaloni

La forma: attiva e passiva

L'insegnante interroga gli alunni.
Gli alunni sono interrogati dall'insegnante.

Un verbo è di **forma attiva quando il soggetto** della frase **compie l'azione:** *L'insegnante* (soggetto) *interroga gli alunni.*

Un verbo è di **forma passiva quando il soggetto subisce l'azione** (*gli alunni* subiscono l'azione di *essere interrogati*), **compiuta dal complemento d'agente** (nel secondo esempio, *l'insegnante*).

Tutti i verbi (transitivi e intransitivi) **hanno la forma attiva; solo i verbi transitivi,** invece, **possono avere la forma passiva.**

La **forma passiva** di un verbo si può ottenere in diversi modi:

- con **l'ausiliare *essere*, in tutti i tempi sia semplici sia composti, seguito dal participio passato del verbo:** *Il mio fratellino **è stato sgridato** dalla mamma*;
- **solo nei tempi semplici con i verbi *venire*, *andare*, *finire*, *rimanere* seguiti dal participio passato del verbo** (*venne arrestato, andrà perduto, finirà rinchiuso, rimase ferito*);
- con il ***si* passivante**, cioè con la particella ***si*** davanti alla 3ª persona (singolare o plurale) del verbo di forma attiva: *Dalla mia terrazza **si vede** il Colosseo.* Il ***si* passivante** si usa spesso, unito alla fine del verbo, negli avvisi commerciali (*Affitta**si** appartamento*).

PRIMA VERIFICA

3 Sottolinea **i verbi alla forma passiva.**

Es.: Quel film è stato girato in poche settimane.

1. L'aereo è atterrato puntuale.
2. Ieri saremmo andati volentieri al luna park.
3. Questo palazzo fu costruito all'inizio del secolo.
4. I genitori degli studenti erano stati chiamati con urgenza dal preside.
5. Ieri è stata una giornata molto faticosa.
6. Siamo stati molto bene in questo villaggio turistico.
7. I vincitori della gara saranno premiati con una medaglia.
8. Il cucciolo era continuamente leccato da mamma gatta.

Da frase attiva a frase passiva

Una frase si può trasformare **da attiva in passiva** quando il verbo è **transitivo** ed è seguito da un complemento oggetto:

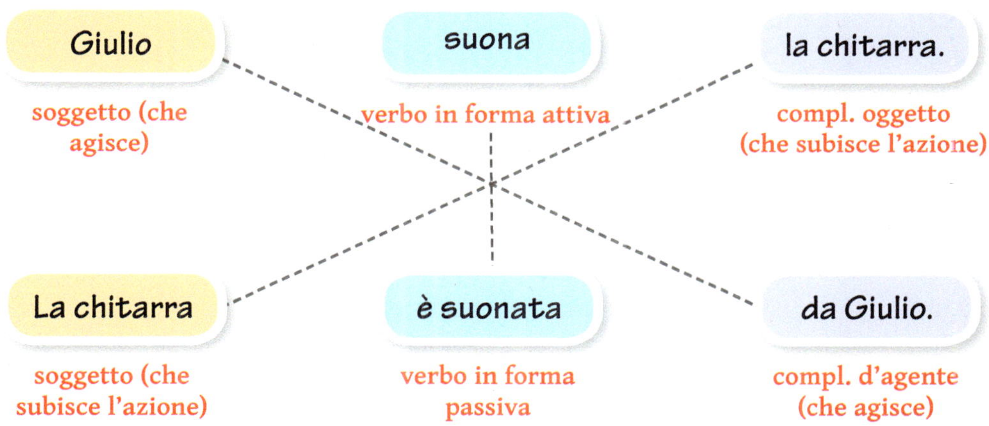

Nella trasformazione:

- il **complemento oggetto** della frase attiva diventa **soggetto** di quella passiva;
- il **verbo** si mette al **passivo**, concordato in genere e numero con il nuovo soggetto;
- il **soggetto** della forma attiva è trasformato in **complemento di agente**, preceduto dalla preposizione **da.**

Naturalmente, è possibile fare anche il contrario, vale a dire trasformare **una frase da passiva in attiva**, applicando all'inverso le regole della trasformazione:

I pasticcini ***sono stati offerti*** *dai ragazzi.* → *I ragazzi* ***hanno offerto*** *i pasticcini.*

Ricorda che:

1. se manca il complemento oggetto nella frase attiva, la trasformazione passiva non può avvenire:
   Luca mangia → non c'è il soggetto della frase passiva;
2. la trasformazione dalla forma attiva a quella passiva è possibile anche quando non è espresso il soggetto:
   Hanno pubblicato il libro → *Il libro è stato pubblicato* (in tal caso manca il complemento d'agente ma la frase ha senso compiuto).

La tabella qui di seguito offre un modello di coniugazione passiva solo per un verbo della 1ª coniugazione, poiché tutte e tre le coniugazioni si comportano allo stesso modo. Data la presenza del verbo essere, **il participio passato concorda in genere e numero con il soggetto**.

Il verbo

MODO INDICATIVO			
Presente	**Passato prossimo**	**Imperfetto**	**Trapassato prossimo**
io sono amato tu sei amato egli è amato noi siamo amati voi siete amati essi sono amati	io sono stato amato tu sei stato amato egli è stato amato noi siamo stati amati voi siete stati amati essi sono stati amati	io ero amato tu eri amato egli era amato noi eravamo amati voi eravate amati essi erano amati	io ero stato amato tu eri stato amato egli era stato amato noi eravamo stati amati voi eravate stati amati essi erano stati amati
Passato remoto	**Trapassato remoto**	**Futuro semplice**	**Futuro anteriore**
io fui amato tu fosti amato egli fu amato noi fummo amati voi foste amati essi furono amati	io fui stato amato tu fosti stato amato egli fu stato amato noi fummo stati amati voi foste stati amati essi furono stati amati	io sarò amato tu sarai amato egli sarà amato noi saremo amati voi sarete amati essi saranno amati	io sarò stato amato tu sarai stato amato egli sarà stato amato noi saremo stati amati voi sarete stati amati essi saranno stati amati

MODO CONGIUNTIVO			
Presente	**Passato**	**Imperfetto**	**Trapassato**
che io sia amato che tu sia amato che egli sia amato che noi siamo amati che voi siate amati che essi siano amati	che io sia stato amato che tu sia stato amato che egli sia stato amato che noi siamo stati amati che voi siate stati amati che essi siano stati amati	che io fossi amato che tu fossi amato che egli fosse amato che noi fossimo amati che voi foste amati che essi fossero amati	che io fossi stato amato che tu fossi stato amato che egli fosse stato amato che noi fossimo stati amati che voi foste stati amati che essi fossero stati amati

MODO CONDIZIONALE		MODO IMPERATIVO	
Presente	**Passato**	**Presente**	
io sarei amato tu saresti amato egli sarebbe amato noi saremmo amati voi sareste amati essi sarebbero amati	io sarei stato amato tu saresti stato amato egli sarebbe stato amato noi saremmo stati amati voi sareste stati amati essi sarebbero stati amati	sii amato (tu) (sia amato egli) (siamo amati noi) siate amati (voi) (siano amati essi)	(non ha tempi composti)

INFINITO	
Presente	**Passato**
essere amato	essere stato amato

PARTICIPIO	
Presente	(non ha tempi composti)
–	
Passato	
amato	

GERUNDIO	
Presente	**Passato**
essendo amato	essendo stato amato

PRIMA VERIFICA

4 Scrivi **il modo e il tempo di questi verbi alla forma passiva.**

Es.: Erano stati chiamati indicativo trapassato prossimo

1. fui colpito ....
2. sarebbero stati spediti ....
3. fosse cucinato ....
4. sarà letto ....
5. era stato comprato ....
6. essendo conosciuto ....
7. sia stato scritto ....
8. sarei visto ....
9. essere fatto ....
10. sarà venduto ....

La forma riflessiva

Martina si lava.

Si lava è una forma riflessiva perché **l'azione compiuta dal soggetto ricade sul soggetto stesso** (*Martina*, soggetto, *si lava* = lava se stessa). La forma riflessiva è possibile solo con i verbi transitivi.

Il verbo nella forma riflessiva è sempre accompagnato dalle particelle pronominali **mi, ti, si, ci, vi.**

Si possono distinguere tre tipi di forme riflessive:

- la forma riflessiva propria, quando **l'azione compiuta dal soggetto *si riflette*, cioè passa direttamente sul soggetto stesso**, che assume così anche la funzione di **complemento oggetto**: *Io **mi lavo*** (= Io lavo *me stesso*); *Tu **ti trucchi*** (= Tu trucchi *te stessa*);
- la forma riflessiva apparente, quando **l'azione si riflette in modo indiretto sul soggetto**, passando su un oggetto diverso dal soggetto: *Laura **si** fece lo shampoo* (= Laura fece lo shampoo *a se stessa*: *si* è complemento di termine, *lo shampoo* è complemento oggetto);
- la forma riflessiva reciproca, quando il verbo, per mezzo delle particelle pronominali, **indica un'azione reciproca tra due o più persone:** *Io e te **ci** salutiamo dopo* (= ci salutiamo tra noi); *Quei ragazzi **si** baciano appassionatamente* (= l'uno bacia l'altra). È come se la frase si sdoppiasse in due frasi (*Io saluto te* e *tu saluti me*), ciascuna delle quali ha per complemento oggetto il soggetto dell'altra.

Il verbo

Nella forma riflessiva le particelle **mi, ti, si, ci, vi** di solito precedono il verbo. Nell'imperativo e nei modi indefiniti, invece, lo seguono, unendosi a esso: *Vesti**ti**!*; *Truccando**si** accuratamente, si preparava a uscire*; *Devi medicar**ti** meglio.*
I verbi riflessivi nei tempi semplici non differiscono dalla forma attiva; nei tempi composti, invece di *avere,* hanno l'ausiliare *essere*, come mostra la seguente tabella:

TEMPI SEMPLICI		TEMPI COMPOSTI	
INDICATIVO			
Presente	io mi lavo, tu ti lavi...	**Pass. pross.**	io mi sono lavato...
Imperfetto	io mi lavavo...	**Trap. pross.**	io mi ero lavato...
Pass. rem.	io mi lavai...	**Trap. rem.**	io mi fui lavato...
Fut. sempl.	io mi laverò...	**Fut. ant.**	io mi sarò lavato...
CONGIUNTIVO			
Presente	che io mi lavi...	**Passato**	che io mi sia lavato...
Imperfetto	che io mi lavassi...	**Trapassato**	che io mi fossi lavato...
CONDIZIONALE			
Presente	io mi laverei...	**Passato**	io mi sarei lavato...
IMPERATIVO			
Presente	làvati, lavatevi		–
PARTICIPIO			
Presente	lavantesi, lavantisi (rari)		–
Passato	lavatosi (lavatomi, lavatoti...)		–
INFINITO			
Presente	lavarsi (lavarmi, lavarti...)	**Passato**	essersi lavato (essermi lavato, esserti lavato...)
GERUNDIO			
Presente	lavandosi (lavandomi, lavandoti...)	**Passato**	essendosi lavato (essendomi lavato, essendoti lavato...)

PRIMA VERIFICA

5 Sottolinea i verbi riflessivi in queste frasi.

Es.: Mimma e Stefano si amano molto.

1. Lea si diverte molto in piscina, per questo ci va spesso.
2. Mi tolgo le scarpe prima di entrare in casa.
3. Domattina mi faccio la doccia e poi ti preparo la colazione.
4. Mi metto l'impermeabile anche se oggi c'è il sole.
5. Dopo pranzo ci dobbiamo lavare accuratamente i denti.
6. Constantin e Malika si incontrano alle cinque al cinema.
7. È tardi, mi preparo ed esco subito.
8. Io e Johanna ci scriviamo tutti i giorni.

Intransitivi pronominali e forma pronominale

Livio si è pentito di aver rotto il vetro. Non vuol parlare con nessuno perché si vergogna molto.

Alcuni verbi come *vergognarsi, rifugiarsi, pentirsi, accorgersi*, pur avendo la particella pronominale, non indicano un'azione che si riflette sul soggetto e, quindi, non hanno alcun valore riflessivo; infatti, non esistono le forme attive *vergognare, rifugiare, pentire, accorgere*. Questi verbi sono intransitivi e si definiscono **verbi pronominali**, perché la particella pronominale fa parte della coniugazione del verbo stesso.
I più usati sono: *vergognarsi, accorgersi, pentirsi, accanirsi, arrabbiarsi, imbattersi, dolersi, ostinarsi, ammalarsi, lagnarsi.* Esistono poi alcuni verbi – come *annoiare, rallegrare, svegliare, dimenticare,*

ricordare, allontanare – che, pur essendo transitivi, hanno anche la forma **intransitiva pronominale**:

Hai svegliato tutti con le tue grida.	**Il cane ha allontanato il gatto.**

i verbi sono usati nella forma transitiva

Ci siamo svegliati tutti.	**Si è allontanato di fretta.**

i verbi sono usati nella forma intransitiva pronominale

Come per i verbi riflessivi, anche i pronominali formano i tempi composti con l'ausiliare *essere*.

PRIMA VERIFICA

6 Sottolinea i verbi pronominali in queste frasi.

Es.: Se non gli farai il regalo di compleanno, Saverio <u>si arrabbierà</u> molto.

1. Pioveva molto, quindi ci siamo rifugiati in una stazione della metropolitana.
2. Se continui a tenere l'aria condizionata così alta, ti ammalerai!
3. Gabriella canta molto bene ma si vergogna a farlo in pubblico.
4. Non ti sei accorto che nell'insalata non c'è il sale?
5. Antonio sta sempre benissimo ma si lagna in continuazione della sua salute.
6. Non vi siete mai pentiti delle scelte che avete fatto?
7. Francesca è molto testarda, si ostina a non seguire i consigli dei suoi amici.
8. Qualche volta a casa mi annoio un po'.

7 Indica quando i verbi sottolineati sono alla forma pronominale (p) e quando alla forma transitiva (t).

Es.: La mattina <u>mi sveglio</u> sempre prima di mia sorella. ....p....

1. Che brutto film! <u>Ci siamo annoiati</u> da morire! ....
2. Non vorrei <u>annoiare</u> i miei amici con le mie chiacchiere senza fine! ....
3. Le vacanze estive <u>si avvicinano</u>, finalmente! ....
4. Nina, per favore, <u>puoi avvicinare</u> la radio? Non sento bene. ....
5. L'insegnante <u>ha allontanato</u> Valerio dalla classe perché disturbava. ....
6. <u>Mi allontano</u> dal termosifone perché fa troppo caldo. ....
7. La notizia della nascita del nipotino <u>rallegrò</u> tutta la famiglia. ....
8. <u>Mi rallegro</u> molto per la tua promozione. ....

Verbi impersonali e forma impersonale

Guarda, nevica! O piove?

I verbi senza soggetto che compie le azioni **si dicono** verbi impersonali e si usano solo alla **3ª persona singolare.**
Sono impersonali:

- i verbi che **indicano fenomeni atmosferici:** *piovere, nevicare, tuonare, lampeggiare, piovigginare, grandinare, albeggiare.* Questi si coniugano nei tempi composti generalmente con l'ausiliare *essere*, con l'ausiliare *avere* invece se è espressa la durata del fenomeno: ***È piovuto** anche ieri; **Ha piovuto** tutto il giorno*;
- sono usati in forma impersonale anche i verbi *accadere, avvenire, sembrare, parere, bisognare, convenire, importare, piacere* e simili: ***Sembra** che il treno sia in ritardo; **Bisogna** pulire bene i vetri.* L'ausiliare usato per questi verbi è *essere*: ***È** accaduto così all'improvviso; **Era** parso a tutti tanto strano.*
- **le forme verbali** con valore impersonale come *è opportuno, è necessario, è conveniente* e quelle come *fa caldo, tira vento, va bene, sta male*;
- **qualunque verbo preceduto dalla particella *si*** alla 3ª persona singolare del verbo: *si sa, si dice, si va* ecc. L'ausiliare è sempre ***essere***: *si è saputo, si è detto* ecc.

Se l'ausiliare del verbo usato alla forma personale è *avere*, il participio passato si lascia invariato: *Si è mangiat**o** bene; Si era dett**o** di tutto.* Se invece è *essere*, si usa sempre al plurale: *Si è andat**i** tutti a teatro.*
I verbi riflessivi alla forma impersonale sono preceduti dalla particella *ci* e il participio passato va al plurale (***Ci** si è agghindat**i** per la sua festa*).

ATTENZIONE!

I diversi valori della particella *si*

La particella pronominale **si**, come abbiamo visto, può svolgere diverse funzioni:
- **passivante**, quando dà valore passivo a un verbo attivo: ***Si** richiede esperienza* (= È richiesta esperienza);
- **impersonale**, quando sottintende un soggetto indefinito: ***Si** dice* (= La gente dice);
- **riflessivo proprio**, quando accompagna un verbo riflessivo: *Ivana **si** pettina* (= pettina se stessa);
- **riflessivo apparente**, quando significa *a sé*: *Lorenzo **si** lava le mani* (= lava le mani a se stesso);
- **riflessivo reciproco**, quando significa *tra loro, l'un l'altro*: *Fiorenza e Pavel **si** salutano* (= salutano l'un l'altro);
- **pronominale**, quando è parte integrante di un verbo intransitivo: *Mio padre **si** arrabbiò molto.*

PRIMA VERIFICA

8 Sottolinea **i verbi impersonali nelle seguenti frasi.**

Es.: Quest'anno ancora non <u>nevica</u> e non possiamo andare a sciare.

1. Sarebbe meglio andare a letto presto stasera, domani partiamo alle 6.00.
2. Quanta polizia! Che cosa è successo?
3. Tuona molto, si sta avvicinando il temporale.
4. Si è saputo poi chi ha fatto lo scherzo al professore?
5. Sembra che il bambino si sia finalmente addormentato.
6. C'è molto traffico, conviene andare in centro in bicicletta.
7. Bisogna sempre riflettere bene prima di rispondere all'interrogazione.
8. Per l'ospedale si va da questa parte.
9. In carrozza! Si parte fra un minuto.
10. È necessario rimandare a domani la riunione.
11. Secondo te sta male sbadigliare in classe?
12. Torniamo a casa, si sta facendo sera.

Verbi servili

Devo mangiare ora.
Posso mangiare ora.
Voglio mangiare ora.

Dovere, *potere* e *volere*, **quando non sono usati in modo autonomo ma sono seguiti da un altro verbo all'infinito,** funzionano come **servili**. Indicano necessità (***Devo** mangiare*), possibilità (***Posso** mangiare*) o volontà (***Voglio** mangiare*). **Formano un unico predicato** con il verbo che accompagnano e ne completano il significato precisando la persona, il modo e il tempo dell'azione.
Nei **tempi composti** i verbi servili prendono generalmente l'ausiliare del verbo che accompagnano (*avrei dovuto mangiare, hanno voluto mangiare*; *è potuto partire, sarebbe voluto partire*). Si usa sempre l'ausiliare *avere* quando il verbo principale è *essere*: ***Ho voluto essere** io ad accompagnarlo.*

PRIMA VERIFICA

9 Indica **se i verbi dovere, volere e potere sono usati come servili (s) o in modo autonomo (a).**

Es.: Marzia vorrebbe riposarsi un po'. ...s...

1. Grazie per l'aiuto, ti devo un favore. ....
2. Vorrei un gelato fragola e limone. ....
3. A causa del mal di gola non sono potuto uscire. ....
4. Dovreste leggere più libri e stare meno in chat. ....
5. Voglio molto bene alla mia mamma! ....
6. Il campione era troppo forte, nulla hanno potuto i suoi avversari. ....
7. Scusi, mi potrebbe dire quale autobus arriva al museo archeologico? ....
8. Per favore prof, posso uscire? ....

Verbi fraseologici

Mentre stavamo passeggiando, Laura ha smesso improvvisamente di parlare e io ho cominciato a sentirmi a disagio.

Le voci verbali *stavamo, ha smesso* (*di*), *ho cominciato* (*a*) aggiungono una sfumatura particolare ai verbi che le seguono (*passeggiando, parlare, sentirmi*), poiché esprimono con maggiore esattezza il modo e il tempo in cui si svolge l'azione.
Questi **verbi uniti a un altro al modo indefinito** (infinito, gerundio o, raramente, participio), spesso **tramite una preposizione** (*ha smesso **di** parlare*), sono detti **fraseologici** e formano una piccola frase per esprimere un **particolare aspetto di un'azione.**
Si distinguono in due gruppi: **verbi aspettuali** e **verbi causativi**.
I verbi **aspettuali** servono a precisare alcuni aspetti dell'azione:

- **imminenza** (*stare per, accingersi a, essere sul punto di, essere in procinto di...*): ***Ero sul punto di** uscire;*
- **inizio** (*cominciare a, iniziare a, mettersi a...*): *Per fortuna si **è messo a** studiare!*
- **svolgimento** (*stare, andare* e *venire* seguiti dal gerundio): ***Sono andata** tutto il pomeriggio in giro cercando una borsa adatta per la festa;*
- **continuità** (*continuare a, insistere a* o *nel, ostinarsi a, seguitare a*): *Yohan **insiste a** voler partire di notte;*
- **conclusione** (*finire di, smettere di, cessare di...*): *Finalmente **ha smesso di** piovere;*
- **tentativo** (*cercare di, tentare di, provare a, sforzarsi di...*): *Mi **sono sforzato di** restare calmo;*
- **subire l'azione** da parte del soggetto, espresso da verbi riflessivi e di forma pronominale (*sentirsi, vedersi, trovarsi, lasciarsi...*) seguiti dall'infinito o dal participio passato: ***Mi sono visto** perso; **Ci siamo sentiti** abbandonati.*

I verbi **causativi**, come *fare* e *lasciare*, con il significato di *permettere, consentire, concedere*, accompagnano l'infinito e indicano un'azione che il soggetto *causa* facendola compiere ad altri o lasciando che altri la compiano: *I miei genitori **mi permettono di** uscire; Luisa **mi fa** fare sempre tardi!*

I verbi fraseologici nei tempi composti si coniugano con il proprio ausiliare: ***Ho cercato** di avvisarti; Non **abbiamo continuato** a vedere la partita.*

PRIMA VERIFICA

10 Sottolinea i verbi fraseologici in queste frasi.

Es.: Lascia fare a me, sono un esperto in queste cose!

1. Marco finalmente si è messo a lavorare seriamente.
2. La baby sitter fa giocare il bambino con le costruzioni.
3. Ha continuato a piovere per tre settimane ininterrottamente.
4. A che ora avete finito di lavorare?
5. Corriamo! Il treno sta per partire.
6. Perché avete smesso di suonare?
7. Hai mai provato ad andare sullo snowboard?
8. Questo mal di testa non mi permette di studiare tranquillamente.
9. Stavo riparando la bici in garage, per questo non ti ho aperto la porta.
10. Quando scrisse questa triste poesia, l'autore non si sentiva più amato da nessuno.

11 Indica se i verbi fraseologici sottolineati sono aspettuali (a) o causativi (c).

Es.: Ho provato a telefonarti molte volte, ma non hai mai riposto. ...a...

1. Mi sono sforzato di capire questa poesia ma secondo me è troppo complicata. ....
2. Che lagna! Vai sempre in giro lamentandoti di tutto e di tutti! ....
3. Mi permetti di dire una cosa? ....
4. Quando cominceremo a frequentare il corso di danza latinoamericana? ....
5. Che nuvole nere! Sta per piovere. ....
6. L'insegnante fa fare una pausa agli studenti. ....
7. Se è antipatico, perché continui a uscire con Gilberto? ....
8. Non mi fate dire brutte cose su Kerem! ....
9. I carabinieri sono arrivati proprio quando i rapinatori stavano uscendo dalla banca. ....
10. Che bello! Per premiarci dei bei voti presi oggi, la professoressa ci ha consentito di fare dieci minuti in più di ricreazione. ....

12 Indica quando i verbi sono transitivi (t) e quando intransitivi (i).

Es.: Il corso di flamenco comincerà lunedì prossimo. ...i...

1. Andrea suona la chitarra tutti i pomeriggi. ....
2. Il telefono sta suonando da dieci minuti. ....
3. L'autobus per piazza Mazzini passa ogni cinque minuti. ....
4. Sicuramente anche quest'anno passeremo le vacanze sul Gargano. ....
5. Che giorno finisce la scuola? ....
6. Perché non finisci l'esercizio? ....
7. Cambierei volentieri la mia macchina. ....
8. In questa stagione il tempo cambia ogni giorno. ....
9. I saldi continuano fino al 30 giugno. ....
10. Sono ore che Michela continua il suo allenamento senza pause. ....

13 Completa le frasi con i verbi ausiliari.

Es.: Il bambino ...ha... disturbato i passeggeri del treno per tutto il viaggio.

1. Sun Yi non .... capito questa parola.
2. Ieri gli studenti .... usciti da scuola un'ora prima.
3. Il vigile .... accompagnato il turista all'ufficio informazioni.
4. (io) .... salito al settimo piano in ascensore.
5. Mia cugina .... partita per l'India una settimana fa.
6. Gabriella .... visitato la mostra di arte moderna.
7. Ieri sera .... arrivato mio cugino dagli Stati Uniti.
8. Mia madre .... conosciuto mio padre all'università.

14 Sottolinea le frasi passive costruite con un ausiliare diverso dal verbo essere.

Es.: Questi documenti verranno consegnati in segreteria.

1. In vacanza tutte le nostre cene finivano con il dolce locale.
2. Siamo rimasti sorpresi dalla vostra richiesta.
3. Sicuramente tutti gli animali del rifugio verranno adottati presto.
4. Oggi il mio compagno di banco è rimasto a casa.
5. La valigia è andata perduta durante il viaggio.
6. Tutti i ladri finirono imprigionati nelle celle della fortezza.
7. Domani finalmente i miei amici verranno a giocare a casa mia.
8. I miei cani andrebbero sempre a correre al parco.

15 Abbina a ogni forma verbale attiva la corrispondente forma passiva.

1. ripete
2. ripeterà
3. ripeteva
4. ripeté
5. aveva ripetuto
6. ha ripetuto
7. avrà ripetuto
8. ripeterebbe
9. avrebbe ripetuto
10. ripeta
11. abbia ripetuto
12. ripetesse
13. avesse ripetuto
14. ripetere
15. avere ripetuto
16. ripetendo
17. avendo ripetuto

a .... era stato ripetuto
b .... sia ripetuto
c .... sarebbe ripetuto
d .... fosse ripetuto
e .... essendo stato ripetuto
f .... essere ripetuto
g .... essendo ripetuto
h ...1... è ripetuto
i .... essere stato ripetuto
l .... fosse stato ripetuto
m .... era ripetuto
n .... è stato ripetuto
o .... sarebbe stato ripetuto
p .... sarà ripetuto
q .... sia stato ripetuto
r .... sarà stato ripetuto
s .... fu ripetuto

16 Riscrivi queste frasi alla forma passiva.

Es.: Il pubblico applaudiva continuamente il cantante.
Il cantante era applaudito continuamente dal pubblico.

1. Molte persone compreranno subito questo libro.
....
2. Il bidello informò tutti gli studenti.
....
3. Lina ha scritto questa bella poesia.
....
4. La polizia aveva trovato i colpevoli del furto.
....
5. Davvero Anna avrebbe cucinato questo risotto?
....
6. Tutte le sere milioni di spettatori guardano questo programma.
....
7. Magari la mia squadra vincesse la coppa!
....
8. Incredibile che il tuo fratellino abbia fatto disegni così belli!
....

17 **Dove è possibile, riscrivi le forme passive sottolineate usando il verbo venire.**

Es.: Queste scarpe sono prodotte solo con materiali sintetici. vengono prodotte

1. Questa ricetta vegana è stata presa da un sito internet. ....
2. Potrete fare ricreazione solo quando saranno stati fatti tutti gli esercizi. ....
3. La vittoria del mondiale di calcio fu festeggiata per tutta la notte. ....
4. In aeroporto gli annunci erano fatti in più lingue. ....
5. Questo quadro del grande pittore Raffaello è considerato da tutti un vero capolavoro. ....
6. La lezione era stata interrotta dalla campanella. ....
7. Nonostante il giardino fosse innaffiato tutti i giorni, il prato era secco. ....
8. Chi ha passato la prova scritta sarà informato tramite email. ....

18 **Indica se i verbi riflessivi sottolineati sono alla forma propria (p) o reciproca (r).**

Es.: Noi ci saluteremo alla stazione. r

1. Voi vi rincorrete in giardino. ....
2. Morgana non si trucca quasi mai. ....
3. Perché dopo la doccia ti asciughi in camera tua e non in bagno? ....
4. La mamma e la nonna si telefonano ogni giorno. ....
5. Le mie amiche si pettinano sempre con cura. ....
6. Io mi iscriverei volentieri a un corso di informatica. ....
7. Devo sempre lavare il cane, il gatto invece si pulisce da solo. ....
8. A Natale in famiglia ci scambiamo i regali sotto l'albero. ....

19 **Completa con un oggetto diretto queste frasi trasformando il riflessivo proprio in apparente.**

Es.: Mara si trucca gli occhi con colori pastello.

1. In estate ci laviamo .... molto spesso.
2. Cinzia si strucca .... ogni sera.
3. In spiaggia se non usi la crema protettiva ti bruci ....
4. Dopo la doccia ti puoi asciugare .... con questo asciugamano.
5. Mi sono tagliato .... usando questo coltello per il pane.
6. Dove vi siete sporcati .... in questo modo?
7. Il gatto si pulisce .... con le sue zampine.
8. Quando il sole è così forte mi riparo .... con un grande cappello.

20 Riscrivi le frasi coniugando i verbi al passato prossimo.

Es.: Il treno si ferma in stazione. Il treno si è fermato in stazione.

1. Veronica e Bruno si sposano il 25 ottobre.
2. Carolina si lava i capelli con lo shampoo alla camomilla.
3. Patrizia e Christoph si abbracciano spesso.
4. Il bambino si veste da solo.
5. Non mi sento molto bene.
6. I miei fratellini si spaventano per il temporale.
7. Mauro e Franz si picchiano in cortile durante la ricreazione.
8. Tu ti curi il raffreddore con le erbe.

21 Indica, fra questi verbi pronominali, quelli che possono avere la forma transitiva.

ribellarsi dimenticarsi ostinarsi fidarsi accorgersi ricordarsi imbattersi adirarsi lagnarsi allontanarsi annoiarsi rallegrarsi vergognarsi lamentarsi pentirsi svegliarsi ammalarsi accanirsi

22 Riscrivi le frasi alla forma impersonale.

Es.: In biblioteca le persone parlano a voce bassa. In biblioteca si parla a voce bassa.

1. Lunedì votiamo per l'elezione del rappresentante di istituto.
2. In estate le persone vanno in vacanza al mare o in montagna.
3. Nei luoghi pubblici non possiamo fumare.
4. A Capodanno le persone brindano con lo spumante.
5. A Milano in estate tutti soffrono per il caldo.
6. Tutti dicono che oggi la professoressa non verrà.
7. Alla mensa dell'università gli studenti non pagano molto.
8. A Venezia le persone si spostano in barca.

23 Indica il valore della particella 'si' nelle seguenti frasi.

A passivante
B impersonale
C riflessivo proprio
D riflessivo apparente
E riflessivo reciproco
F pronominale

Es.: Da che parte si va per la spiaggia? B

1. Il gatto si lecca le zampe. ....
2. In Puglia si mangiano ottime bruschette. ....
3. Mario è molto timido, si vergogna di tutto. ....
4. Federica ha i capelli lunghi, si pettina sempre con cura. ....
5. Lorenzo e Matteo si scambiano gli auguri di Pasqua. ....
6. Quando l'autobus è molto affollato si rimane in piedi. ....

24 Completa le frasi con i verbi servili al passato prossimo.

Es.: Ieri (io, dovere) ho dovuto portare il mio coniglio dal veterinario.

1. Perché Xiao non (volere) .... uscire con noi?
2. Il giardiniere (dovere) .... raccogliere tutte le foglie secche.
3. Ieri sera Miriam (volere) .... andare a letto presto.
4. Purtroppo non (io, potere) .... ancora rispondere alla mail della segretaria.
5. Quanto (tu, dovere) .... studiare per prendere un voto così alto?
6. Manuel non (volere) .... partire con i nonni per il fine settimana.
7. Oggi l'insegnante (dovere) .... essere molto paziente con gli studenti.
8. I passeggeri non (potere) .... salire sul treno perché la porta era bloccata.

25 Indica il significato espresso dai verbi fraseologici in queste frasi.

Es.: Finalmente comincio a parlare un po' l'inglese! B

A azione fatta svolgere da un altro
B azione che comincia
C azione che continua
D azione imminente
E azione che termina
F azione tentata

1. Questo caldo inizia a essere insopportabile! ....
2. Stavo per farmi la doccia quando sono arrivati i miei amici. ....
3. All'improvviso cominciò a piovere e tuonare. ....
4. Mio fratello maggiore non mi permette di usare il suo computer. ....
5. Abbiamo appena finito di scrivere la ricerca di geografia. ....
6. Janet insiste a dire che vuole studiare storia dell'arte. ....
7. Il cane fa innervosire il gatto. ....
8. L'alpinista proverà a salire su quella montagna. ....

IL VERBO

- **è**
  - una parola che esprime
    - azioni, stati, modi di essere
- **si può classificare rispetto a**
  - **CONIUGAZIONE**
    - Ausiliari: essere, avere
    - Regolari:
      - 1ª coniug. arrivare
      - 2ª coniug. ricevere
      - 3ª coniug. dormire
    - Irregolari:
      - 1ª coniug. (andare - vado - andrò)
      - 2ª coniug. (dire - dissi - detto)
      - 3ª coniug. (udire - odo - udrò)
    - Impersonali: tuona - piove - grandina
  - **PERSONE e NUMERI**
    - 1ª: io (singolare), noi (plurale)
    - 2ª: tu (singolare), voi (plurale)
    - 3ª: egli/ella... (singolare), essi/esse (plurale)
  - **GENERE o FUNZIONAMENTO**
    - Transitivi: studiare (studio la storia)
    - Intransitivi: uscire (esco di casa)
  - **FORMA**
    - Personale:
      - attiva: temere
      - passiva: essere temuto
      - riflessiva: lavarsi
      - reciproca: salutarsi
      - pronominale: compiacersi
    - Impersonale: nevica, si dice, è necessario
  - **MODI E TEMPI**
    - MODI FINITI
      - Indicativo
        - **Tempi semplici**
          - pres. parlo
          - imperf. parlavo
          - pass. rem. parlai
          - fut. semp. parlerò
        - **Tempi composti**
          - pass. pross. ho parlato
          - trap. pross. avevo parlato
          - trap. rem. ebbi parlato
          - fut. ant. avrò parlato
      - Congiuntivo
        - **Tempi semplici**
          - pres. parli
          - imperf. parlassi
        - **Tempi composti**
          - pass. abbia parlato
          - trap. avessi parlato
      - Imperativo
        - **Tempi semplici**
          - pres. parla
      - Condizionale
        - **Tempi semplici**
          - pres. parlerei
        - **Tempi composti**
          - pass. avrei parlato
    - MODI INDEFINITI
      - Infinito
        - **Tempi semplici**
          - pres. parlare
        - **Tempi composti**
          - pass. pross. avere parlato
      - Participio
        - **Tempi semplici**
          - pres. parlante,
          - pass. parlato
      - Gerundio
        - **Tempi semplici**
          - pres. parlando
        - **Tempi composti**
          - pass. avendo parlato

09 Gli avverbi

Che cos'è l'avverbio

Jorge sogna spesso di cadere improvvisamente nel vuoto.

L'avverbio è la **parte invariabile del discorso che accompagna una parola** o **un gruppo di parole per precisarne** o **modificarne il significato.**
Analizzando le parole *spesso* e *improvvisamente*, si nota che sono ognuna vicino a un verbo (*sogna* e *cadere*) per aggiungere una determinazione di tempo, la prima, e un'informazione riguardo al modo, la seconda.
L'avverbio accompagna comunemente un verbo ma può anche modificare:
- un **nome**: *La **quasi** totalità degli invitati era presente alla festa*;
- un **aggettivo**: *Sei **molto** generosa*;
- un altro **avverbio**: *Ci siamo alzati **piuttosto** tardi*;
- un'intera **frase**: ***Non** sarà stato tuo figlio il responsabile di questo disastro?*

Le forme dell'avverbio

Gli avverbi sono **invariabili**, cioè non hanno né genere né numero e non concordano con le altre parole della frase. Si dividono in:
- **avverbi primitivi** (o **semplici**), che non derivano da alcuna parola e hanno quindi una forma propria: *subito, sempre, mai, forse, qui, ieri, oggi* ecc.;
- **avverbi composti**, che sono **formati dall'unione di due o più elementi:** *almeno (al + meno), infine (in + fine), soprattutto (sopra + tutto), talora (tal + ora), dappertutto (da + per + tutto);*
- **avverbi derivati**, che hanno origine da **aggettivi qualificativi** con l'aggiunta del suffisso **-mente** (*vero **veramente**; dolce **dolcemente***);
- **avverbi costituiti dalla forma singolare maschile di alcuni aggettivi:** *piano, forte, poco, molto, basso, alto* ecc. Bisogna fare attenzione a non confondere l'aggettivo con l'avverbio, il primo

concorda sempre con il nome che accompagna, mentre il secondo, come abbiamo detto, resta invariabile:
*È un uomo **forte*** (= aggettivo).
*Grida **forte*** (= avverbio).

Ci sono, inoltre, le locuzioni avverbiali **ossia gruppi di parole che hanno valore di avverbio:**
- **preposizione + nome:** *di corsa, in fretta, per fortuna* ecc.;
- **preposizione + aggettivo:** *in basso, in alto, a lungo* ecc.;
- **nome + nome:** *passo passo, via via, nottetempo* ecc.;
- **aggettivo + aggettivo:** *zitto zitto, lento lento, piano piano* ecc.;
- **avverbio + avverbio:** *or ora, quasi quasi, poco dopo* ecc.

Altre locuzioni avverbiali non rientrano in nessuno dei casi sopra elencati e sono: *un tempo, una volta, d'ora in avanti, di bene in meglio, faccia a faccia, a più non posso, di punto in bianco* ecc.

PRIMA VERIFICA

1 Sottolinea **gli avverbi presenti in queste frasi.**

Es.: Oggi abbiamo studiato molto.

1. Sergio ascolta pazientemente Anna.
2. Vedrai che piano piano imparerai a suonare il violino.
3. In questa casa c'è polvere dappertutto.
4. Il nostro postino va di corsa perché ha molte lettere da consegnare.
5. Oggi andremo sicuramente a fare spese.
6. Mio padre legge soprattutto giornali sportivi.
7. Non aspettarmi, arriverò tardi.
8. Purtroppo ho l'influenza e non posso andare in gita.

2 Indica **se gli avverbi sottolineati sono primitivi (p), composti (c) o derivati (d).**

Es.: Perché non sei venuto a scuola ieri? ...p...

1. I miei genitori vorrebbero fare almeno tre settimane di vacanza. ....
2. Abbiamo cercato tanto le chiavi, infine le abbiamo trovate sotto il divano. ....
3. Giuseppe ha stupidamente buttato tutte le foto di quando era piccolino. ....
4. Maria Adelaide e Lorenzo forse si sposeranno l'anno prossimo. ....
5. Dovete andare subito a letto! ....
6. Ho risposto esattamente a tutte le domande del test. ....
7. Quanti invitati sono arrivati finora? ....
8. Starei sempre in spiaggia a prendere il sole. ....

■ Avverbi di modo

Avrei letto volentieri un libro ma i vicini mi hanno disturbato con la musica a un volume incredibilmente alto.

Gli **avverbi di modo** o **maniera** indicano in che modo avviene un'azione (*Avrei letto* ***volentieri***) o aggiungono un elemento qualificativo all'aggettivo o ad altre parole cui si riferiscono (***incredibilmente*** *alto*).

Questi rispondono alle domande: **come?, in che modo?** e hanno le seguenti forme:

- terminano con il suffisso **-mente** aggiunto al femminile singolare dell'aggettivo qualificativo (*lenta* → *lentamente*). Quando l'aggettivo termina con una sillaba in 'r' o 'l', la vocale di collegamento tra l'aggettivo e il suffisso cade: *terribi**l**-mente*, *cele**r**-mente*;
- hanno la stessa forma dell'aggettivo maschile: *chiaro, veloce, lento* ecc.: *L'ha detto* ***chiaro*** (= chiaramente); *Cammina* ***lento*** (= lentamente);
- hanno una forma propria, spesso derivata dal latino: *bene, male, invano, volentieri* ecc. (*Mi sono trovato* ***bene***);
- terminano con il suffisso **-oni** e sono riferiti ad atteggiamenti del corpo: *bocconi, carponi, ruzzoloni, gattoni* ecc. (*Dormiva* ***bocconi*** *sul divano*). Alcuni possono essere preceduti dalla preposizione *a*, diventando così locuzioni avverbiali (*Procedeva* ***a tastoni*** *nel buio*);
- hanno la forma di locuzioni avverbiali: *di scatto, a vanvera, per caso, di corsa, alla svelta, alla meglio* ecc. (*È partito* ***di scatto***).

PRIMA VERIFICA

3 Completa **le frasi con gli avverbi o le locuzioni avverbiali proposte.**

Es.: Fabio era arrabbiato, è uscito sbattendo violentemente la porta.

attentamente – di corsa – di scatto – disordinatamente – felicemente – male – piano – ~~violentemente~~ – volentieri

1. Gilberto e Marilena sono .... sposati da molti anni.
2. Era tardi, sono andato alla fermata dell'autobus ....
3. Per favore, parla ....! Non voglio che gli altri ti sentano.
4. Sonia camminava, poi .... si è girata ed è tornata indietro.
5. Oggi sto ...., non vado a scuola.
6. Mi piace molto la Sardegna, ci torno .... in vacanza ogni anno.
7. Gli studenti hanno ascoltato .... la lezione.
8. I giocattoli dei bambini sono sparsi .... in tutta la loro camera.

Avverbi di luogo

I ragazzi sono arrivati dall'isola fin qui a nuoto: è così lontano!

Gli **avverbi di luogo** indicano il luogo in cui avviene un'azione (*fin qui*) o dove si trova qualcuno o qualcosa (*lontano*). Questi rispondono alla domanda **dove?** e i più comuni sono:

- *qui, qua, quaggiù, quassù*, che indicano un luogo vicino a chi parla;
- *lì, là, laggiù, lassù*, che indicano un luogo lontano da chi parla e da chi ascolta;
- le particelle *ci, vi, ne*: ***Ci** verrò* (= Verrò là); ***Vi** sto bene* (= Sto bene là); ***Ne** torniamo ora* (= Torniamo ora da quel luogo);
- *donde, dove, ove, dovunque, ovunque*: *Chissà **dove** sarà; Lo segue **dovunque**;*
- gli avverbi che indicano genericamente vicinanza, lontananza o, comunque, una determinata posizione, ossia *vicino, lontano, dappertutto, fuori, dentro, sopra, sotto, dietro, presso*: *Abita **vicino**; Va **dappertutto**;*
- le locuzioni avverbiali *di qua, di là, in su, in giù, di sopra, di sotto, per di qua, da vicino, da lontano, nei dintorni, a destra* ecc.: *Si esce **di qua**; È andato **di là**.*

PRIMA VERIFICA

4 **Sottolinea gli avverbi o le locuzioni avverbiali di luogo in queste frasi.**

Es.: Noi abitiamo in quella casa laggiù.

1. Non mi piace il luna park, non ci vado mai.
2. Ho cercato ovunque il libro ma non l'ho trovato.
3. Qui ci sono molti ristoranti indiani.
4. Ha nevicato, vado fuori a giocare.
5. Voglio andare in vacanza dove non sono andato mai.
6. Poiché facevamo troppo rumore, mia sorella è andata di là a studiare.
7. Quel grattacielo è altissimo, da lassù si vede tutta la città.
8. Quella è l'entrata, si esce per di qua.

Avverbi di tempo

Di mattina vado spesso a passeggiare all'aperto.

Gli avverbi di tempo specificano il tempo, il momento, la circostanza in cui avviene un'azione o **si realizza un fatto.** Rispondono alla domanda **quando?** e i più comuni sono: *ora, adesso, ieri, oggi, domani, prima, poi, dopo, allora, già, subito, presto, spesso, sempre, talvolta, infine, mai.* A questi si aggiungono alcuni avverbi con il suffisso **-mente**, come *recentemente, ultimamente, precedentemente, successivamente.* Le locuzioni avverbiali di tempo più frequenti sono: *un giorno, di giorno, di notte, una volta, di quando in quando, tempo fa, di solito, di volta in volta, poco fa, di recente, all'improvviso.*

PRIMA VERIFICA

5 Indica **se le parole sottolineate sono avverbi (a) o locuzioni avverbiali (l).**

Es.: Abbiamo pulito la camera, cucinato, lavato i piatti e <u>infine</u> abbiamo anche stirato. ...a...

1. Non ascolto <u>mai</u> i pettegolezzi. ....
2. <u>Talvolta</u> penso che vorrei andare a vivere su un'isola deserta! ....
3. Ti ho spedito un messaggio <u>poco fa</u>, non l'hai ricevuto? ....
4. Vedrai che <u>un giorno</u> le cose andranno tutte a posto da sole. ....
5. Il mio bisnonno passava le serate a leggere le favole; <u>allora</u> non esisteva la tv. ....
6. Vado <u>spesso</u> al lago a fare sci nautico. ....
7. <u>Recentemente</u> ci sono stati molti furti nel mio quartiere. ....
8. Nel deserto <u>di notte</u> fa molto freddo. ....
9. Teo, vieni <u>subito</u> qui! ....
10. <u>Una volta</u>, quando non esistevano i cellulari, si telefonava dalle cabine. ....

Avverbi di quantità

A Oreste piacerebbe molto viaggiare e vedere quei posti così interessanti di cui parlano i libri tanto dettagliatamente.

Gli avverbi di quantità **esprimono in modo indefinito una quantità** e **possono accompagnare un verbo** (*A Oreste piacerebbe* ***molto***), un aggettivo (***così*** *interessanti*) o un altro avverbio (***tanto*** *dettagliatamente*). Questi rispondono alle domande **quanto? in che misura?** e i più importanti sono: *poco, meno, molto, parecchio, alquanto, altrettanto, così, tanto, troppo, nulla, niente.*
Sono avverbi di quantità anche alcuni avverbi in **-mente,** come *grandemente, minimamente, talmente* ecc., e altri quali *abbastanza, assai, piuttosto, quasi, appena, soltanto, almeno.*
Le locuzioni avverbiali di quantità più comuni sono: *di più, di meno, più o meno, un poco, su per giù, a bizzeffe, all'incirca, press'a poco/pressappoco, per nulla, fin troppo.*

PRIMA VERIFICA

6 Sottolinea **gli avverbi o le locuzioni avverbiali di quantità.**

Es.: Ieri sera non ho mangiato niente.

1. La spiaggia è lunga quasi tre chilometri.
2. Siamo piuttosto soddisfatti del risultato della partita.
3. Oggi non ho studiato abbastanza.
4. Fra me e Silvia ci sono circa venti giorni di differenza.
5. A teatro ci sono più o meno duecento persone.
6. Ho riposato un po', poi sono tornato a fare i compiti.
7. Mila è stata fin troppo gentile a prestarti il suo smartphone!
8. Non sono minimamente interessato a questo argomento.

Avverbi di valutazione (affermazione, negazione, dubbio)

– Giorgio verrà sicuramente alla festa.
– No, in realtà probabilmente non riuscirà ad arrivare in tempo.

Gli avverbi valutativi di affermazione, negazione e dubbio **aggiungono**, a quanto espresso, **una determinazione affermativa** (*Giorgio verrà* ***sicuramente*** *alla festa*), **una determinazione negativa** (***No, non***) oppure **un elemento di dubbio** (***probabilmente*** *non riuscirà...*).
I principali avverbi valutativi sono:

- gli avverbi di **affermazione:** *sì, proprio, certo, appunto, davvero, indubbiamente* ecc.;
- gli avverbi di **negazione:** *no, non, neanche, neppure, nemmeno, mica, punto* ecc.;
- gli avverbi di **dubbio:** *forse, magari, possibilmente, probabilmente, eventualmente* ecc.

Tra le principali locuzioni avverbiali di affermazione ricordiamo: *per l'appunto, senza dubbio, senz'altro, di certo, di sicuro, proprio così*; tra quelle di negazione: *niente affatto, neppure per idea, neanche per sogno*; tra quelle di dubbio: *chissà mai, se mai, quasi quasi*.

PRIMA VERIFICA

7 Indica **se gli avverbi e le locuzioni avverbiali sottolineate esprimono affermazione (a), negazione (n) o dubbio (d).**

Es.: Quella ragazza è sicuramente inglese. ...a...

1. Giada senza dubbio comprerà questo romanzo. ....
2. Sono proprio smemorato! Non ho neanche fatto gli auguri di compleanno a mia sorella. ....
3. Sei davvero un ottimo amico. ....
4. In questo dolce probabilmente c'è la vaniglia. ....
5. Chissà mai perché Rafael si è arrabbiato così con il suo migliore amico? ....
6. Non te lo dico, nemmeno se mi prometti di mantenere il segreto! ....
7. Questo esercizio non è mica tanto facile! ....
8. La matematica è senz'altro la materia più difficile. ....

Altri avverbi

Dove te ne vai?
Perché te ne vai?
Quando te ne vai?

- Gli avverbi interrogativi **servono per formulare una domanda** o **fare una richiesta** attraverso una frase interrogativa diretta. Possono essere: **qualificativi** (***Come*** *ti senti?*); di **luogo** (***Dove*** *stai andando?*); di **tempo** (***Quando*** *arriverà?*); di **quantità** (***Quanto*** *costa?*); di **causa** (***Perché*** *parti?*).
- I più comuni avverbi interrogativi sono: *come?, dove?, donde?, quando?, quanto?, perché?*; una locuzione di uso frequente è *come mai?*
- Quando introducono una domanda indiretta, cioè senza punto interrogativo, e collegano tra loro due frasi, gli avverbi interrogativi svolgono la **funzione di congiunzione**: *Dimmi* ***come*** *hai fatto; Spiegami* ***perché*** *sei arrivato tardi.*
- Gli stessi avverbi possono essere usati come avverbi esclamativi in frasi esclamative: *Guarda* ***dove*** *vai!;* ***Come*** *sei furbo!;* ***Quanto*** *ci fa piacere rivedervi!;* ***Quando*** *si dice la fortuna!*
- Gli avverbi presentativi **si usano per indicare, presentare, annunciare, mostrare qualcuno** o **qualcosa**. In realtà ne esiste soltanto uno, *ecco*, spesso unito alle particelle pronominali *mi, ti, ci, vi, lo, la, le, ne:* ***Ecco*** *che arriva tuo fratello;* ***Eccomi!***

PRIMA VERIFICA

8 Sottolinea gli avverbi interrogativi e cerchia quelli esclamativi.

Es.: Dove andate sabato sera?

1. Perché hai offeso Kevin? Quanto sei stato maleducato!
2. Come ti maschererai a Carnevale?
3. Guarda dove metti i piedi, è pieno di fango qui.
4. Quanto sono felice di avere vinto la gara!
5. Che belli questi pantaloni, quanto li hai pagati?
6. Dimmi perché hai deciso di lasciare il corso di spagnolo!
7. Mi chiedo quando potremo finalmente incontrarci.
8. Perché sei sempre in ritardo? Non immagini quanto sia fastidioso!

I gradi dell'avverbio e le sue alterazioni

Devo pulire velocemente... più velocemente... velocissimamente!

L'avverbio, come l'aggettivo, oltre al grado positivo (*velocemente*) può avere il **grado comparativo** di maggioranza (*più velocemente*), uguaglianza e minoranza e il **grado superlativo** assoluto o quello relativo (*velocissimamente*).
Possono avere il comparativo e il superlativo:

- gli avverbi di **modo** *più / tanto / meno velocemente, velocissimamente*: *il più* o *il meno velocemente*;
- gli avverbi di **luogo** *lontano* e *vicino*: *più lontano, lontanissimo; meno vicino, il meno vicino* ecc.;
- gli avverbi di **tempo** *presto, tardi, spesso*: *più presto, più tardi, spessissimo* ecc.;
- l'avverbio di **dubbio** *probabilmente*: *più probabilmente, assai probabilmente* ecc.

Come gli aggettivi corrispondenti, anche i seguenti avverbi hanno forme particolari di comparativo e di superlativo:

AGGETTIVO	AVVERBIO	COMPARATIVO	SUPERLATIVO
buono	bene	**meglio**	**benissimo** o **ottimamente**
cattivo	male	**peggio**	**malissimo** o **pessimamente**
molto	molto	**più**	**moltissimo**
piccolo	poco	**meno**	**pochissimo** o **minimamente**
grande	grandemente	**maggiormente**	**massimamente** o **sommamente**

Alcuni avverbi o locuzioni avverbiali possono avere **forme alterate** diminutive, vezzeggiative, accrescitive o spregiative come: *bene*, ***benino, benone***; *male*, ***malino, maluccio, malaccio***; *piano*, ***pianino***; *presto*, ***prestino***; *poco*, ***pochino, pochetto, pochettino***; *tardi*, ***tardino, tarduccio***.

PRIMA VERIFICA

9 **Scrivi la forma comparativa e superlativa dei seguenti avverbi.**

AVVERBIO	COMPARATIVO	SUPERLATIVO
Es. tardi	più tardi	tardissimo
1. segretamente		
2. lontano		
3. spesso		
4. facilmente		
5. vicino		
6. piano		
7. presto		
8. forte		
9. attentamente		
10. chiaro		

ESERCIZI DI RIEPILOGO

10 **In queste frasi sottolinea gli avverbi e cerchia le locuzioni avverbiali.**

Es.: La televisione si è spenta improvvisamente.

1. Alla partita c'erano più o meno un centinaio di spettatori.
2. Ti chiamerò senz'altro questa sera.
3. La professoressa ha detto che ho fatto bene la verifica.
4. Marco ha quasi tredici anni.
5. Oggi per caso ho incontrato Giampiero al supermercato.
6. A colazione di solito mangio i cereali.
7. Ho parlato brevemente al telefono con i miei amici in Australia.
8. Senza dubbio Venezia è la città più bella d'Italia.
9. Ho camminato piano perché non avevo fretta.
10. Ho dimenticato a casa l'abbonamento dell'autobus, per fortuna non è salito il controllore.

11 Forma gli avverbi a partire da questi aggettivi.

Es.: intelligente intelligentemente

1. chiaro ......
2. frequente ......
3. allegro ......
4. pauroso ......
5. diretto ......
6. veloce ......
7. silenzioso ......
8. pesante ......
9. noioso ......
10. stanco ......

12 Completa le frasi con un avverbio di modo che ti sembra adatto.

Es.: Vincenzo si veste sempre elegantemente

1. Il professore ha parlato ......
2. Il pubblico ha applaudito ......
3. Passerete l'esame ......
4. Dovete camminare ......
5. La segretaria risponde ......
6. Faccio sport ......
7. Mia madre cucina ......
8. Ho salito le scale ......
9. Nadal gioca a tennis ......
10. Sebastiano dorme ......
11. Ci siamo svegliati ......
12. Il mio papà guida la macchina ......

13 Scegli l'avverbio o la locuzione avverbiale di luogo fra le due alternative proposte.

Es.: Ho cercato i miei occhiali **dappertutto** / **vicino** ma non li ho trovati.

1. Sei troppo **lì** / **lontano**, non ti sento.
2. Sono entrato nella sauna ma **ne** / **ci** sono uscito dopo pochi secondi.
3. Ti dispiace se non vengo con te? Preferisco restare **dietro** / **qui** a riposare.
4. Sono sceso **di sopra** / **di sotto** a fare un po' di spesa.
5. Il castello esternamente sembra curato ma **di là** / **dentro** è in rovina.
6. **Lassù** / **laggiù**, in cima alla montagna, c'è un rifugio alpino.
7. Purtroppo abbiamo parcheggiato molto **là** / **lontano**.
8. Torno **dentro** / **donde** perché ho freddo.
9. Geraldine ha un grande spirito avventuroso, va **vicino** / **dappertutto**.
10. Ho lasciato il mio berretto **presso** / **sopra** il letto.

14 Sottolinea gli avverbi o le locuzioni avverbiali di tempo.

Es.: Purtroppo ultimamente non gioco molto bene a calcetto, sono un po' stanco.

1. Passerò dopo da te perché voglio parlarti personalmente.
2. Sono sicuro che prima o poi riuscirò a vedere il concerto del mio cantante preferito.
3. Perché non vai alla posta? Adesso sicuramente non trovi tanta gente.
4. Tutto era tranquillo ma a un tratto è scattato l'allarme.
5. Ragazzi, dovete consegnare subito i vostri compiti!
6. Alice voleva mangiare la pizza, poi ha cambiato idea ed è andata in paninoteca.
7. Tempo fa ho letto un articolo interessante sullo scrittore che ha vinto il Nobel.
8. Io e Matilde abitiamo vicine, la incontro spesso alla fermata del bus.
9. Bambini, avete già fatto colazione?
10. Che caldo terribile ha fatto ieri!
11. Annamaria di solito legge libri gialli.
12. Poco fa ha chiamato Donatella, voleva parlare con te.

15 Completa le frasi con un avverbio o una locuzione avverbiale di tempo a tua scelta.

Es.: Partiremo per la Turchia. dopodomani

1. .... ho mangiato un gelato di soia.
2. Enrica .... ha fatto i compiti.
3. .... io e i miei amici compriamo un gratta e vinci.
4. .... mi sento in chat con Akiko.
5. Semih e Deniz si sono sposati ....
6. Non faccio .... ginnastica.

16 Forma le locuzioni avverbiali di quantità unendo le due parti che le compongono.

1. per	a. ...... o meno
2. fin	b. ...... bizzeffe
3. di	c. ..1.. niente
4. più	d. ...... incirca
5. su	e. ...... per giù
6. a	f. ...... troppo
7. un	g. ...... più
8. all'	h. ...... po'

17 Indica se gli avverbi o le locuzioni avverbiali sottolineati sono di luogo (l), di modo (m), di tempo (t) o di quantità (q).

Es.: Ho mangiato 80 grammi di pasta, <u>né più né meno</u>. ...q...

1. Non ho letto <u>bene</u>, cosa c'era scritto in quell'annuncio? ....
2. Quando ha cominciato a piovere siamo tornati a casa <u>in fretta e furia</u>. ....
3. Stasera, <u>sul tardi</u>, andiamo a prendere un aperitivo al bar. ....
4. Ero steso sul letto <u>bocconi</u> a leggere un romanzo di Harry Potter. ....
5. Mio fratello è <u>di là</u> a fare i compiti. ....
6. Marilena mangia <u>troppo</u>, i suoi genitori dovrebbero stare attenti a queste cose. ....
7. Non abito molto <u>vicino</u>, non posso venire a scuola a piedi. ....
8. Questa macchina costa <u>all'incirca</u> 15.000 euro. ....
9. Come previsto dal servizio meteorologico, <u>ieri</u> è arrivato il grande caldo. ....
10. Non abbiamo più <u>niente</u> da dirci! ....

18 Completa la tabella scrivendo per ogni verbo un avverbio o una locuzione avverbiale secondo le indicazioni.

	LUOGO	MODO	TEMPO	QUANTITÀ
viaggio	lontano	volentieri	di rado	molto
lavoro				
corro				
mangio				
dormo				
fumo				
gioco				

19 Pensando alla tua giornata, completa le frasi usando anche un avverbio o una locuzione avverbiale di quantità.

Es.: Studio. all'incirca quattro ore

1. Vado in montagna ....
2. Faccio sport ....
3. Guardo la tv ....
4. Chatto con gli amici ....
5. Chiacchiero con i miei genitori ....
6. Ascolto musica ....

20 Sottolinea **gli avverbi e le locuzioni avverbiali di valutazione.**

Es.: Il film a me non è piaciuto ma magari a te piacerà.

1. Tua madre ha senza dubbio ragione quando si lamenta perché mangi troppi dolci.
2. Non siamo affatto convinti di avere fatto bene l'esercizio.
3. Forse dovreste chiedere scusa a Michele per lo scherzo che gli avete fatto.
4. Il regalo che ho preso per Carla sicuramente le piacerà.
5. Il meccanico riparerà il mio scooter possibilmente entro venerdì.
6. Non ci siamo per niente divertiti alla festa.
7. Quasi quasi chiedo alla mamma di comprarmi uno skateboard.
8. Luisa è molto dimagrita, ha fatto di certo una dieta.

21 Inserisci **nella tabella gli avverbi e le locuzioni avverbiali secondo quanto esprimono.**

~~no~~, certo, senz'altro, chissà mai, nemmeno, proprio così, indubbiamente, mica, magari, probabilmente, per l'appunto, senza dubbio, forse, di sicuro, niente affatto, neppure per idea, se mai, quasi quasi, eventualmente, sì, proprio, possibilmente, neanche, appunto, davvero

AFFERMAZIONE	DUBBIO	NEGAZIONE
		no

22 Completa **le domande con l'avverbio interrogativo adatto.**

Es.: Come stai? Bene, grazie.

1. .... torni nel tuo paese? In estate.
2. .... non giochi con noi? Purtroppo non ho tempo.
3. .... costa questa giacca? Trentacinque euro.
4. .... vi siete conosciuti? A scuola.
5. .... ti chiami? Roberto.
6. .... studi il tedesco? Per parlare con il mio amico Klaus.

23 Completa la tabella con le forme opportune.

AGGETTIVO	AVVERBIO	COMPARATIVO	SUPERLATIVO
		maggiormente	
	bene		
cattivo			
			moltissimo
		meno	

24 Completa le frasi con la forma alterata degli avverbi seguendo le indicazioni.

Es.: Oggi sto (molto bene) benone: mi sento davvero in forma.

1. – Come stai?
   – Sto (non troppo bene) ...., grazie.
2. Per favore fa' (abbastanza piano) ....: il bambino dorme.
3. È (un po' tardi) ...., forse è il caso che vada a casa.
4. – Come va?
   – Non (molto male) ...., grazie.
5. – Ho fame, che ne dici se ceniamo?
   – Sono le sei, forse è un po' (abbastanza presto) ....
6. – Mamma, non ho più fame.
   – Questa sera hai mangiato (molto poco) ...., prendi almeno un frutto.

25 Indica se gli avverbi o le locuzioni avverbiali sottolineati in queste frasi sono di modo (m), di luogo (l), di tempo (t), di quantità (q), di valutazione (v) o interrogativi (i).

Es.: Abito in questa città da tanti anni e ci sto proprio bene. l

1. D'ora in avanti farete quello che vi dirà il vostro istruttore. ....
2. Per favore, spiegatemi perché non volete invitare Aljcia a giocare con voi! ....
3. Il vigile mi ha spiegato brevemente la strada per arrivare alla Galleria d'Arte. ....
4. Biagio è proprio testardo, non ascolta mai i consigli degli amici. ....
5. Vieni qui Barbara, devo dirti una cosa importante. ....
6. L'estate scorsa abbiamo ascoltato moltissimo questa canzone. ....
7. Ho incontrato diverse volte Cinzia recentemente. ....
8. Quanto non sopporto i miei vicini quando fanno tutto questo rumore! ....
9. Chissà mai se Oliviero risponderà al telefono questa volta! ....
10. Rachele ha completamente dimenticato il nostro appuntamento. ....

L'AVVERBIO

è

una parte invariabile del discorso che si pone vicino ad altre parti del discorso o a una intera frase per precisarne o modificarne il significato

può essere

DI MODO

Avverbi
male, volentieri, saggiamente, duro, piano, ruzzoloni
Locuzioni avverbiali
di scatto, a menadito, per caso, a tu per tu

DI TEMPO

Avverbi
adesso, poi, oggi, spesso, domani, talvolta
Locuzioni avverbiali
poco fa, d'un tratto, di tanto in tanto, una volta

DI VALUTAZIONE

affermazione

Avverbi
sì, certamente, proprio, davvero
Locuzioni avverbiali
per l'appunto, proprio così

negazione

Avverbi
no, non, neppure, neanche
Locuzioni avverbiali
niente affatto, neanche per idea

dubbio

Avverbi
forse, quasi, probabilmente
Locuzioni avverbiali
chissà mai, se mai

DI LUOGO

Avverbi
qui, là, sopra, sotto, lassù, dovunque
Locuzioni avverbiali
di qua, di là, a destra, di sopra, lì dentro, nei dintorni

DI QUANTITÀ

Avverbi
poco, molto, troppo, abbastanza, niente, parecchio
Locuzioni avverbiali
di più, di meno, fin troppo, pressappoco, a bizzeffe, all'incirca

INTERROGATIVO

Avverbi
come?, dove?, quando?, quanto?, perché?
Locuzioni avverbiali
come mai?

PRESENTATIVO

Avverbi
ecco
Locuzioni avverbiali
–

10 Le preposizioni

La funzione delle preposizioni

Spesso Martina va in montagna con la sua compagna di banco, per stare a contatto con la natura e respirare aria buona.

Se si eliminano dal testo le parole *in, con, di, per, a* si ha una serie di vocaboli non collegati tra loro in maniera logica e quindi senza significato: *Spesso Martina va montagna la sua compagna di banco, stare contatto la natura e respirare aria buona.* Quelle piccole parole, dette **preposizioni, si trovano davanti a nomi, aggettivi, pronomi, avverbi** e **verbi all'infinito** e sono indispensabili perché legano tra loro le varie parti del testo.
Le preposizioni sono molto importanti perché permettono di formare tutti i complementi indiretti e servono, inoltre, a introdurre le **frasi subordinate**, cioè quelle che dipendono da una frase principale.

Mi riprometto	di	fare più sport.
Siamo usciti	per	andare al cinema.
Continuerà	a	studiare a Bologna.

I vari tipi di preposizioni

L'arbitro di gara, di fronte a una situazione di conflitto, è intervenuto senza esitazioni e con la sua solita fermezza.

Di, di fronte a, senza, con la sono preposizioni e uniscono tra loro le varie parti della frase. Esistono tre diversi tipi di preposizioni: **proprie** (*di, con la*), **improprie** (*senza*), e **locuzioni prepositive** (*di fronte a*).

Preposizioni proprie

Le preposizioni proprie si dividono in:

- **preposizioni semplici** (*di, a, da, in, con, su, per, tra, fra*), che sono **parti invariabili** del discorso: *Penso* ***a*** *te; Venite* ***da*** *Salerno?; Torno* ***tra*** *cinque minuti;*
- **preposizioni articolate**, che nascono dall'**unione di una preposizione semplice**, tranne *per* e *fra/tra*, **con le varie forme dell'articolo determinativo** e si accordano in genere e numero con le parole cui si riferiscono, come mostra la tabella.

	+ il	+ lo	+ l'	+ la	+ i	+ gli	+ le
di	del	dello	dell'	della	dei	degli	delle
a	al	allo	all'	alla	ai	agli	alle
da	dal	dallo	dall'	dalla	dai	dagli	dalle
in	nel	nello	nell'	nella	nei	negli	nelle
con	col	–	–	–	coi	–	–
su	sul	sullo	sull'	sulla	sui	sugli	sulle

È importante ricordare che:
- la preposizione **di** si apostrofa davanti a vocale: *voglia* ***d'****estate, foglie* ***d'****autunno;*
- la preposizione **da** non si apostrofa mai, eccetto nelle locuzioni *d'altronde, d'altra parte, d'ora in avanti/poi;*

– non bisogna confondere le preposizioni articolate formate da **di** e le forme dell'articolo partitivo: *la gatta* ***della*** *vicina, le fotografie* ***dei*** *miei genitori* (*della / dei* = preposizioni articolate); *In frigo c'è* ***del*** *latte; Sono* ***dei*** *bravi ragazzi* (*del / dei* = articoli partitivi);
– **tra** e **fra** si usano indistintamente; si preferisce usare 'tra' davanti a parole che iniziano con 'f' e 'fra' davanti a parole che iniziano con 't': ***tra*** *francesi,* ***fra*** *traditori*;
– davanti ai titoli di un'opera letteraria, di un giornale ecc. di solito la preposizione rimane separata dall'articolo: *È citato* ***su*** "Il Messaggero"; *È tratto* ***da*** "La montagna incantata".

PRIMA VERIFICA

1 Sottolinea le preposizioni semplici e cerchia quelle articolate.

Es.: Ho lasciato lo zaino (nella) macchina di mio padre.

1. Vado spesso in montagna coi miei cugini.
2. I genitori di Cristina hanno scritto una mail alla preside.
3. Mi sono alzata alle sei per prendere il treno.
4. Sul mio letto ci sono i pantaloni di mio fratello.
5. Loris è andato al cinema con sua figlia Vittoria.
6. Nei negozi in centro ci sono i saldi.
7. John viene dagli Stati Uniti, da Boston.
8. Il libro dello studente filippino è sulla cattedra.

2 Sottolinea le preposizioni articolate e poi scrivi come sono composte.

Es.: Lo zaino è sulla sedia rossa. ......su + la......

1. Gli studenti della mia classe sono simpatici. ....
2. Oggi allo stadio c'è un concerto importante. ....
3. Hai scritto agli amici irlandesi? ....
4. Passo le vacanze dagli zii. ....
5. Nella mia borsa ci sono molte caramelle. ....
6. Gioco sempre coi miei gatti. ....
7. Nicola è salito sull'albero. ....
8. Ho comprato queste scarpe al mercato. ....

Preposizioni improprie

Le preposizioni improprie sono **invariabili** e **sono altre parti del discorso che svolgono la funzione di preposizione**, come:

- **avverbi:** *dentro, fuori, sopra, sotto, avanti, dietro, prima, dopo, contro, oltre, presso, senza: L'abito è* ***dentro*** *l'armadio; Bruno è* ***sotto*** *casa di Nadia;*

- **aggettivi:** *vicino, lontano, lungo, secondo, salvo:* ***Secondo*** *me stai sbagliando; Ci fermeremo* ***lungo*** *la strada;*
- **verbi**, in forma di participio presente o passato, che hanno perso il loro valore verbale: *nonostante, durante, mediante, eccetto, escluso:* ***Nonostante*** *la pioggia, sono uscito; Il medico è sempre disponibile,* ***eccetto*** *i giorni festivi.*

Le preposizioni improprie sono spesso accompagnate da preposizioni semplici o articolate e, per evitare di sbagliare nella scelta di queste ultime, ecco un elenco delle forme più corrette:

contro	la parete tutti di noi natura	**dentro**	casa all'animo di me il cassetto	**fuori**	città di casa di sé dai piedi
dopo	cena il film di voi	**davanti**	a casa a te all'ingresso	**dietro**	la porta alla porta di te
oltre	oceano il mare a me	**vicino**	a casa a te a Torino	**sotto**	il tavolo alla porta di voi

PRIMA VERIFICA

3 Sottolinea **le preposizioni improprie.**

Es.: Ho sbattuto il braccio contro il muro e adesso mi fa male.

1. Ho messo lo zaino sotto il banco.
2. Durante la ricreazione abbiamo giocato a pallavolo.
3. Dopo il primo tempo del film molti spettatori sono usciti dal cinema.
4. Davanti a casa mia c'è una fermata dell'autobus.
5. Oltre quelle colline c'è il mare.
6. Andrea abita molto lontano dalla scuola.
7. Abbiamo fatto una passeggiata lungo la spiaggia.
8. La gara si svolgerà regolarmente nonostante la pioggia.

4 Completa le frasi scrivendo la preposizione che completa quella impropria.

Es.: L'autobus si ferma proprio davanti ...alla... scuola.

1. Ho incontrato Roberto vicino .... gelateria.
2. Ero in fila in biglietteria dietro .... te.
3. Oltre .... me, si sono iscritte al corso di tedesco solo due persone.
4. Gustavo era fuori .... sé dalla rabbia.
5. Per l'esame orale quante persone ci sono ancora dopo .... te?
6. La seconda B ha giocato a calcetto contro .... noi e ha perso.

Locuzioni prepositive

Le locuzioni prepositive sono espressioni formate **da gruppi di due o più parole che svolgono la funzione di preposizione** e **sono sempre seguite da un nome o da un verbo all'infinito:** *invece di, vicino a, lontano da, al di fuori di, al di là di, per mezzo di, in compagnia di, in presenza di, a causa di, di fronte a, allo scopo di, a favore di* ecc.
Generalmente sono locuzioni avverbiali accompagnate da una preposizione propria, semplice o articolata:

Locuzioni avverbiali	Locuzioni prepositive
Non mettermi sempre ***in mezzo.***	*L'ho perso* ***in mezzo alla*** *folla.*
Ti prego di restare ***di là.***	*Non andare* ***al di là di*** *quel cancello!*
Vado un momento ***di fronte.***	*Non resisto* ***di fronte al*** *gelato.*

PRIMA VERIFICA

5 Indica se le locuzioni sottolineate sono avverbiali (a) o prepositive (p).

Es.: Che impiccione Maurizio! Quando due persone discutono, si mette sempre <u>in mezzo</u>. ...a...

1. <u>Di fronte a</u> queste due alternative non so quale scegliere. ....
2. <u>Intorno alla</u> nostra scuola c'è un muro molto alto. ....
3. Devi ripetere <u>in presenza dei</u> tuoi genitori quello che mi hai raccontato! ....
4. I ragazzi non cenano con noi, restano <u>di là</u> a guardare la tv. ....
5. Questa è la cartoleria di mia madre e <u>di fronte</u> c'è il bar di mio zio. ....
6. <u>A causa del</u> nostro comportamento, l'insegnante si è molto innervosito. ....
7. Io amo molto il calcio; mio fratello, <u>al contrario</u>, lo detesta. ....
8. <u>A causa del</u> freddo improvviso, molti studenti si sono ammalati e sono rimasti a casa. ....

6 Scegli **la locuzione prepositiva corretta fra le due alternative proposte.**

Es.: Siete mai andati a camminare **al di là / al di fuori** del fiume?

1. Abbiamo vinto la partita **a causa di / grazie a** te.
2. **Per mezzo di / allo scopo di** questa piccola videocamera, possiamo tenere tutto sotto controllo.
3. Mi hanno deluso tutti, **per merito di / all'infuori di** te.
4. Mi piace passare il tempo libero **in compagnia di / in relazione a** amici.
5. **Di fronte al / riguardo al** problema di cui mi hai parlato, credo di avere la soluzione.
6. **Invece di / al contrario di** voi, io sono sempre sincero!

Il significato delle preposizioni

Le **preposizioni improprie hanno un significato ben preciso** e servono a formare un numero ristretto di complementi. *Durante*, ad esempio, esprime unicamente una relazione di tempo (***Durante** l'attesa ho letto un libro*); *prima* e *dopo* esprimono soltanto relazioni di tempo e di luogo (*Partiremo **dopo** pranzo; Il cinema è **dopo** l'ufficio postale*).
Le **preposizioni proprie**, invece, **hanno un significato generico e sono polivalenti** ossia ognuna può introdurre complementi di vario tipo: *Il motorino **di** Andrea* (possesso); *La coperta **di** lana* (materia); *È migliore **di** te* (paragone) e così via.
Ugualmente, preposizioni differenti possono invece introdurre uno stesso complemento: ***D'**estate fa caldo* o ***In** estate fa caldo* (= tempo); *Partirò **in** treno* o *Partirò **con** il treno* (= mezzo).
Ecco le principali relazioni che le preposizioni proprie possono esprimere:

- **Di**: specificazione (*Prendi il motorino **di** tuo fratello*); tempo (***Di** notte dormo male*); materia (*È una sciarpa **di** seta*); qualità (*È una ragazza **di** grande intelligenza*); modo (*È arrivata **di** corsa*); età (*È un uomo **di** trent'anni*); argomento (*Parlami **di** te*).
- **A**: termine (*Dallo **a** Sara*); stato in luogo (*Resto **a** scuola*); moto a luogo (*Vado **a** Milano*); tempo determinato (*Parte **a** mezzogiorno*); modo (*L'ha detto **ad** alta voce*); causa (***A** quelle parole si spaventò*); età (*Si è laureato **a** trent'anni*).
- **Da**: moto da luogo (*Torno **da** Pisa*); moto per luogo (*Passa **dal** cortile*); moto a luogo verso persone (*Vado adesso **dal** dentista*); agente (*È ammirata **da** tutti*); fine (*Campo **da** tennis*); causa (*Sudo **dal** caldo*); modo (*Si sono comportati **da** vigliacchi*); qualità (*È una cagnetta **dallo** sguardo dolce*); tempo (*Conosco Filippo **da** anni*).
- **In**: stato in luogo (*Vive **in** America*); moto a luogo (*È andato **in** cantina*); tempo determinato (*Partiremo **in** primavera*); modo (*Vive **in** povertà*); mezzo (*Viaggerò **in** auto*); fine (*L'ho avuto **in** dono*).

- **Con**: compagnia (*Esco* ***con*** *te*); mezzo (*Lega i capelli* ***con*** *un nastro*); modo (*Parla* ***con*** *dolcezza*); relazione (*Ho un debito* ***con*** *voi*).
- **Su**: stato in luogo (*Dormo* ***sul*** *divano*); moto a luogo (*È salito* ***su*** *una sedia*); tempo (*È arrivata* ***sul*** *tardi*); argomento (*Ho letto un libro* ***sui*** *dinosauri*).
- **Per**: moto per luogo (*Passerò* ***per*** *il bosco*); moto a luogo (*Partono* ***per*** *la Svezia*); tempo continuato (*Hanno giocato* ***per*** *ore*); fine (*Lo hanno fatto* ***per*** *soldi*); causa (*Quello studente è stato premiato* ***per*** *la sua poesia sulla primavera*).
- **Tra / Fra**: stato in luogo (*È nascosto* ***tra*** *la folla*); tempo determinato (*Sarò pronta* ***fra*** *un quarto d'ora*); modo (*Pensò* ***tra*** *sé e sé*).

PRIMA VERIFICA

7 Indica **se le preposizioni sottolineate esprimono relazione di modo (m), tempo (t), stato in luogo (sl), moto a luogo (ml) o mezzo (me).**

Es.: Siamo partiti <u>per</u> il deserto prima dell'alba. ml

1. Ho pulito il bagno <u>con</u> l'alcool. ....
2. L'insegnante spiega sempre <u>con</u> molta chiarezza. ....
3. A che ora andate <u>in</u> palestra? ....
4. Finalmente siamo <u>sulla</u> spiaggia più bella d'Italia! ....
5. <u>Con</u> queste pastiglie il mal di testa passa in un attimo. ....
6. Ieri ci siamo svegliati <u>alle</u> dieci e mezza. ....
7. Ho sempre caldo, anche <u>d'</u>inverno. ....
8. Oggi <u>in</u> classe eravamo tutti presenti. ....
9. Se sei così stanco perché non vai <u>a</u> letto? ....
10. Ho detto <u>con</u> molta sincerità a Bobo cosa penso di lui. ....

8 Scrivi **cosa esprime la preposizione 'di (+ articolo)' in queste frasi.**

Es.: Ho comprato una giacca di velluto. materia

1. Oggi in classe abbiamo parlato a lungo del razzismo. ....
2. Ho preso per errore il libro di Silvana. ....
3. Mario è un bambino di tre anni ma già riesce a leggere qualche parola. ....
4. Sebastiano è un violinista di grande talento. ....
5. Quando piove metto sempre gli stivali di gomma. ....
6. Hans non si riposa mai, va sempre di fretta. ....
7. I sette gatti di Sergio vivono in un grande giardino. ....
8. Di mattina ho sempre molta energia. ....

9 Completa la tabella con le preposizione articolate.

	il	lo	l'	la	i	gli	le
di	del						
a							
da							
in							
con							
su							

10 Scegli la preposizione corretta fra le due alternative proposte.

Es.: La biblioteca **del** / **di** mio quartiere è molto grande.

1. **D'** / **Di** estate andiamo sempre in vacanza al mare.
2. Questo brano è tratto **dai** / **da** *I promessi sposi*.
3. **Fra** /**tra** tre ore parto per la Sardegna.
4. Chi pensa **a** / **all'** organizzare la cena di classe?
5. Vado **d'** / **da** Angelo a studiare.
6. **D'** / **di** ora in poi cucinerò sempre io!

11 Indica se le preposizioni sottolineate sono proprie (p), improprie (i) o locuzioni prepositive (lp).

Es.: La penna è dentro l'astuccio. ...i...

1. L'incendio è scoppiato a causa di una sigaretta. ....
2. Ti aspetto sotto casa tua alle cinque. ....
3. Ai giardini ci sono sempre molti bambini che giocano. ....
4. Cosa hai messo in questo sugo buonissimo? ....
5. Abbiamo fatto una sosta lungo la strada. ....
6. Non hai visto Luciano? Era proprio davanti a te! ....
7. Abitiamo a Siena da diversi anni. ....
8. Il pianista ha suonato di fronte a un pubblico d'eccezione. ....

12 Completa le frasi con le preposizioni semplici.

Es.: Beatrice si è trasferita ...in... Francia

1. .... Parigi
2. .... lavoro
3. .... un anno
4. .... il suo gatto

Lo scooter di Matteo si è bloccato

a. .... campagna
b. .... un cavalcavia
c. .... dieci minuti
d. .... il freddo

13 Completa le frasi con i complementi secondo le indicazioni.

Es.: Luana studia (compagnia) con la sua amica.

Alessandro pranza

1. (tempo determinato) ....
2. (stato in luogo) ....
3. (modo) ....
4. (compagnia) ....

Abbiamo discusso

5. (argomento) ....
6. (tempo continuato) ....
7. (fine) ....
8. (modo) ....

14 Sottolinea tutte le preposizioni e le locuzioni prepositive presenti in questo testo. Dopo inseriscile nelle righe corrispondenti.

Storia di una ladra di libri

È il 1939 nella Germania nazista: tutto il Paese è col fiato sospeso. La Morte non ha mai avuto tanto da fare, ed è solo l'inizio. Il giorno del funerale del suo fratellino, Liesel Meminger raccoglie un libretto seminascosto nella neve, qualcosa di sconosciuto e confortante al tempo stesso, perso da uno dei custodi del minuscolo cimitero durante l'interramento. Liesel non ci pensa due volte, le pare un segno, un ricordo per un futuro lontano da casa: lo ruba e lo porta con sé. Così comincia la storia di una piccola ladra, la storia d'amore di Liesel con i libri e con le parole, che per lei diventano un talismano contro l'orrore che la circonda. Grazie al padre adottivo impara a leggere e ben presto si fa più esperta e coraggiosa: prima strappa i libri ai roghi nazisti perché "ai tedeschi piaceva bruciare cose. Negozi, sinagoghe, case e libri", poi li sottrae dalla biblioteca della moglie del sindaco, e interviene tutte le volte che ce n'è uno in pericolo. Lei li salva, come farebbe con qualsiasi creatura. Ma i tempi si fanno sempre più difficili. Quando la famiglia adottiva di Liesel nasconde un ebreo in cantina, il mondo della ragazzina all'improvviso diventa più piccolo. E, al contempo, più vasto.

preposizioni semplici: ....

....

preposizioni articolate: ....

....

preposizioni improprie: ....

locuzioni prepositive: ....

LE PREPOSIZIONI – legano – le varie parti del testo

- **LOCUZIONI PREPOSITIVE**
  invece di, vicino a, lontano da, al di fuori di, a causa di, ecc.

- **PROPRIE**
  - **SEMPLICI**
    - di: specificazione, tempo, materia, qualità, modo, età, argomento
    - a: termine, stato in luogo, moto a luogo, tempo determinato, modo, causa, età
    - da: moto da luogo, moto per luogo, moto a luogo (persone), agente, fine, causa, modo, qualità, tempo
    - in: stato in luogo, moto a luogo, modo, mezzo, fine
    - su: compagnia, mezzo, modo, relazione
    - per: moto per luogo, tempo continuato, fine, causa
    - tra/fra: stato in luogo, tempo determinato, modo
  - **ARTICOLATE**
    del, dello, della, dell', dei, degli, delle
    al, allo, alla, all', ai, agli, alle
    dal, dallo, dalla, dall', dai, dagli, dalle
    nel, nello, nella, nell', nei, negli, nelle
    coi, col,
    sul, sullo, sulla, sull', sui, sugli, sulle

- **IMPROPRIE**
  Avverbi: dentro, fuori, sopra, sotto, avanti, dietro, prima ecc.
  Aggettivi: vicino, lontano, lungo, secondo, salvo ecc.
  Verbi: nonostante, durante, mediante, eccetto, escluso ecc.

11 Le congiunzioni

Le congiunzioni: forma

Paola e Martina sono partite per un lungo viaggio perché amano visitare nuovi posti.

E e *perché* sono **congiunzioni** e servono per collegare due parole o due frasi.
Le **congiunzioni** sono parti invariabili del discorso e si distinguono in:

- **semplici**, se formate da una sola parola: *e, o, ma, se, che, anche, né, come, dunque* ecc.;
- **composte**, se formate da due o più parole unite insieme: *perché* (per + che), *poiché* (poi + che), *eppure* (e + pure), *perciò* (per + ciò), *neanche* (né + anche), *nondimeno* (non + di + meno), *affinché* (al + fin + che);
- **locuzioni congiuntive**, se formate da due o più parole in cui è presente sempre una congiunzione: *visto che, anche se, di modo che, non appena (che), nel momento in cui, ogni qualvolta.*

PRIMA VERIFICA

1 **Sottolinea le congiunzioni e dopo indica se sono semplici (s), composte (c) o locuzioni (l).**

Es.: C'è il sole eppure fa freddo. ....c....

1. Stasera guardo il film in tv, anche se ho molto sonno. ....
2. Mangiate le lasagne o preferite gli spaghetti? ....
3. Ieri ho studiato molto, perciò ho preso un bel voto in geometria. ....
4. Faremo una passeggiata in spiaggia, se il tempo sarà bello. ....
5. Chiamerò Camilla non appena sarò tornato a casa. ....
6. Vorrei andare al cinema ma non ho tempo. ....

7. Vado al supermercato perché devo fare la spesa. ....
8. Il mio cane viene da me ogni qualvolta lo chiamo. ....
9. Non gioco a pallavolo, neanche a tennis. ....
10. Laura e Lorena sono le sorelle di Sergio. ....

Le congiunzioni: funzione

Rispetto alla **funzione** che svolgono nel discorso, le congiunzioni si dividono in **coordinanti** e **subordinanti**.

È quasi ora di uscire. Non riesco a decidere tra l'abito blu e l'abito verde. Quale mi metto?

Non riesco a decidere tra	l'abito blu	e	l'abito verde.
	nome	**congiunzione coordinante**	**nome**

In questa frase la congiunzione **e** collega **due nomi**. Le congiunzioni coordinanti collegano, dunque, due elementi che sono sullo stesso livello e che hanno lo stesso valore.

Siamo arrivati a casa quando ormai il temporale era finito.

Siamo arrivati a casa	quando	ormai il temporale era finito.
proposizione principale o reggente	**congiunzione subordinante**	**proposizione dipendente o subordinata**

In questa frase la congiunzione **quando** collega due frasi. Le congiunzioni subordinanti collegano, dunque, due elementi che non si trovano sullo stesso piano: uno è più importante ed è la frase principale; l'altro, introdotto dalla congiunzione, è la frase dipendente che spiega o completa la frase principale. Le congiunzioni subordinanti non collegano mai parole nella stessa frase.

Congiunzioni coordinanti

Le **congiunzioni coordinanti** uniscono due elementi di una stessa frase (*Non riesco a decidere tra l'abito blu* **e** *l'abito verde*) oppure due frasi indipendenti l'una dall'altra (*Vorrei dormire* **ma** *devo lavorare*).
In base al significato che esprimono, le congiunzioni coordinanti si distinguono in:

- **copulative**, collegano due elementi della stessa importanza (*e*, *anche*, *inoltre*, *pure*, *né*, *neppure*, *nemmeno*, *neanche*): *Non so ballare il tango* ***e nemmeno*** *il valzer.*
- **disgiuntive**, collegano due elementi o concetti, uno in alternativa dell'altro (*o*, *ovvero*, *oppure*, *ossia*, *altrimenti*): *Andiamo al cinema* ***oppure*** *a teatro?*;
- **avversative**, contrappongono tra loro due elementi (*ma*, *però*, *tuttavia*, *eppure*, *nondimeno*, *invece*, *anzi*, *bensì*, *al contrario*, *del resto*, *piuttosto*): *Volevo andare in bagno* ***ma*** *era occupato*;
- **dichiarative**, spiegano un'idea o un avvenimento (*cioè*, *infatti*, *difatti*, *ossia*, *ovvero*, *vale a dire*, *in effetti*, *invero*): *Clara è mia cognata* ***ovvero*** *la moglie di mio fratello*;
- **conclusive**, concludono quanto è stato detto (*perciò*, *ebbene*, *quindi*, *dunque*, *pertanto*, *insomma*, *allora*): *Era stanco,* ***perciò*** *è andato subito a letto*;
- **correlative**, mettono in relazione due o più elementi (*né... né*, *e... e*, *sia... sia*, *o... o*, *così... come*, *tanto... quanto*, *non solo... ma* [anche], *sia che... sia che*): *Non vuole* ***né*** *il tè* ***né*** *il caffè.*

PRIMA VERIFICA

2 Sottolinea **le congiunzioni coordinanti in queste frasi.**

Es.: Non parlo lo spagnolo <u>ma</u> lo capisco un po'.

1. Mirimì e Marachella sono due gatte molto vivaci.
2. Ho diciannove anni, quindi posso guidare la macchina.
3. Domani abbiamo una verifica, perciò dobbiamo studiare.
4. Non amo né il mare né la montagna.
5. Valerio è vegetariano, cioè non mangia carne.
6. Resti a casa o vieni al cinema con noi?
7. Giulia abita a Firenze, Laura invece a Pisa.
8. Non ho sete, però bevo volentieri un tè freddo.
9. Adrian ha studiato sia il greco sia il latino.
10. Non ho portato a scuola il libro e nemmeno il quaderno.

Congiunzioni subordinanti

Le congiunzioni subordinanti **collegano tra loro due o più frasi stabilendo un diverso grado d'importanza: frasi principali o reggenti e frasi dipendenti o subordinate.**
In base alla funzione che svolgono, le congiunzioni subordinanti si distinguono in:

- **causali**, introducono la causa di ciò che avviene nella principale (*poiché, perché, siccome, giacché, dato che, visto che, dal momento che, per il fatto che*): *Ho aperto la finestra* ***poiché*** *fa troppo caldo;*
- **finali**, introducono il fine o lo scopo di ciò che avviene nella principale (*affinché, perché, che, onde, acciocché*): *Gli diamo la medicina* ***affinché*** *guarisca;*
- **temporali**, esprimono il rapporto di tempo tra l'azione della principale e un altro avvenimento (*mentre, quando, finché, allorché, prima che, come, dopo che, non appena, appena che, ogni volta che*): *Il bambino ha pianto* ***finché*** *non è arrivata la mamma;*
- **dichiarative**, introducono una frase che fa da soggetto o da complemento oggetto, oppure una frase che serve a spiegare meglio un termine della principale (*che, come*): *Spero* ***che*** *tu lo incontri; Avevamo il sospetto* ***che*** *fosse una persona disonesta;*
- **condizionali**, introducono la condizione necessaria perché si verifichi quanto indicato nella principale (*se, purché, ove, qualora, nel caso che, supposto che, a condizione che, a patto che*): *Il concerto si farà solo* ***se*** *non piove.*
- **avversative**, introducono una circostanza che si contrappone a quanto è affermato nella reggente (*mentre, laddove, quando*): *Continua a guardare la TV* ***mentre*** *dovrebbe studiare per l'esame;*
- **consecutive**, introducono la conseguenza di quanto è detto nella principale (*così... che, tanto... che, tanto... da, sicché, a tal punto... che, di modo... che, di maniera... che, talmente... che*): *Era* ***così*** *buio* ***che*** *non si vedeva proprio niente;*
- **modali**, introducono il modo in cui si svolge un'azione (*come, come se, così, quasi, siccome, comunque, come quando, in modo che*): *Quel bambino parla* ***come se*** *fosse un adulto;*
- **concessive**, introducono un fatto malgrado il quale si verifica quanto detto nella principale (*benché, quantunque, sebbene, seppure, ancorché, nonostante, anche se, per quanto, malgrado*): *Ti regalerò quel computer* ***sebbene*** *costi tanto;*
- **comparative**, introducono un confronto con quanto è detto nella principale (*più... di, meno... che, come...* [*così*], *tanto... quanto, meglio... che, peggio... che, tanto più... quanto meno*): *Il paesaggio è* ***più*** *bello* ***di*** *quanto potessi immaginare;*
- **interrogative** e **dubitative**, introducono una domanda in forma indiretta, o una proposizione che esprime dubbio o timore (*perché, se, quando, come, quanto*): *Non sappiamo* ***quanto*** *ci costerà;*
- **eccettuative** e **limitative**, introducono un'eccezione o una limitazione a quanto detto nella principale (*fuorché, tranne, eccetto che, tranne che, salvo che, a meno che, per quanto, per quello che, in quanto*): ***Per quanto*** *ne so io, la famiglia Rossi si è trasferita.*

- **esclusive**, esprimono un'esclusione rispetto a quanto detto nella principale (*senza, senza che*): *Ha guardato tutto il film* ***senza*** *muoversi.*

PRIMA VERIFICA

3 Sottolinea le congiunzioni subordinanti in queste frasi.

Es.: Poiché ha nevicato, possiamo andare a sciare.

1. Ho incontrato Federica mentre tornavo a casa.
2. Resteremo in spiaggia finché ci sarà il sole.
3. Quando l'insegnante spiega, in classe c'è un gran silenzio.
4. Maria mi ha telefonato perché vuole venire a casa mia.
5. Se volete, vi preparo una pizza.
6. Ho letto questo libro anche se è molto lungo.
7. Questo esercizio è più semplice di quanto pensassi.
8. Vogliamo sapere quanto costa questo tablet.
9. Ho ascoltato mia madre senza interrompere.
10. Mariana ha fatto tutti gli esercizi tranne il numero quattro.

4 Sottolinea le congiunzioni coordinanti e cerchia quelle subordinanti.

Es.: Venite a casa nostra oppure ci incontriamo direttamente al cinema?

1. Chiudo la finestra perché fa freddo.
2. Ahmed mi ha invitato alla sua festa ma io non ci posso andare.
3. Luciana è malata perciò non può andare a scuola.
4. Non so se riuscirò a partire domenica prossima: sono molto impegnata.
5. Giulia è mia nipote, cioè la figlia di mia sorella.
6. Sono arrivato a scuola quando la lezione era già cominciata.
7. Visto che hai fame, mangia una banana.
8. Mentre tu cucini, io preparo la tavola.
9. Adoro il cioccolato, Simona invece preferisce la marmellata di castagne.
10. Voglio imparare l'inglese, quindi vado un mese a Londra.

5 Scegli la congiunzione coordinante adatta e completa le frasi.

cioè – ~~e~~ – infatti – inoltre – invece – ma – né... né – o – perciò

Es.: Finisco gli esercizi ....e..... poi esco.

1. Mio nonno è molto anziano, ... ha 94 anni.
2. Ho un po' di febbre, ... ho mal di gola.
3. Vorrei andare allo stadio .... non ci sono più biglietti.
4. Mi piace molto questa serie, ... guardo tutte le puntate.
5. Esci con Patricia .... con Marta?
6. Io vado in vacanza al mare, Mihail .... va in montagna.
7. Loredana è fiorentina, ... è di Firenze.
8. Non bevo .... il latte .... il tè.

6 Individua le congiunzioni e dopo indica se sono coordinanti (c) o subordinanti (s).

Es.: Non ricordo quando ho conosciuto Mario. ....s....

1. Ho giocato a pallavolo per due ore, perciò sono stanca. ....
2. Dato che fa molto caldo, accendo l'aria condizionata. ....
3. Mangi a casa o in pizzeria? ....
4. Ho una bicicletta rossa e uno scooter nero. ....
5. Sandro è così pigro che non vuole mai uscire. ....
6. Questa casa è bella ma è molto lontana dal centro. ....
7. Dimmi perché hai litigato con tuo fratello! ....
8. Il mare qui è pulito come mi aspettavo. ....

7 Abbina le due parti delle frasi, come nell'esempio.

1. Sono felice ....d....
2. Ascolto sempre la musica ....
3. Non abbiamo potuto giocare in giardino ....
4. Il professore spiega sempre due volte ....
5. Il computer non funziona ....
6. Non parlo bene l'italiano ....
7. Gli studenti sono usciti dalla classe ....
8. Ho camminato per tre ore ....

a. perché pioveva.
b. anche se vivo qui da molti anni.
c. quindi dobbiamo chiamare il tecnico.
d. perché ho superato la verifica di inglese.
e. senza fermarmi mai.
f. affinché tutti capiscano bene gli argomenti.
g. mentre corro al parco.
h. quando è finita la lezione.

8 Indica **se le congiunzioni sottolineate collegano due parole (p) o due frasi (f).**

Es.: Luigi ha scritto una bellissima poesia, perciò è stato premiato. ...f...

1. I turchi la mattina fanno colazione con olive e formaggio. ....
2. Giocherò un po' con la playstation quando tornerò a casa. ....
3. Marina ha mal di testa ma va ugualmente a lezione di danza. ....
4. In casa non abbiamo più latte né succhi di frutta. ....
5. Rita è arrabbiata con te: non verrà alla festa neanche se le chiedi scusa. ....
6. Piero non è in classe: forse è malato oppure è fuori città. ....

9 Sottolinea **le frasi principali e** cerchia **le congiunzioni subordinanti.**

Es.: Mentre mi facevo la doccia è suonato il telefono.

1. Mauro dorme fino a tardi perché è in vacanza.
2. Siccome amo molto gli animali, vivo in campagna con dieci cani.
3. Uso la bicicletta di mia sorella perché la mia è rotta.
4. Quando vado allo stadio, mi diverto molto.
5. Se vuoi, ti aiuto a fare i compiti.
6. Torino è molto bella anche se è un po' fredda.
7. Visto che è presto, passiamo al bar a prendere un gelato?
8. Telefonami appena puoi!

10 Scegli **tra le due congiunzioni quella corretta.**

Es.: I miei nipoti studiano musica **perché** / **affinché** vogliono entrare al conservatorio.

1. Credevo ci fossero degli asciugamani puliti **anzi** / **invece** sono tutti sporchi.
2. Avete lavorato molto **ma** / **perciò** non avete ottenuto i risultati sperati.
3. Lucia, giocando a tombola, ha fatto **né** / **sia** ambo **né** / **sia** terno.
4. Andremo dalla nonna non solo a Natale **ma anche** / **vale a dire** a Capodanno.
5. Il frigorifero era vuoto, **affinché** / **quindi** sono uscito a fare la spesa.
6. Sistema la tua stanza, **allora** / **altrimenti** non andrai a giocare da Roberto!
7. Esci con gli amici questa sera **oppure** / **ossia** resti a casa?
8. Emilio arriverà questa sera tardi, **ossia** / **allora** dopo la chiusura del ristorante.

11 Sottolinea le congiunzioni subordinanti e dopo indica di che tipo sono, scegliendo fra le due alternative.

Es.: Roberta studia molto, Marco invece non fa mai i compiti.
a. ☐ temporale b. ☑ avversativa

1. Faceva così freddo, che l'acqua si era ghiacciata.
   a. ☐ consecutiva b. ☐ esclusiva
2. Invito Rossana alla festa anche se mi è antipatica.
   a. ☐ limitativa b. ☐ concessiva
3. Ho studiato per quattro ore senza fare un minuto di pausa.
   a. ☐ modale b. ☐ esclusiva
4. Torniamo a casa prima che cominci a piovere.
   a. ☐ temporale b. ☐ consecutiva
5. Telefono al dottore perché mi dia un consiglio per il mio mal di testa.
   a. ☐ finale b. ☐ causale
6. Se non vuoi giocare a ping pong con me, lo chiedo a Kyoko.
   a. ☐ dichiarativa b. ☐ condizionale
7. Dato che ho finito i compiti, guarderò un po' la TV.
   a. ☐ avversative b. ☐ causale
8. Tutti gli studenti andranno in gita eccetto Alessandro.
   a. ☐ eccettuativa b. ☐ esclusiva

12 Classifica le congiunzioni subordinanti in base alla loro funzione.

~~anche se~~ – a patto che – benché – dato che – dopo che – eccetto che – finché – fuorché – mentre – non appena – nonostante – peggio che – poiché – prima che – purché – qualora – salvo che – se – sebbene – siccome – tanto più – tanto quanto – tranne

TEMPORALI	CONDIZIONALI	CAUSALI	ECCETTUATIVE	CONCESSIVE	COMPARATIVE
				anche se	

13 Completa **le frasi in maniera appropriata.**

Es.: Vai a scuola in autobus oppure a piedi?

1. Ho giocato in giardino finché ....
2. Avevo mal di testa perciò ....
3. Lina aveva paura che ....
4. Non voglio il minestrone e nemmeno ....
5. Il bimbo ha dormito tutta la notte senza ....
6. La commessa non sa quanto ....
7. Vorrei fare un giro al mercato ma ....
8. Benedetto è mio cugino cioè ....
9. La mamma ci preparerà una torta solo se ....
10. Ho fatto tutti gli esercizi tranne ....

14 Completa **le frasi con le congiunzioni coordinanti o subordinanti corrette.**

Es.: Erano già le otto e mezza quando sono uscito di casa.

1. Devo comprare delle medicine .... vado in farmacia.
2. Ho il sospetto .... i miei amici mi nascondano qualcosa.
3. Vorremmo sapere .... non hai accettato il nostro invito.
4. .... il film fosse interessante, mi sono addormentato guardandolo.
5. Ho pulito la mia stanza .... c'è ancora un po' di disordine.
6. Volete giocare a pallavolo .... a pallacanestro?
7. Guido perde tempo in chat .... dovrebbe finire la ricerca di storia.
8. Al bar ho preso cappuccino .... cornetto.
9. .... domani è il compleanno della prof, le compriamo un bel regalo.
10. Non mi piace la grammatica e .... la letteratura.

LE CONGIUNZIONI

sono parti invariabili del discorso che servono a collegare logicamente fra loro due parole o due proposizioni

possono essere rispetto alla

- **FORMA**
  - **Semplici**: e, o, ma, che, anche, né, dunque
  - **Composte**: perché (**per + che**), poiché, sebbene, oppure
  - **Locuzioni congiuntive**: di modo che, visto che, non appena che
- **FUNZIONE**
  - **Coordinanti**
    - **copulative**: positive: e, anche, inoltre, pure; negative: né, neppure, nemmeno
    - **disgiuntive**: o, ovvero, oppure, altrimenti
    - **avversative**: ma, però, tuttavia, invece, al contrario
    - **dichiarative**: cioè, infatti, difatti, vale a dire
    - **conclusive**: perciò, dunque, pertanto, quindi
    - **correlative**: e... e, o... o, né... né, sia che... sia che
  - **Subordinanti**
    - **causali**: perché, poiché, siccome, dato che
    - **finali**: affinché, che, perché
    - **temporali**: mentre, quando, finché, prima che
    - **dichiarative**: che, come
    - **condizionali**: se, purché, ove, nel caso che
    - **avversative**: mentre, laddove, quando
    - **consecutive**: (così)... che, (tanto)... da, sicché
    - **modali**: come, così, quasi, in modo che
    - **concessive**: benché, quantunque, sebbene, anche se
    - **comparative**: come, più... che, meno... che, tanto... che
    - **interrogative e dubitative**: perché, se, quando, come
    - **eccettuative e limitative**: fuorché, eccetto che, salvo che
    - **esclusive**: senza, senza che

12 L'interiezione (o esclamazione)

– Urrà, ho vinto!
– Eccezionale! Bravo!

Urrà, eccezionale, bravo sono interiezioni o esclamazioni, cioè **parole che servono a esprimere sensazioni, sentimenti,** o **stati d'animo:** gioia, stupore, fastidio, dolore, rabbia o paura.
Le interiezioni sono una **parte invariabile** del discorso e non hanno legame grammaticale con gli altri elementi del discorso, esprimendo, spesso, da sole il significato di un'intera frase (*Ahi!; Coraggio!*).
La maggior parte delle interiezioni, usate soprattutto nella lingua orale, **non ha un significato preciso**, che cambia secondo il tono della voce, dei gesti e, in generale, del contesto in cui è pronunciata: ***ah*** può esprimere dolore (***Ah**, che sciagura!*), gioia (***Ah**, che contentezza!*), rabbia (***Ah**, me la pagherete!*) o sorpresa (***Ah**, è così?*).
Le interiezioni sono seguite dal punto esclamativo messo subito dopo o al termine della frase (***Ahimè!** Se n'è andato; **Ahi**, che dolore!*) o, a volte, dal punto interrogativo (***Eh?** Non ho sentito!*) oppure dai puntini di sospensione per indicare incertezza, incredulità (***Boh...** non so proprio cosa pensare*).

I diversi tipi di interiezioni

Le interiezioni si distinguono in:
- interiezioni proprie: **parole invariabili che hanno solo la funzione di esclamazione** e che esprimono gioia, dolore, sorpresa, sdegno e così via: *ah, ahi, ahimè, bah, beh, brrr, eh, ehi, ehilà, mah, ohé, ohi, puah, uh, uhm, ullallà, ssst...* La loro intonazione cambia a seconda del significato che l'esclamazione vuole esprimere;

- interiezioni improprie: **nomi, aggettivi, verbi, avverbi, pronomi pronunciati isolatamente e con tono esclamativo**: *Diavolo!, Forza!, Bravo!, Eccezionale!, Basta!, Dagli!, Bene!, Malissimo!, Io!, Voi!...* Si considerano interiezioni improprie anche le formule di saluto (*Ciao!, Buongiorno!, Arrivederci!*);
- locuzioni interiettive o esclamative: **più parole o brevi frasi che hanno valore di esclamazione**: *Che guaio!, Al ladro!, Poveri noi!, Mamma mia!, Per Giove!, Dio ce ne scampi!, Per amor del cielo!, Al fuoco!* e così via.

Un particolare tipo di interiezione sono le onomatopee, cioè parole che riproducono, per imitazione, suoni, rumori, versi di animali: *toc toc, bum, paf, patatrac, coccodè, cra cra...*

ESERCIZI DI RIEPILOGO

1 Indica **se le interiezioni sottolineate esprimono gioia (g), dolore (d) o sorpresa (s).**

Es.: Toh, guarda chi si vede! s

1. Ahi... questo dente è due giorni che mi tortura! ....
2. Evviva! Quest'anno andremo in gita in Sicilia! ....
3. Ma dai! Davvero Marco è andato a vivere a Rio de Janeiro? ....
4. Ohi! Ho sbattuto il gomito contro la porta! ....
5. Urrà! La mia squadra ha vinto ancora! ....
6. Sigh! Mi sono tagliato un dito! ....
7. Ah... questa notizia proprio non me l'aspettavo! ....
8. Che bello! La mamma ha preparato la pizza! ....
9. Ullallà! Che bella notizia mi avete dato! ....
10. Ahimè! Che sfortuna ho avuto oggi: sono scivolato su una buccia di banana! ....

2 Indica **se le seguenti interiezioni sono proprie (p), improprie (i) o sono locuzioni (l).**

Es.: Al fuoco! l

1. Ehi	....	5. Via!	....	9. Mannaggia!	....
2. Mamma mia!	....	6. Oohh!	....	10. Ma per favore!	....
3. Benissimo!	....	7. Vergogna!	....	11. Santa pazienza!	....
4. Addio!	....	8. Ma dai!	....	12. Eh!	....

3 Completa le frasi con le seguenti interiezioni.

Es.: Basta! Sono davvero stanco di sentire tutto questo rumore!

~~basta~~ – boh – bravo – brrr – patatrac – puah – smack – ssst – uffa

1. ....! Anche oggi piove e non possiamo andare al parco!
2. ....! Davvero non so quale sia la strada per il museo.
3. .... oggi fa davvero freddo!
4. ....! Questa mela è marcia!
5. ....! I bambini stanno dormendo!
6. ....! E con questo bacione, ti saluto!
7. ....! Sei riuscito a prendere un bel voto in geometria!
8. Il gatto è saltato sul tavolo e... ....! Ha rotto un vaso!

4 Sottolinea le interiezioni in queste frasi.

Es.: Bambini calma, non spingete!

1. Caspita, che fila lunga in biglietteria al cinema! Rinuncio al film!
2. Non dire niente a Giulio, per l'amor del cielo! Lo sai che lui si arrabbia per queste cose!
3. Finalmente domani termina la scuola. Viva le vacanze!
4. Sono iniziati i saldi? Fantastico! Vado subito a comprare quelle scarpe da calcio che desideravo tanto.
5. Ragazzi, attenzione! Questo computer è pieno di virus!
6. L'ascensore non funziona. Poveri noi, dobbiamo salire otto piani a piedi!

L'INTERIEZIONE

può essere

- **PROPRIA**
  ahi!, ehi!, bah!, beh!, ahimè!, ohibò!, ullallà!, sst!
- **IMPROPRIA**
  Animo!, Vieni!, Dài!, Permesso!, Magari!
- **LOCUZIONE INTERIETTIVA**
  Che bellezza!, Al ladro!, Mamma mia!, Per amor del cielo!

è

una parte invariabile del discorso

che serve a esprimere

sensazioni, sentimenti, moti improvvisi dell'animo

La sintassi (dal greco *sýntaxis* = l'ordinare insieme) è quella parte della grammatica che studia le relazioni tra le parole all'interno di una *proposizione* e i rapporti che intercorrono tra le proposizioni che formano un *periodo*. La sintassi si divide perciò in *sintassi della proposizione* e *sintassi del periodo*.

Sintassi

01 La frase: la proposizione e il periodo

Che cos'è la frase

Le carote mangiano i conigli.
I conigli le carote.
Le mangiano carote.
I conigli mangiano carote.

Tra gli esempi proposti, solo l'ultimo può essere considerato una **frase**, in quanto è l'unico che rispetta le regole grammaticali ed è di senso compiuto.
Una frase, infatti, per essere tale deve **seguire le regole grammaticali della lingua italiana, cioè deve essere costruita intorno a un verbo e deve avere un senso compiuto.**

Simone **disegna**.
Simone **disegna** sull'album.
Simone **guarda** il paesaggio e **disegna**.
Simone **è andato** in campagna per **disegnare** il paesaggio.

Le frasi con un solo verbo si chiamano **frasi** (o **proposizioni**) **semplici**, mentre quelle con più verbi si chiamano **frasi** (o **periodi**) **complesse**. Per individuare quante proposizioni ci sono in un periodo basta contare i verbi presenti (di modo finito e indefinito).

Frase o periodo complesso

Simone è andato in campagna	per disegnare il paesaggio
frase o proposizione semplice	frase o proposizione semplice

PRIMA VERIFICA

1 Indica **se le seguenti frasi sono semplici (s) o complesse (c).**

Es.: Il mare era mosso perciò nessuno faceva il bagno. ...c...

1. Finalmente è arrivato in città lo spettacolo teatrale che aspettavo da giorni. ....
2. Oggi il tempo è davvero bellissimo. ....
3. Vorrei un chilo di pomodori e dell'insalata. ....
4. Miguel e Roberto sono argentini quindi parlano spagnolo perfettamente. ....
5. Non ricordo dove ho parcheggiato la bicicletta. ....
6. L'insegnante ha fatto una domanda ma nessuno ha saputo rispondere. ....
7. Perché non hai dormito bene la notte scorsa? ....
8. Chi è quella ragazza che gioca a pallavolo con Meltem? ....

La frase minima (o frase nucleare)

Eugenio corre.

Eugenio corre è una frase minima (o frase nucleare), perché **costituita dagli elementi essenziali a formare una frase di senso compiuto:** soggetto (*Eugenio*) e predicato verbale (*corre*). In generale il soggetto indica la persona, l'animale o la cosa che compie l'azione o di cui si definisce lo stato, mentre il predicato indica l'azione o lo stato del soggetto.
A seconda del verbo, la frase minima può essere costituita da un numero variabile di elementi:

Samuele soggetto	osserva predicato	che cosa?	le stelle. complemento oggetto		
Emiliano soggetto	va predicato	dove?	a Tagliacozzo. complemento di moto a luogo		
Lorella soggetto	regala predicato	che cosa?	un quadro complemento oggetto	a chi?	a Vera. complemento di termine

in alcuni casi anche solo dal predicato. Piove. (predicato)

PRIMA VERIFICA

2 Indica **se le seguenti frasi sono minime (m) o incomplete (i).**

Es.: Abbiamo spedito. ...i...

1. Ha nevicato. ....
2. L'aereo è partito. ....
3. Avete detto. ....
4. Non facciamo. ....
5. Amina studia. ....
6. Lo smartphone è. ....
7. C'è il sole. ....
8. I bambini vogliono. ....
9. Devo uscire. ....
10. Noi guardiamo. ....
11. Alfredo si mette. ....
12. I nonni passeggiano. ....

Il soggetto

La signora **chiede un'informazione a Caterina.**
Birillo **è portato a passeggio da Caterina.**
I capelli **di Caterina sono biondi.**
Caterina e Birillo **sono grandi amici.**

Le parole in rosso sono soggetti e sono gli elementi a cui si riferisce il **predicato.**

- Nel primo esempio il soggetto *la signora* compie un'azione.
- Nel secondo esempio il soggetto *Birillo* subisce un'azione.
- Nel terzo esempio il soggetto *i capelli* hanno una certa qualità.
- Nel quarto esempio i due soggetti *Caterina e Birillo* hanno una certa relazione.

Il soggetto, dunque, può essere una persona, un animale, una cosa e può compiere o subire l'azione espressa dal predicato, trovarsi in una determinata condizione o avere una certa qualità.

Cosa può svolgere la funzione di soggetto

Il soggetto può essere costituito da una qualsiasi parte del discorso usata come nome. Possono svolgere la funzione di soggetto:

- Un nome: ***La signora*** *chiede un'informazione.*
- Un articolo: ***Lo*** *si mette davanti alle parole maschili che iniziano con la zeta.*
- Un aggettivo: ***L'azzurro*** *è un bel colore.*
- Un avverbio: ***Spesso*** *non significa sempre.*
- Una preposizione: ***Tra*** *è una preposizione semplice.*

- Una congiunzione: ***I tuoi se*** *non sono giustificabili.*
- Un'interiezione: ***Un ahi*** *risuonò dal fondo della sala.*
- Un verbo: ***Passeggiare*** *fa bene alla salute.*
- Un'intera proposizione: *Occorre* ***che tu ti decida****; Sarebbe opportuno* **che Roberta lavorasse di meno**.

È bene ricordare che:
- con i verbi impersonali il soggetto è assente: *Nevica incessantemente da ore*;
- il soggetto può essere sottinteso: *Ballate molto bene il tango* (dalla forma verbale risulta chiaro che il soggetto sottinteso è 'voi';
- soggetto e predicato concordano nella persona, nel numero e talvolta nel genere: *Anna e Patrizio esc****ono*** *insieme*; *Le atlete si* ***sono*** *allenat****e*** *per le gare di ginnastica artistica.*

PRIMA VERIFICA

3 Indica **da quali parti del discorso sono costituiti i soggetti sottolineati in queste frasi.**

Es.: Il troppo a volte può essere fastidioso. avverbio

1. Il domani è ancora pieno di mistero. ....
2. Il mio gatto vuole sempre essere coccolato. ....
3. Un forte 'urrah!' indica sempre la fine della partita. ....
4. 'Le' non si apostrofa nemmeno davanti a vocale. ....
5. 'Fra' ha lo stesso significato di 'tra'. ....
6. Il perché del tuo rifiuto alla nostra proposta è inspiegabile. ....
7. Il rosso è sempre stato simbolo della passione. ....
8. Bere molta acqua in estate è il segreto per sopportare meglio il caldo. ....

4 Sottolinea **il soggetto in queste frasi e** segna **(✔) quelle dove non è espresso.**

Es.: L'inchiostro di questa penna è finito.

1. Le campane suonano ogni ora.
2. Da chi è stata vinta la partita di pallanuoto?
3. L'intelligenza e l'umiltà sono due qualità rare.
4. Perché non avete mangiato niente a colazione?
5. Questa strada non è stata ancora asfaltata.
6. Il vento oggi è davvero insopportabile.
7. La lavatrice ha finito il lavaggio del bucato.
8. Hai un foglio da prestarmi?

La posizione del soggetto

Il soggetto non ha una posizione fissa nella frase: può precedere il predicato o, se gli si vuole dare particolare rilievo, seguirlo.

***Angela** vive a Venezia.*
*Ha telefonato **la mamma** di Marco.*

Per individuare il soggetto nella frase occorre individuare il verbo, guardare la sua forma e chiedersi a che cosa / a chi si riferisce.

Il soggetto unico e il soggetto multiplo

Il soggetto in una frase può essere unico, cioè formato da un solo nome, maschile o femminile, singolare o plurale (***Le gattine** vogliono mangiare, **La borsa** in vetrina costa 25 euro*) oppure multiplo, cioè formato da più nomi (***Le margherite e i papaveri** crescono nei campi, **Diana ed Edoardo** hanno fatto colazione al bar*).

Il soggetto partitivo

Quando il soggetto è un sostantivo, questo può essere introdotto dagli articoli partitivi *del, dello, della, dei* ecc., per indicare una quantità generica (= un po' di) o un numero imprecisato (= alcuni / -e). In questi casi si parla di soggetto partitivo: *Nel frigo c'è ancora **della torta** per te; In quella vetrina sono esposti **dei gioielli** magnifici.*
Attenzione quindi a non confondere l'articolo partitivo con la preposizione articolata **di + articolo determinativo**, che introduce, invece, altri complementi: ***Dei bambini*** (= soggetto partitivo) *giocano in cortile; I giocattoli **dei bambini** sono sparsi sul prato* (*dei* = complemento di specificazione).

PRIMA VERIFICA

5 **Sottolinea i soggetti partitivi.**

Es.: In questa pasticceria sono state preparate <u>delle torte nuziali</u> enormi.

1. L'altra notte sono stati avvistati degli UFO sul mare.
2. Nell'intervallo della partita si sono esibite delle bande musicali.
3. Delle ragazze nella mia classe fanno volontariato al canile.
4. Sono stati trovati dei gioielli preziosi in una valigietta nella metropolitana.
5. Al parco, dei bambini giocavano con la palla, altri con il frisbee.
6. La Domenica delle Palme, in chiesa vengono distribuiti dei rametti di ulivo.

Il predicato

Paolo esulta.

Il gattino è stato ritrovato.

Rachele è la nipote della professoressa.

Il predicato è **l'elemento della proposizione che dice qualcosa sul soggetto** (anche quando è sottinteso): indica un'azione compiuta o subita dal soggetto, oppure uno stato, una qualità, una condizione del soggetto. È sempre costituito da un verbo che concorda con il soggetto nella persona, nel numero e nel genere.
Anche il predicato, come il soggetto, può essere sottinteso: *Silenzio!* (sottinteso = fate). Frasi di questo tipo sono dette proposizioni nominali e si usano soprattutto nei titoli giornalistici e nel parlato, sotto forma di esclamazioni o di domande: *Ottime queste zucchine!*; *Vittoria schiacciante, vero?*

Il predicato verbale

La gattina dormiva, Alessia leggeva un romanzo.

I verbi evidenziati sono capaci di esprimere da soli qualcosa sul soggetto e sono chiamati **verbi predicativi. Un verbo predicativo** transitivo, intransitivo, attivo, passivo o riflessivo **capace da solo di esprimere un'azione di senso compiuto** è detto predicato verbale.
Questo concorda con il soggetto nella persona e nel numero e, nelle forme composte con il verbo *essere*, anche nel genere: *L'uccellino* ***cinguetta****; Le turiste* ***hanno sorriso****; Le stanze* ***sono state arredate*** *bene.*

PRIMA VERIFICA

6 Sottolinea **i predicati in queste frasi.**

Es.: I turisti <u>mangiano</u> spesso piatti locali.

1. Dora e Manuel sono amici dai tempi dell'asilo.
2. L'orchestra ha cominciato il concerto alle nove in punto.
3. L'allarme antincendio è suonato per venti minuti.
4. Il cielo è pieno di nuvole nere cariche di pioggia.
5. Voi dovreste fare più attenzione al traffico.
6. Nessuno conosce ancora il nome del vincitore del concorso.
7. Il mio cavallo corre sempre libero nel prato.
8. Durante la lezione l'insegnante vuole silenzio assoluto.

Il predicato nominale

Sandra è bellissima.

Michelangelo era un grande pittore.

Nelle frasi sopra riportate il verbo *essere* non esprime un'azione, ma collega il soggetto a un sostantivo oppure a un aggettivo che indicano una qualità o una condizione del soggetto, formando insieme al verbo *essere* il predicato nominale.

Il **predicato nominale è costituito, quindi, da una voce del verbo *essere* seguita da un nome o da un aggettivo riferiti al soggetto.** Il verbo *essere* che collega il soggetto e la parte non verbale è detto copula, mentre il nome o l'aggettivo è **detto** nome del predicato o parte nominale.

Sandra | è | bellissima.

copula | nome del predicato o parte nominale

predicato nominale

SOGGETTO	PREDICATO NOMINALE	
	copula	**parte nominale (o nome del predicato)**
Sandra	è	bellissima.
Michelangelo	era	un grande pittore.

ATTENZIONE!

Il verbo *essere* è **predicato verbale** quando è usato come verbo autonomo con il significato di *esserci (c'è, ci sono), stare, appartenere, trovarsi, esistere, vivere, risiedere, essere costituito* ecc. e si utilizza in locuzioni impersonali come *è presto, è tardi* ecc.: *Il direttore* ***è*** *in riunione; Queste scarpe* ***sono*** *di Anna?*
Il verbo *essere* è **copula**, invece, quando collega il soggetto con la **parte nominale:** *Anke* ***è contenta****; Simone* ***è un ragazzo intelligente****.*

PRIMA VERIFICA

7 Sottolinea **la parte nominale e** cerchia **la copula.**

Es.: Visto il suo amore per gli animali, Teresa (sarà) un'ottima veterinaria.

1. Rodolfo Valentino è stato un grande attore del cinema muto.
2. Il parcheggio del supermercato era completamente vuoto.
3. La vetrina del negozio è piena di prodotti in offerta.
4. La mamma di Nando è molto giovane.
5. Ieri la lezione di storia dell'arte è stata davvero interessante.
6. La visita delle grotte di Fasano sarà un'esperienza molto emozionante.
7. Il cannolo e la cassata sono due dolci tipici della Sicilia.
8. Da bambina Ileana era molto capricciosa.

8 Sottolinea **il verbo *essere* quando ha la funzione di copula.**

Es.: Alberto oggi non è in classe perché è ammalato.

1. Andiamo ragazzi, è tardi!
2. Questo frullato è davvero delizioso.
3. Via Mazzini è in centro, vicino alla stazione.
4. Questi libri sono di Gemma?
5. Il dottor Boldrini è uno specialista in malattie della pelle.
6. Rosalinda e Silvana sono le mie cugine.
7. In questa bottiglia c'è ancora un po' d'acqua.
8. L'aquila è un animale protetto.

I verbi copulativi e il predicativo del soggetto

Amando moltissimo i dolci, Silvia è considerata da tutti una gran golosa.

Oggi sembri distratta: come mai?

Nei precedenti esempi i verbi *considerare* e *sembrare* hanno una funzione simile a quella del verbo *essere* nel predicato nominale, perché, per completare il loro significato, hanno bisogno di un sostantivo, di un aggettivo o di altre parti del discorso che indichino una qualità o una condizione del soggetto.
Questi **verbi**, quindi, anche se svolgono la funzione di predicato verbale, sono detti **copulativi** e la parte che li completa è chiamata **predicativo del soggetto**.
Possono essere copulativi:

- alcuni **verbi intransitivi** che esprimono particolari condizioni del soggetto, come *sembrare, parere, apparire, nascere, crescere, restare, divenire, morire*: *Tuo fratello **pare** un tipo molto sveglio; Francesco d'Assisi **nacque** ricco ma poi donò tutto ai poveri; La nonna **è rimasta** a casa sola tutto il giorno*;
- le **forme passive** di alcuni verbi, fra cui:
  - i **verbi appellativi** come *chiamare, dire, soprannominare* ecc. (*Daniele **è stato soprannominato** Paguro dai suoi amici*);
  - i **verbi estimativi** come *stimare, ritenere, credere, giudicare, considerare* ecc. (*Al processo gli imputati **sono stati giudicati** colpevoli*);
  - i **verbi elettivi** come *eleggere, proclamare, dichiarare, nominare* ecc. (***È stato eletto** deputato*).

Il complemento predicativo del soggetto può essere collegato direttamente al verbo oppure può essere introdotto da preposizioni (**da, in, per** ecc.), oppure da locuzioni (**in funzione di, in qualità di, nella veste di** ecc.) e dalla congiunzione **come**: *All'esame mi hanno trattato **da ignorante**; Seraphim è veramente molto bravo **nella veste di papà**; Clarissa sarà assunta **come segretaria** del direttore.*

PRIMA VERIFICA

9 **Sottolinea i verbi copulativi e cerchia il predicativo del soggetto.**

Es.: Dopo anni di studio e di tirocinio Lorenza è diventata astronauta alla NASA.

1. Dafne è rimasta delusa quando ha aperto il suo regalo di Natale.
2. Milano è considerata il centro finanziario più importante d'Italia.
3. Il cucciolo che ho trovato per strada sta crescendo forte e sano.
4. Donato è chiamato da tutti Bradipo perché è molto lento.
5. Il mio liceo è ritenuto il migliore della città.
6. Giorgio Napolitano è stato eletto due volte Presidente della Repubblica.
7. Il cielo diventò improvvisamente scuro e cominciò a piovere.
8. Quando ospito i miei amici li tratto come principi.

L'attributo

Sulla piccola canoa i due ragazzi percorrevano le acque ripide del fiume remando con le loro pagaie.

L'attributo è **un aggettivo che accompagna un nome per qualificarlo o determinarlo meglio** e concorda col nome cui è legato nel genere e nel numero e può riferirsi a:
- il **soggetto:** *L'**elegante** signora salutò il bambino;*
- il **predicato nominale:** *Tua sorella è una ragazza **vivace**;*
- un **complemento:** *Barbara indossava un abito **costosissimo**.*

L'attributo ha le seguenti caratteristiche:
- può essere costituito da qualsiasi **aggettivo:** ***Ogni** studente scrisse il **proprio** nome; Luna ha **dieci** anni;*
- può stare prima o dopo il nome da cui dipende, in base al significato che si vuole esprimere: *Hai comprato un **nuovo** computer?; Il computer **nuovo** funziona benissimo;*
- può affiancare un nome insieme a un altro attributo: *Siamo rimasti colpiti dalle **sue** maniere **gentili**.*

Funzione attributiva e predicativa dell'aggettivo

In base alla posizione nella frase, l'aggettivo può avere la funzione attributiva o la funzione predicativa. Quando precede o segue immediatamente il nome, l'aggettivo diventa parte del gruppo nominale, assumendo la **funzione** di **attributo**: *Hai avuto una **buona** idea; Lia frequenta il liceo **classico**; **Quei** fiori **rosa** non profumano.*
Quando è invece collegato al nome tramite il verbo *essere* o i verbi **copulativi** come *sembrare, nascere, restare,* l'aggettivo fa parte del gruppo verbale, assumendo una **funzione predicativa** rispetto al nome. In questo caso è un **aggettivo predicativo** o **parte nominale del predicato**: *I figli di Mara sono **affettuosi**; Isa è rimasta **sola**; Nico sembra **contento** oggi.*

PRIMA VERIFICA

10 Sottolinea gli attributi nelle seguenti frasi.

Es.: La mia amica Jennifer ha comprato un nuovo Ipad.

1. Nella splendida Firenze ho passato dei giorni fantastici.
2. L'amico ungherese di Benedetta è davvero simpatico.
3. Quanti giorni di scuola abbiamo ancora?
4. Elio è sempre il primo studente a rispondere alle domande difficili.
5. Mio padre e mia madre si sono conosciuti durante le vacanze natalizie.
6. Quel ragazzo con la maglietta rossa è davvero odioso.
7. Dove farai il tuo prossimo viaggio?
8. Ho conosciuto una simpatica ragazza napoletana durante un lungo viaggio in treno.

L'apposizione

La mia amica Daniela è stata all'Ermitage, famoso museo di San Pietroburgo.

Le parole evidenziate negli esempi sono apposizioni, ossia dei nomi che ne affiancano altri **per meglio determinarli e precisarli.**

L'apposizione presenta le seguenti caratteristiche:

- può, come l'attributo, riferirsi a qualsiasi altro elemento della frase: *Il **fiume** Nilo è il più lungo del mondo; Lei è mia **cugina** Annalisa;*
- può, inserita tra due virgole, precedere o seguire il nome da cui dipende: *A Palermo abbiamo mangiato la cassata, un tipico **dolce** siciliano; I Beatles, celebre **gruppo** musicale degli anni '60, sono ancora oggi molto apprezzati.*

L'apposizione può essere:

- **semplice**, se formata da una sola parola: *Leopardi, il **poeta**;*
- **composta**, quando è accompagnata da uno o più elementi, attributi o complementi: *Ho rivisto Carla, **la mia vecchia compagna di banco**;*
- costituita da un aggettivo sostantivato: *Scipione **l'Africano**;*
- preceduta da preposizioni, locuzioni avverbiali oppure, soprattutto nel linguaggio colloquiale, da locuzioni come *quella sagoma di, quel bel tipo di, quella peste di* ecc.: ***Come poeta** Enzo se la cava bene; Il vaso l'ha rotto **quella peste di** Pierino;*
- introdotta dalla preposizione **da** o dalle espressioni **come**, **quale**, **in qualità di**, **in veste di** ecc.: *Mia madre, **da bambina**, abitava in campagna.*

PRIMA VERIFICA

11 Cerchia il nome cui si riferiscono le apposizioni sottolineate in queste frasi.

Es.: La signora (De Martini) ama molto la campagna.

1. Nel Colosseo, il grande anfiteatro di Roma, si svolgevano le lotte fra i gladiatori.
2. Il fisico Carlo Rubbia vinse il Nobel nel 1984.
3. Anna, da bambina, non aveva mai fame.
4. Per favore, Olivia, potresti consegnare questa lettera a Gertrude, la signora della porta accanto?
5. Ti sei comportato molto male proprio con Arturo, il tuo amico più caro.
6. Gabriele, il fratello di Lucia, ha vinto una gara di nuoto nazionale.
7. Tua sorella, come baby sitter, è davvero fantastica!
8. Non potrei vivere senza Mirimì e Silvie, le mie adorate gattine.
9. Da anni ogni venerdì sera i miei genitori organizzano una cena con gli Angelini, i nostri vicini di casa.
10. Il film premio Oscar *La grande bellezza* è stato girato da Paolo Sorrentino, famoso regista di Napoli.
11. Stamattina sulle scale ho incontrato Demetrio, il postino.
12. Ersilia, in qualità di sindaco, ha fatto molte cose importanti per il suo paese.

12 Separa **le seguenti frasi complesse nelle proposizioni che le compongono.**

Es.: Non puoi immaginare come sono contenta che domani arrivi Daisuke dal Giappone.
Non puoi immaginare / come sono contenta / che domani arrivi Daisuke dal Giappone.

1. Iva aveva lavorato molto ed era stanca, per questo ha preferito andare a letto presto.
2. Non ricordo a che ora parte il mio treno domattina, perciò devo subito controllare.
3. Non credo a una sola parola di tutto quello che mi hai raccontato.
4. Se sai chi ha rotto il vetro, me lo devi dire subito.
5. Ho fatto un disegno con le matite che mi ha regalato il mio compagno e l'ho consegnato al maestro.
6. Non ho potuto fare la doccia perché non c'era l'acqua calda.
7. Il cappello che mi hai regalato è davvero bello.
8. La mamma lava i bicchieri, il papà li asciuga e li mette a posto nella credenza.

13 Aggiungi **una o più proposizioni alle seguenti frasi semplici in modo da trasformarle in complesse.**

Es.: Ieri ho scritto una mail a Bice e l'ho spedita ma lei non mi ha ancora risposto.

1. Saverio va al parco ....
2. Alla manifestazione c'era molta gente ....
3. Ho comprato un giornale ....
4. Abbiamo mangiato tutta la torta ....
5. Tutti gli studenti sono in classe ....
6. I miei genitori ballano il tango ....
7. Abbiamo fatto un viaggio in Africa ....
8. Io e mio fratello usciamo ....
9. I vicini di casa parlano ad alta voce ....
10. Quelle scarpe in vetrina sono care ....

14 Sottolinea **il soggetto in queste frasi e** indica **se fa (f) o subisce (s) l'azione.**

Es.: Oggi i quotidiani non sono ancora arrivati in edicola. ...f...

1. Perché Sabrina non è stata informata dello sciopero della mensa? ....
2. Il sole è nascosto da quei brutti nuvoloni neri. ....
3. Come mai i nuovi studenti non sono venuti in cortile con noi? ....
4. Queste scarpe mi fanno male ai piedi. ....
5. Venezia è considerata la città più bella d'Italia. ....
6. L'antico castello sulla collina sarà trasformato in un hotel di lusso. ....
7. L'ascensore è salito velocemente fino al trentesimo piano del grattacielo. ....
8. La città di Genova è bagnata dal mar Tirreno. ....

15 Sottolinea **i soggetti in questo brano e** cerchia **i verbi che dipendono da essi.** Indica **con un segno (√) i verbi il cui soggetto non è espresso.**

Gli esseri umani si esprimono attraverso le corde vocali, la lingua, gli occhi e le mani – sostiene lo scrittore John Updike – le auto usano clacson e fari. Un suono breve significa "Salve!". Un suono lungo "Ti odio!". Lampeggiare con i fari vuol dire "Passa tu". Che possiamo dire? Updike ha scritto romanzi fantastici ma la sua semantica automobilistica è molto elementare. In Italia le macchine non soltanto parlano, ma commentano, insultano, gridano, protestano, esprimono ogni sfumatura dell'animo umano. E noi le capiamo. Con il clacson componiamo sinfonie. Lo usiamo meno di un tempo ma resta comunque uno strumento espressivo. Alcuni tassisti con il clacson riescono a esprimere perfino dispiacere e solidarietà.

Adattato da *La testa degli italiani* di Beppe Severgnini

16 Sottolinea **i soggetti partitivi in queste frasi e** cerchia **le preposizioni formate da di + articolo.**

Es.: Ieri sono venuti a trovarmi dei miei amici.

1. Alla sagra della castagna sono stati arrostiti dei marroni incredibilmente grandi.
2. I genitori dei miei amici lavorano molto lontano da casa.
3. Sulla spiaggia dei turisti erano già in costume da bagno nonostante il vento freddo.
4. La macchina del signor Quartini è stata rubata la notte scorsa.
5. Degli studenti particolarmente pigri non verranno in gita scolastica.
6. Le richieste degli studenti sono state valutate dalla segreteria.
7. Sull'albero di pesco sono sbocciati dei bellissimi fiori.
8. Il cane del mio vicino ha abbaiato tutta la notte.

17 Sottolinea **la copula,** cerchia **il nome del predicato e** specifica **da cosa è costituito.**

Es.: La Liguria, piccola regione nel Nord Italia, è famosa per la sua splendida riviera.
aggettivo

1. Questi pantaloni sono davvero troppo sporchi: li devo subito lavare. ....
2. Berna, capitale della Svizzera, è una città molto bella. ....
3. Per gli antichi romani le terme erano un luogo d'incontro. ....
4. Mio fratello Saverio è un pianista molto bravo. ....
5. Loredana è molto felice perché ha vinto una borsa di studio. ....
6. Secondo me il tramonto è il momento più bello del giorno. ....
7. Questi esercizi di algebra sono davvero difficili. ....
8. Giulio Cesare fu un grande generale. ....

18 Completa le frasi con i verbi copulativi adatti.

Es.: Parigi è considerata da tutti la città dell'amore.

~~è considerata~~ – è diventata – è nata – è rimasto – è stata giudicata – è stato ritenuto – era soprannominato – sembravano – sono chiamati

1. Questi dolci di Carnevale a Milano .... 'chiacchiere' e a Bologna 'sfrappole'.
2. La pianta che ti ha regalato Eugenia .... davvero grande.
3. Alla fine della gara i maratoneti .... molto stanchi.
4. Elvira .... fortunata: da piccola aveva già un patrimonio di milioni di euro.
5. Corrado .... fermo sulla sedia del dentista per più di due ore.
6. La mia presentazione .... la migliore dell'anno scolastico.
7. Il maggiordomo .... colpevole del furto di gioielli.
8. Il cantante Frank Sinatra .... The Voice.

19 Sottolinea i predicati verbali e cerchia quelli nominali.

Es.: Questo esercizio è abbastanza facile.

1. Katia sa usare molto bene il computer, è esperta in informatica.
2. La cena è stata preparata dagli amici di Osvaldo.
3. Questa luce è troppo forte, dà fastidio agli occhi.
4. Il postino continua a suonare il citofono del vicino.
5. Romolo è stato il primo re di Roma.
6. Il delfino è un animale molto intelligente.
7. Vorrei una bibita fresca, per favore.
8. La Sicilia è l'isola più grande del Mediterraneo.

20 Sottolinea il verbo 'essere' quando ha la funzione di copula e cerchialo quando ha funzione autonoma.

Es.: L'appartamento all'ultimo piano è molto caldo in estate.

1. Per montare in modo corretto il tavolo è necessario leggere le istruzioni.
2. Sigmud è molto triste perché non ha passato l'esame d'inglese.
3. Non è bello sbadigliare in pubblico.
4. Noto è una città barocca molto bella.
5. L'inverno del 2011 è stato particolarmente nevoso.
6. Il panettone è un dolce tipico di Natale.
7. La sciarpa che hai trovato nel corridoio è di Ornella.
8. Oggi stranamente in centro non c'è traffico.

21 Sottolinea **i predicati nominali,** cerchia **la parte nominale e** indica **se è un nome (n), un aggettivo (a) o un pronome (p).**

Es.: Umberto Eco è uno scrittore molto famoso. ..n..

1. I dinosauri erano animali grandissimi. ....
2. La madre di Ester è preside della scuola media. ....
3. La nostra escursione è stata molto rilassante. ....
4. Quegli zaini vicino alla porta sono i vostri? ....
5. Questa macchina è davvero velocissima. ....
6. Lo sport più popolare in Australia è il rugby. ....
7. Non è molto difficile trovare nuovi amici in vacanza. ....
8. La lavagna LIM è utile e facile da usare. ....

22 Sottolinea **le voci verbali e** indica **se sono predicati verbali (p), copule (c) o verbi copulativi (vc).**

Es.: Nicla è stata eletta rappresentante di classe. ..vc..

1. Gianmarco è diventato un bambino molto vivace. ....
2. Il festival di Sanremo è un evento musicale molto seguito. ....
3. Le verifiche sono state corrette dal professore in poco tempo. ....
4. Il fine settimana spesso rimango solo a casa. ....
5. Isabella e Morena sono molto intelligenti. ....
6. Questo orsacchiotto di peluche sembra vero. ....
7. I ragazzi stamattina si sono svegliati presto. ....
8. Anticamente Roma era la capitale di un vasto impero. ....

23 Indica **se gli aggettivi sottolineati hanno funzione attributiva (a) o predicativa (p).**

Es.: Oggi il mare è calmo. ..p..

1. Non conosco questo piatto ma sembra davvero buono. ....
2. La segretaria della scuola è gentilissima. ....
3. Ho dipinto un bel quadro. ....
4. Questo anziano signore da giovane era un famoso atleta. ....
5. Abbiamo fatto le vacanze in un campeggio tranquillo sul mare. ....
6. Cesare è rimasto deluso dal comportamento dei compagni. ....
7. Questa pasta è troppo piccante, non riesco a mangiarla. ....
8. Al torneo di pallacanestro giocheremo contro due squadre forti. ....

24 Scrivi **con ciascun aggettivo due frasi, una in cui abbia funzione attributiva e una in cui abbia funzione predicativa**

Es.: intelligente: Tobia ha fatto una domanda intelligente. (attributiva)
Gabriella è intelligente e simpatica. (predicativa)

nuovo, interessante, italiano, difficile, freddo, rosso, famoso, chiuso

25 Completa **le frasi con gli attributi nel riquadro.**

Es.: Scusi, dove va questo treno?

altissimo – mia – nuovo – orientale – primo – quale – questi – ~~questo~~ – solitario

1. Non so .... pizza ordinare! Mi piacciono tutte.
2. Otranto è la città più .... d'Italia.
3. Çağla abita in un grattacielo ....
4. Mi chiamo Giacomo e questa è .... sorella Amelia.
5. Finalmente Letizia ha un .... fidanzato!
6. Dove hai comprato .... pantaloni?
7. Loris è un ragazzo molto .... ; non ha amici e sta sempre a casa.
8. Il .... tempo del film è appena finito, adesso ci sono dieci minuti d'intervallo.

26 Sottolinea **le apposizioni e** indica **se sono semplici (s) o composte (c).**

Es.: Marcella, la segretaria, è sempre gentile e disponibile. s

1. Raffaele, il portiere, ha detto che ha un pacco per noi. ....
2. I libri di Harry Potter, il piccolo mago inglese, sono tradotti in moltissime lingue. ....
3. La *Divina Commedia*, il grande capolavoro letterario, è tuttora studiata in tutte le scuole d'Italia. ....
4. Il cantante Cesare Cremonini è molto amato dai fans. ....
5. Filippo, il mio compagno di banco, sa disegnare molto bene. ....
6. Viola e Serena, le gemelle, vestono sempre uguale. ....
7. Ho finalmente conosciuto Greta, la ragazza di Roberto. ....
8. Non voglio giocare con Marina l'antipatica, non sorride mai ed è sempre arrabbiata. ....

27 Riscrivi **sul tuo quaderno queste frasi aggiungendo un'apposizione alle parole sottolineate.**

Es.: Alla mensa ho incontrato Aureliano.
Alla mensa ho incontrato Aureliano, *l'amico di Gianni*.

1. Io e Daniela partiamo domani per Madrid.
2. Il Mediterraneo bagna molte nazioni, fra cui l'Italia.
3. Maria è uscita per andare a fare la spesa.
4. Mario Balotelli ha segnato un goal bellissimo.
5. Carolina viaggia spesso per lavoro.
6. Siamo stati al concerto di Tiziano Ferro.
7. L'ambulatorio di Mariotti è aperto anche la domenica.
8. Vorrei mangiare il risotto.
9. Duccio ha deciso di iscriversi alla facoltà di fisica.
10. Robert Pattinson ha recitato nei film della saga di *Twilight*.

28 **In questo testo** cerchia **gli attributi e** sottolinea **le apposizioni.**

La mania dei selfie, gli autoscatti con il telefonino, non ha limiti, e sembra proprio che certa gente non riesca a fare a meno di fotografarsi ogni volta che fa qualcosa. Ma nessuno aveva mai pensato di scattarsi un selfie durante un furto.
Ashley Keast, un venticinquenne dedito a piccoli furti, lo scorso settembre si è introdotto in una casa di Rotherham, un piccolo paese in Inghilterra, mentre i padroni di casa erano in vacanza. Durante il furto ha trovato un cellulare e ha pensato di scattarsi una foto ricordo. Già questa era stata un'azione decisamente imprudente, ma il ragazzo è riuscito a mettersi nei guai quando ha involontariamente inviato la foto via WhatsApp ai colleghi del proprietario del telefono.
Dopo avere ricevuto il messaggio con la foto del ladro, i colleghi hanno immediatamente contattato l'amico, padrone di casa, e la polizia locale, la quale non ha avuto difficoltà a trovare il colpevole e ad arrestarlo poche ore dopo.
Alla fine è arrivata la condanna a Keast: dovrà scontare due anni e otto mesi di prigione, pena ridotta per il fatto che il ragazzo ha confessato il furto e non ha cercato di contestare le accuse, cosa ben difficile dopo le prove che lui stesso aveva fornito agli inquirenti.

Adattato da: http://notizie.delmondo.info

02 I complementi

Funzione e classificazione

Lorenzo beve.
Lorenzo beve ogni pomeriggio una spremuta d'arancia al bar.

I complementi **sono gli elementi** legati al predicato, **che servono a precisare, arricchire e completare il significato della frase.** Si possono classificare in tre gruppi:

- complementi diretti, che si uniscono al verbo direttamente, senza la preposizione, come il complemento oggetto: *Paolo ama* ***i popcorn***;
- complementi indiretti, che sono introdotti da una preposizione semplice o articolata (oppure da una locuzione preposizionale): *Torna* ***da noi****; Ha regalato un libro* ***all'amica****; Siamo sicuri* ***della vittoria****; Quella* ***di mio padre*** *è un'auto sportiva; Non uscirò* ***a causa della febbre***;
- complementi avverbiali, costituiti da avverbi o da locuzioni avverbiali che modificano o completano il significato del verbo cui si riferiscono: *Le ha parlato* ***dolcemente****;* ***Non*** *hanno accettato l'invito; L'ha bevuto* ***in un batter d'occhio.***

Il complemento oggetto (o complemento diretto)

La diva indossava un abito splendido.

Un abito splendido è il complemento oggetto (o complemento diretto) perché **indica l'oggetto** (persona, animale o cosa) **che subisce direttamente l'azione espressa da un verbo transitivo attivo.**

Risponde alle domande **chi?**, **che cosa?**:

Io	incontro	chi?	gli amici.
soggetto	predicato		complemento oggetto
Tu	suoni	che cosa?	il pianoforte.
soggetto	predicato		complemento oggetto

Il **complemento oggetto**:

- è in genere costituito da un **nome**: *Marta ha preparato* ***una buona torta*** (complemento oggetto più attributo); *Ieri ho incontrato il* ***dottor Rossi***;
- può essere costituito da qualunque parte del discorso sostantivata: *Ammiriamo* ***gli onesti*** (aggettivo); *Senti* ***il cadere*** (verbo) *della pioggia?*; *Noi* ***vi*** (pronome) *stimiamo; Non mi spiego* ***il perché*** (congiunzione); *Temo* ***il domani*** (avverbio); *Ho sentito gridare* ***ahi!*** (interiezione) ecc.;
- dipende sempre da un verbo transitivo attivo: *Hai bevuto* ***il tè****?*

Alcuni verbi intransitivi possono avere un **complemento oggetto interno**: *Vive* ***una vita*** *felice; Il paziente ha dormito* ***un sonno*** *sereno.*

PRIMA VERIFICA

1 Sottolinea il complemento oggetto in queste frasi.

Es.: Ragazzi, dove avete messo il mio tablet?

1. La babysitter ha portato il bambino a giocare al parco.
2. Giusy ama moltissimo i suoi due conigli.
3. Sto aspettando l'autobus da un quarto d'ora sotto la pioggia.
4. L'insegnante loda sempre gli studenti volenterosi.
5. Hai deciso cosa cucinare questa sera?
6. In montagna ho vissuto dei momenti indimenticabili.
7. Ho salutato mio padre al binario, poi lui è partito.
8. Gli spettatori hanno applaudito gli attori con molto entusiasmo.
9. Ti posso chiamare verso l'ora di cena?
10. Che smemorata Nuria, non ricorda mai niente!

Il complemento predicativo dell'oggetto

Caligola nominò un cavallo senatore.

Nell'esempio, *senatore* è un **complemento predicativo dell'oggetto** perché aggiunge un'informazione che riguarda il complemento oggetto (*un cavallo*).

Il **complemento predicativo dell'oggetto:**

- è costituito da **sostantivi** o **aggettivi:** *Luca si ritiene **geniale***;
- è introdotto da **verbi appellativi, effettivi, estimativi, elettivi** usati però **alla forma attiva:** *Per la sua astuzia, tutti lo **chiamano Volpe**; Quel brevetto li ha fatti **diventare ricchi**; Tutti **ritengono** Nico **superficiale***;
- può essere legato direttamente al verbo oppure può essere introdotto da preposizioni, avverbi, locuzioni, come **da, di, per, come, in qualità di:** *Trattano Enrico **da amico**; Hanno chiamato un geometra **in qualità di esperto**; Hanno scelto Davide e Mario **come testimoni** di nozze.*

Per non confondere il complemento predicativo dell'oggetto con l'attributo e l'apposizione, è importante ricordarsi che il primo è necessario per completare il significato della frase, mentre gli altri due no: *Giudico Sara **sincera*** (*sincera* non si può eliminare: è complemento predicativo dell'oggetto).

PRIMA VERIFICA

2 Sottolinea **il complemento predicativo dell'oggetto.**

Es.: Mia cugina chiamerà la sua prima figlia Fulvia, come la nonna.

1. Dopo la rapina in banca, la polizia ha interrogato i clienti in qualità di testimoni.
2. Alle scuole elementari ho sempre avuto Massimiliano come compagno di banco.
3. L'assemblea degli studenti ha eletto Moreno rappresentante.
4. Considero Romina la mia più cara amica.
5. La giuria ha nominato Silvana migliore atleta della scuola.
6. Dopo una votazione, la classe ha scelto l'Abruzzo come meta della gita scolastica.
7. Tanta frutta e verdura mantengono l'organismo in salute.
8. L'illuminazione e gli addobbi natalizi rendono l'atmosfera magica in ogni città.

Il complemento di termine

Hai spedito l'invito a Nicola?

A Nicola è un **complemento di termine**. Risponde alle domande **a chi?**, **a che cosa?**, ed è introdotto dalla preposizione **a** (semplice o articolata).
Poiché serve quasi sempre per completare il significato del predicato, fa parte della frase minima.
Se il complemento di termine è costituito da un pronome personale di forma atona (*mi, ti, ci...*), la preposizione **a** non compare, mentre davanti al pronome relativo **cui** la preposizione può anche essere omessa: *Nessuno* ***mi*** *ha detto niente!;* ***Ti*** *telefonerò; L'episodio* ***(a) cui*** *ti riferisci è molto significativo.*

PRIMA VERIFICA

3 Sottolinea **il complemento di termine in queste frasi.**

Es.: Ho mandato una mail al mio amico che abita a Hong Kong.

1. Ho dato il regalo di compleanno a Marion appena sono arrivato a casa sua.
2. Se stai male, chiedi all'insegnante il permesso di andare a prendere un'aspirina.
3. Al corso di francese hanno consegnato i certificati a tutti gli allievi.
4. Ho detto a Nunzia di comprare un chilo di pane al supermercato.
5. Al mare ho insegnato a Giordano come andare sott'acqua.
6. Ho regalato a un bambino il palloncino che ho vinto al lunapark.
7. Alle quattro telefonerò al dottore.
8. La macchina davanti al cancello appartiene al signore che abita al quarto piano.

Il complemento di specificazione

I capelli di Michele sono tutti arruffati.

Nell'esempio, *di Michele* è un **complemento di specificazione** perché specifica **di chi *sono*** *i capelli* di cui si parla. **Il complemento di specificazione è un complemento indiretto** che risponde alle domande **di chi?, di che cosa?** ed è introdotto sempre dalla preposizione **di** (semplice o articolata): ***La luce dei lampioni*** *si è improvvisamente spenta.*
Il complemento di specificazione può essere costituito da un nome o da qualsiasi parte del discorso usata come sostantivo: *Il bisogno* ***di parlare*** (verbo) *è per lui incontrollabile; Non ho paura* ***del domani*** (avverbio); *Questo è il parere* ***di tutti*** (pronome).
In alcuni casi il complemento di specificazione è espresso dalla particella pronominale **ne**: *Ce* ***ne*** *siamo occupati noi* (= ci siamo occupati noi di questo).

PRIMA VERIFICA

4 **Sottolinea i complementi di specificazione in queste frasi.**

Es.: Hai ascoltato l'ultima canzone di Noemi?

1. Mi piace molto guardare i documentari di scienze.
2. Ho comprato un chilo di melanzane per fare la parmigiana.
3. Cosa farai per la festa di fine anno?
4. Guardo sempre i film di questo regista.
5. In tutte le aule della scuola c'è la lavagna LIM.
6. Chi ha preso il telefonino di Margherita?
7. Lucio è il fratello di Benedetta.
8. Com'è andata l'interrogazione di storia?

Il complemento di denominazione

L'isola di Tahiti si trova nell'oceano Pacifico.

Nel mese di maggio sbocciano le rose.

Di Tahiti e *di maggio* sono complementi di denominazione e **precisano i nomi comuni che li precedono.** Il complemento di denominazione risponde alla domanda **di quale nome?** ed è introdotto dalla preposizione **di** (semplice o articolata).
I nomi da cui generalmente è introdotto sono:

- nomi geografici generici come **città, fiume, regione:** *La **città di Parma** si trova in Emilia;*
- nomi generici come **nome, soprannome, cognome, pseudonimo, titolo:** *Le hanno messo il **nome di Maria;***
- nomi di **feste, mesi, giorni:** *Giacomo partirà per il Perù la **domenica di Pasqua.***

PRIMA VERIFICA

5 Sottolinea **il complemento di denominazione in queste frasi.**

Es.: Il mese di gennaio è sempre molto freddo.

1. L'arcipelago delle isole Tremiti si trova nel mare Adriatico, vicino al Gargano.
2. Quando ero piccola mi hanno dato il soprannome di Zeroscia, che significa 'capelli rossi'.
3. L'isola di Santorini, in Grecia, fu distrutta da un violento terremoto.
4. Il mio bisnonno era nato nella città di Zara quando ancora era italiana.
5. Quando siete andati a visitare il Parco Nazionale dello Stelvio?
6. La battaglia di Lepanto fu vinta da Venezia e dai suoi alleati.
7. Il giorno di Capodanno facciamo i propositi per l'anno nuovo.
8. Luisa Veronica Ciccone, nota con il nome d'arte di Madonna, è una famosissima cantante pop.

Il complemento partitivo

Chi di voi ha il coraggio di entrare di notte in quella villa abbandonata?

Di voi è un **complemento partitivo** e **indica un tutto, un insieme di cui il nome** (o pronome o aggettivo) **definisce una parte.** Risponde alle domande **tra chi?, tra che cosa?** ed è introdotto dalle preposizioni **di, tra, fra.** Il complemento partitivo può dipendere da:

- sostantivi come **sezione, serie, quantità, parte, numero, decina** ecc.: *Soltanto una* ***decina di alunni*** *parteciperà ai Giochi della Gioventù*;
- numerali cardinali e ordinali: ***Uno degli alunni*** *deve aver scritto quella frase sul muro*;
- pronomi indefiniti o interrogativi come: ***Nessuno di noi*** *accetterà il suo invito*;
- aggettivi di grado superlativo relativo: *Sono* ***i più preparati tra i concorrenti***;
- un avverbio di quantità: *Prendi* ***un po' del gelato*** *che è in frigo.*

Il complemento partitivo può essere anche espresso dalla sola particella pronominale ***ne***: *Ha comprato molti cioccolatini ma* ***ne*** (= di essi) *ho mangiati pochissimi.*

PRIMA VERIFICA

6 Sottolinea il complemento partitivo in queste frasi.

Es.: Perché nessuno di voi ha aperto la porta quando ho suonato?

1. Alcuni tra i concorrenti del quiz televisivo non hanno risposto a domande facilissime!
2. Quanti di voi avrebbero il coraggio di lanciarsi con il paracadute?
3. Abbiamo già fatto la maggior parte del programma di letteratura.
4. Molti dei visitatori sono usciti dal museo incantati dalle opere d'arte che hanno visto.
5. Solo uno degli ammessi all'orale ha passato tutto l'esame.
6. Uno dei miei gatti ha rovesciato la ciotola del latte.
7. Due fra i miei compagni di classe sono originari del Vietnam.
8. Gran parte dei bambini ha il telefonino già alla scuola primaria.

I complementi di materia, di qualità e di età

Mio zio ha una collezione di maschere di legno.

La principessa Grace ha quindici anni. È una ragazza dai capelli dorati e di grande intelligenza.

Di legno è un complemento di materia e **indica la materia, la sostanza, l'elemento di cui un oggetto è costituito.** Risponde alle domande **di che cosa?, di che materia?** ed è introdotto dalle preposizioni **di** e **in.** Dipende di solito da un sostantivo: *Davanti alla villa c'è un bel cancello **in ferro battuto.***
Il complemento di materia può essere sostituito da un aggettivo corrispondente al nome, che ha valore di attributo: *Alcuni pavimenti di chiese hanno dei bei mosaici **marmorei*** (= di marmo).
In senso figurato, si può riferire a un essere umano: *Hai una faccia **di bronzo*** (hai un atteggiamento sfacciato).
Il complemento di qualità **indica le qualità fisiche o morali di qualcuno** (*dai capelli dorati, di grande intelligenza*) o **le caratteristiche di qualcosa.** Risponde alle domande**: come?, di che qualità?, con quali caratteristiche?** ed è introdotto dalla preposizione ***di*** o, più raramente, dalle preposizioni ***da, con, a***: *Chi è la ragazza **con i capelli rossi e la gonna a pois?**.*
Questo complemento dipende generalmente da un nome ed è formato da un sostantivo accompagnato da un attributo. Tuttavia può anche dipendere da verbi come *sembrare, parere, apparire*: *Sembrava **di carattere difficile** ma in realtà è molto socievole.*
Il complemento di età (nell'esempio *quindici anni*) indica l'età di una persona, animale o cosa, o specifica a quale età un individuo ha compiuto un'azione o si è trovato in una certa situazione. È espresso da un numero cardinale unito ai sostantivi *anno, mese, giorno...* e risponde alle domande **di che età?, a quale età?**. Può essere introdotto dalle preposizioni ***di, a, su, verso, circa, oltre*** o dalle locuzioni ***all'età di, all'incirca...***: *È una tartaruga **di due anni**; Si è laureato **all'età di trent'anni**; L'edificio è vecchio **di oltre cento anni**; Zia Angelina ha **novantaquattro anni**.*

PRIMA VERIFICA

7 Indica se i complementi sottolineati sono di materia (m), di qualità (q) o di età (e).

Es.: Patty è una ragazza molto buona di carattere. ...q...

1. Mi presti i tuoi guanti di lana, per favore? ....
2. Quando mia madre è partita per lavorare a Stoccarda aveva diciotto anni. ....
3. Ho comprato una grande libreria in legno chiaro. ....
4. Mi piacciono molto i bambini con le lentiggini. ....
5. Il nonno è una persona dalle mille sorprese. ....
6. Mia ha cominciato a parlare prestissimo, verso i dodici mesi. ....
7. Quell'albero è vecchissimo, ha circa trecento anni. ....
8. Non mi piace mangiare nei piatti di plastica. ....
9. Chi è quel signore con la barba bianca seduto sulla panchina? ....
10. Il mio fidanzato mi ha regalato un anello d'oro. ....
11. Che belli questi pantaloni a righe! ....
12. Abitiamo in una casa vecchia di secoli. ....

Il complemento d'agente e di causa efficiente

Il miele è prodotto dalle api.

Il pacco sarà trasportato da un aereo.

Dalle api è un complemento d'agente e **indica l'essere animato (persona o animale) che compie un'azione espressa da un verbo di forma passiva.** Il complemento d'agente non coincide con il soggetto grammaticale della frase. Risponde alla domanda **da chi?** ed è introdotto dalla preposizione **da** (semplice o articolata) e dalle locuzioni prepositive **da parte di, a opera di.**

Se invece l'azione è compiuta da un'entità inanimata (nell'esempio *da un aereo*), si tratta di un **complemento di causa efficiente** e, quindi, risponde alla domanda **da che cosa?**.
Entrambi i complementi possono essere espressi dalla particella pronominale **ne:** *L'attore era bravissimo e il pubblico* ***ne*** (= da lui, complemento di agente) *rimase affascinato; La pioggia fu così violenta che l'intero paese* ***ne*** (= da essa, complemento di causa efficiente) *fu danneggiato.*

PRIMA VERIFICA

8 **Indica se i complementi sottolineati sono d'agente (a) o di causa efficiente (c).**

Es.: L'albero è stato colpito da un fulmine durante il temporale. c..........

1. Il calciatore è rimasto a terra bloccato da un crampo. ....
2. In estate la mia città è invasa dalle zanzare. ....
3. Queste tazze sono state decorate a mano da mia zia. ....
4. Il mio computer è stato infettato da un potente virus. ....
5. Il lido sulla spiaggia è stato distrutto da una tromba d'aria. ....
6. Il paziente è stato operato da un'équipe di chirurghi internazionale. ....
7. Questo vestito è stato disegnato da un famoso stilista. ....
8. Il lavandino è già stato riparato tre volte dall'idraulico. ....

I complementi di luogo

I complementi di luogo **indicano il luogo, lo spazio in cui avviene l'azione espressa dal verbo** e in base alla loro specifica funzione si distinguono in: **stato in luogo, moto a luogo, moto da luogo** e **moto per luogo**.

Charlotte e Robert vivono in un piccolo villaggio francese. Sono appena usciti dalla casa dei nonni e stanno andando in pasticceria passando per la piazza.

Stato in luogo

Il complemento di stato in luogo **indica dove si trova una persona, un animale o una cosa oppure dove si svolge l'azione** (nell'esempio, *in un piccolo villaggio*). Risponde alle domande **dove?, in quale luogo?** ed è introdotto dalle preposizioni **in, a, su, fra, tra, presso, sopra, sotto, dentro** oppure da locuzioni come **accanto a, nelle vicinanze di:** *L'agenda è* ***sulla scrivania****; Il gatto è* ***accanto al camino****.*
Oltre che da un verbo, il complemento di stato in luogo può dipendere da:

- un nome come *soggiorno, permanenza, sosta* ecc.: *La sosta* ***a Torino*** *è stata del tutto imprevista;*
- gli avverbi, come ***qua*** o ***là:*** *Stai* ***là*** *e non muoverti.*
- le particelle avverbiali ***ci*** e ***vi***: *Se ti trovi così bene a Mantova, resta****ci*** (= là, in quel luogo).

Moto a luogo

Il complemento di moto a luogo **indica il luogo verso il quale è diretta l'azione** (nell'esempio, *in pasticceria*). È introdotto dalle preposizioni ***a, in, da, per, su, verso*** o dalle locuzioni ***alla volta di, in direzione di*** o simili: *Ci dirigiamo* ***alla volta della fattoria.***
Anche il complemento di moto a luogo può essere espresso da un avverbio o da una particella avverbiale: *Torna* ***qua****; Non* ***ci*** (= là, in quel luogo) *andrò.*

Moto da luogo

Il complemento di moto da luogo **indica il luogo da cui proviene il soggetto o il punto di partenza di un'azione o di un movimento** (nell'esempio, *dalla casa dei nonni* è complemento di moto da luogo).
Risponde alle domande **da dove?, da quale luogo?** ed è introdotto dalla preposizione ***da*** o, raramente, ***di***: *Il ritorno* ***dalle vacanze*** *è sempre triste; A che ora sei uscito* ***di casa?***
Il complemento di moto da luogo può essere espresso da locuzioni come ***da lontano, giù da, fuori da*** oppure dalla particella avverbiale ***ne***: *L'uomo veniva* ***da lontano****; L'acqua cadeva* ***giù dal terzo piano****; C'è stato un incendio:* ***ne*** (= da lì, da quel luogo) *siamo usciti vivi per miracolo.*

Moto per luogo

Il complemento di moto per luogo **indica il luogo attraverso cui avviene un'azione, un movimento** (nell'esempio, *per la piazza*). Risponde alle domande **per dove?, attraverso quale luogo?** ed è preceduto dalle preposizioni ***per, da, di, fra, tra, attraverso*** e dalla locuzione preposizionale ***in mezzo a***: *Passa* ***dal cortile****; Il corteo sfilava lentamente* ***tra le vie del centro.***
Il complemento di moto per luogo può anche essere espresso dalle locuzioni ***da qui, da lì, per di qua, per di là*** o dalle particelle avverbiali ***ci*** e ***vi***: *Sono passati* ***da qui****; Mi piace il bosco.* ***Ci*** (= di là, per quel luogo) *passo spesso.*

PRIMA VERIFICA

9 Indica **se i complementi sottolineati sono di stato in luogo (sl), moto a luogo (mal), moto da luogo (mdl) o moto per luogo (mpl).**

Es.: Annibale attraversò le Alpi con gli elefanti. mpl

1. Domani dobbiamo uscire di casa un po' prima. ....
2. Durante il viaggio in treno siamo passati per alcune grandi stazioni. ....
3. Voglio salire sull'albero a raccogliere le ciliegie. ....
4. Incontro Catina tutti i giorni perché abita vicino a casa mia. ....
5. L'anno scorso siamo partiti per la Calabria in autostop. ....
6. Domani passeggeremo tutto il giorno nel parco. ....
7. Arrivederci ragazzi, vi scriverò dall'Argentina. ....
8. I miei tre gatti dormono sempre sul letto con me. ....

I complementi di origine o provenienza e di allontanamento o separazione

Paolo discende da un'antica famiglia toscana. Oggi Paolo vive a Rovereto, lontano da Monteriggioni, sua città natale.

Il complemento di origine o provenienza indica **il luogo o la condizione da cui proviene qualcosa o qualcuno, in senso reale o figurato** (nell'esempio *da un'antica famiglia toscana* è complemento di origine). Risponde alle domande **da chi?, da che cosa?, da dove proviene?** ed è preceduto dalle preposizioni ***da*** o ***di***.
Può anche dipendere da un nome e in questo caso il verbo o l'aggettivo che indicano la provenienza sono sottintesi: *I vini* ***del Piemonte*** (= provenienti dal) *sono forti e corposi*; *Antonello* ***da Messina*** (= nativo di) *è un pittore del Quattrocento*.
Il complemento di allontanamento o separazione **indica la persona, la cosa o il luogo da cui, anche in senso figurato, ci si separa, ci si allontana o ci si differenzia** (nell'esempio *lontano da Monteriggioni* è complemento di allontanamento o separazione). Risponde alle domande **da chi?, da che cosa?, da dove?** ed è introdotto dalla preposizione ***da***: *La mia situazione va analizzata separatamente* ***dalla tua***.

PRIMA VERIFICA

10 Indica **se i complementi sottolineati sono di origine/provenienza (op) o di allontanamento/separazione (as).**

Es.: Il giocatore è stato espulso dalla squadra per comportamento scorretto. ...as...

1. Lo stretto di Messina separa la Sicilia dalla Calabria. ....
2. Molte parole che terminano in *-ma* derivano dal greco. ....
3. Questo cavallo discende da un grande campione del passato. ....
4. Ragazzi, allontanatevi dai fornelli, è pericoloso. ....
5. In bagno si sono staccate alcune piastrelle dal muro. ....
6. Il mio migliore amico è originario dell'Uruguay. ....
7. Giancarlo si è separato dalla moglie. ....
8. Molta della musica pop più ascoltata proviene dall'Inghilterra. ....

I complementi di tempo

Sbrighiamoci!
Il concerto inizierà alle dieci.
I cantanti si esibiranno per tre ore.

I complementi di tempo **indicano quando avviene un'azione** (nell'esempio, *alle dieci*) e **quanto tempo dura** (nell'esempio, *per tre ore*). Si distinguono due tipi di complementi di tempo: il **complemento di tempo determinato** e il **complemento di tempo continuato** o **indeterminato**.
Entrambi possono essere espressi da **avverbi** (*oggi, ieri, domani, adesso, presto, tardi, sempre, lungamente* ecc.) o da **locuzioni avverbiali** (*una volta, un tempo, di quando in quando, per sempre, a lungo, fino ad ora* ecc.): *Ci incontreremo* ***domani****;* ***Una volta*** *avevo fiducia in te; Rimarremo* ***per sempre*** *uniti.*

Il complemento di tempo determinato

Indica **in modo preciso il tempo in cui l'azione accade, è accaduta o accadrà.** Di solito è espresso da termini che specificano il tempo, l'ora, l'anno, la stagione ecc. Risponde alle domande **quando?, in quale momento?** ed è introdotto generalmente dalle preposizioni ***a***, ***in***, ***di***, ***tra***, ***fra***, ma può trovarsi anche **senza preposizione:** ***In primavera*** *tornano le rondini;* ***Tra pochi giorni*** *compirò diciotto anni; Alessandra* ***ogni mattina*** *va al lavoro in bicicletta; Partiremo* ***la prossima settimana.***

Quando l'indicazione temporale è approssimativa, si ricorre alle preposizioni ***da***, ***su***, ***verso***, ***circa*** oppure a locuzioni come ***intorno a***, ***prima di***: *Ci vediamo* ***verso le nove****; Ci vedremo* ***intorno alle undici.***

Il complemento di tempo continuato o indeterminato

Indica **per quanto tempo dura l'azione espressa dal verbo.** È generalmente espresso da sostantivi di valore temporale, spesso specificati da aggettivi numerali o indicanti quantità. Risponde alla domanda **per quanto tempo?** e può essere introdotto dalle preposizioni ***per***, ***da***, ***in***, ***oltre***, ***durante*** o da locuzioni come ***fino a***, ***già da***: *Piero è rimasto ad aspettarti* ***per due ore****;* ***Durante la festa*** *ci sono stati molti giochi!; Antonella ha studiato* ***fino a sera****; Si sono trattenuti* **(*per*) *tutto il pomeriggio*.**

PRIMA VERIFICA

11 Specifica **se i complementi di tempo sottolineati in queste frasi indicano un tempo determinato (td) o continuato (tc).**

Es.: Il principe e la principessa vissero per sempre felici e contenti. ...tc...

1. Ieri è piovuto per tutto il giorno. ....
2. Dopodomani è l'anniversario di matrimonio dei miei genitori. ....
3. Devo essere dal fisioterapista alle dieci in punto. ....
4. Fino a oggi non abbiamo ancora ricevuto nessuna notizia da Carlo. ....
5. Durante il volo c'è stata molta turbolenza. ....
6. Ogni sera bevo una tazza di camomilla con il limone. ....
7. In autunno il bosco ha colori bellissimi. ....
8. Abitiamo ad Asti da più di tre anni. ....
9. Dante Alighieri è morto a Ravenna il 14 settembre 1321. ....
10. Vinicio ha nuotato a lungo per prepararsi alla gara. ....
11. Sono stato in apnea per tre minuti. ....
12. Stanno restaurando questa chiesa da diversi mesi. ....

Il complemento di causa

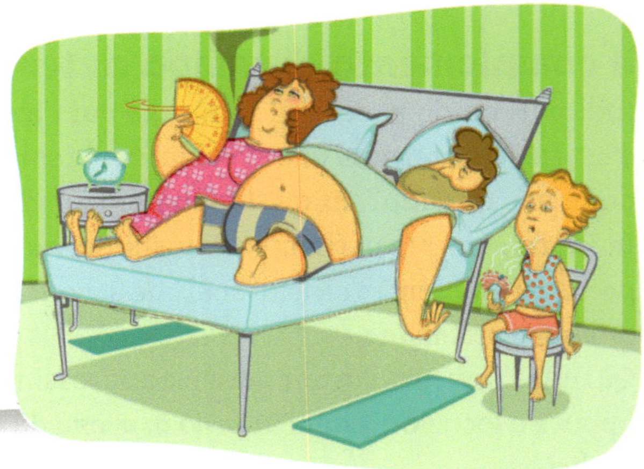

Non siamo riusciti a dormire per il caldo.

Il complemento di causa **indica il motivo o la causa per cui si verifica un'azione, una circostanza, un fatto** (nell'esempio, *per il caldo*). Risponde alle domande **perché?, per quale motivo?** ed è introdotto dalle preposizioni ***per, di, da, a, con*** o dalle locuzioni ***a causa di, per motivi di*** e simili: *Si è stupito* ***per la tua gentilezza****; Ho perso il treno* ***a causa del traffico****; Si è assentato* ***per motivi di famiglia.***
In genere il complemento di causa dipende da un verbo, ma può anche essere introdotto da un aggettivo oppure da un nome: *Il ragazzo era rosso* ***per la rabbia****; La nostra gioia* ***per il tuo successo*** *è indescrivibile.*

Il complemento di fine o scopo

La mia squadra si sta allenando duramente per la finale.

Il complemento di fine o scopo **indica il fine, lo scopo** (nell'esempio, *per la finale*) **per cui si fa un'azione oppure l'uso a cui è destinato un oggetto.**
Risponde alle domande **per quale scopo?, con quale fine?** ed è introdotto dalle preposizioni ***per, in, da, a, di*** o dalle locuzioni ***al fine di, allo scopo di, in vista di*** ecc. Il complemento di fine o scopo può dipendere da un verbo, da un nome o da un aggettivo: *Angela si sta preparando bene* ***per l'interrogazione****; Hanno dato un ricevimento* ***in onore dell'ambasciatore****; Siamo concentrati* ***per prepararci all'esame di Stato.***
Un uso particolare del complemento di fine è quello della preposizione ***da*** seguita da un nome che ha lo scopo di indicarne la funzione: *campo* ***da tennis****, abito* ***da sera****, canna* ***da pesca*** ecc.

PRIMA VERIFICA

12 Indica **se i complementi sottolineati in queste frasi sono di causa (c) o di fine (f).**

Es.: L'aeroporto di Milano è stato chiuso per nebbia. c

1. Ambra è felice per il matrimonio della sua migliore amica. ....
2. In estate uso sempre gli occhiali da sole. ....
3. In vista delle festività natalizie, i negozianti decorano tutte le vetrine. ....
4. Abbiamo scelto questo ristorante per il suo ricco menù vegano. ....
5. A Pinocchio è cresciuto il naso a causa delle sue bugie. ....
6. Sono riuscito a risparmiare i soldi per una nuova bicicletta. ....
7. Che afa terribile, non si respira per il caldo oggi! ....
8. Ho comprato un nuovo zaino per il viaggio in montagna. ....

Il complemento di mezzo o strumento

Siamo arrivati sull'isola con un aereo da turismo: vi invieremo le foto fatte tramite posta elettronica.

Con un aereo da turismo e *tramite posta elettronica* sono complementi di mezzo, che **indicano la persona, l'animale o la cosa per mezzo dei quali si compie l'azione espressa dal verbo.** Il complemento di mezzo risponde alle domande **per mezzo di chi?, per mezzo di che cosa?** ed è introdotto dalle preposizioni ***con, per, di, a, in, mediante, tramite, attraverso*** o dalle locuzioni ***per mezzo di, per opera di, grazie a***: ***Grazie all'intervento rapido*** *dei soccorsi, si sono salvate molte persone.*
Sono da considerarsi complementi di mezzo anche alcune espressioni introdotte dalla preposizione ***a*** (semplice o articolata): *a legna, a vento, a vela, a motore, a benzina* (una *stufa* ***a legna***; *un mulino* ***a vento***; *una barca* ***a vela***).
Il complemento di mezzo può essere anche figurato: *Mi ha conquistata* ***con la sua dolcezza***; *L'hai convinto* ***con il ricatto.***
Quando ci si serve di un oggetto per compiere l'azione, il complemento è definito di strumento: *L'ho avvertito* ***con un SMS***; *Ha scavato la buca* ***con la zappa.***

Il complemento di modo o maniera

I ragazzi scapparono via di corsa, allontanandosi rapidamente dal luogo dell'incendio.

Il **complemento di modo o maniera** (nell'esempio *di corsa* e *rapidamente*) **indica in che modo si svolge un'azione** o **in quali condizioni si verifica una circostanza.** Risponde alle domande **come?, in che maniera?, in che modo?** ed è introdotto dalle preposizioni ***con*, *a*, *di*, *da*, *per*, *in*, *secondo*, *senza*, *come*** oppure dalle locuzioni ***alla maniera di*, *al modo di***: *Tutto si è svolto* ***secondo i piani***; *In quel lontano villaggio vestivano ancora* ***secondo le antiche tradizioni.***
Il complemento di modo o maniera può quasi sempre essere trasformato in un **avverbio di modo**: *Lo guardò* ***con affetto*** (= affettuosamente); *Parlava* ***con lentezza*** (= lentamente).

PRIMA VERIFICA

13 Indica **se i complementi sottolineati sono di mezzo e strumento (ms) o di modo e maniera (mm).**

Es.: In estate ci facciamo la doccia con l'acqua fredda. ms

1. L'estate scorsa siamo partiti da Napoli e siamo arrivati ad Amsterdam in bicicletta. ....
2. Abbiamo fatto spese e abbiamo pagato con la carta di credito. ....
3. Il gattino gioca senza paura con il cane lupo. ....
4. Accettiamo con grande piacere il vostro invito a cena. ....
5. Tua madre ha scoperto la tua bugia grazie alla foto che hai pubblicato su Facebook. ....
6. Leggi attentamente le controindicazioni della medicina prima di prenderla. ....
7. Abbiamo ascoltato la musica in silenzio, è davvero bellissima. ....
8. Ho scritto la verifica con la matita e il professore si è arrabbiato. ....

I complementi di compagnia e di unione

Mio fratello è andato al cinema con gli amici.

Il complemento di compagnia (nell'esempio, *con gli amici*) **indica l'essere animato con cui si compie l'azione o cui ci si accompagna.** Risponde alle domande **con chi?, insieme a chi?** ed è introdotto dalla preposizione ***con*** oppure dalle locuzioni ***insieme con, assieme a, in compagnia di, in unione a***: *Angela verrà alla festa* ***insieme con le sue sorelle***; ***In compagnia dei miei cugini*** *mi diverto un mondo!*

Il complemento di unione, invece, **è costituito da un'entità inanimata** e risponde alla domanda **con che cosa?**. È introdotto dalla preposizione ***con*** o dalle locuzioni ***unitamente a, insieme con***: *Vive in una stanza* ***con bagno***; *Il dvd è venduto* ***unitamente alla rivista***.

A volte il complemento di compagnia o di unione può indicare un'entità astratta ed essere figurato: *Vuole star solo* ***con il proprio dolore***; *Vive* ***in compagnia dei suoi ricordi***.

PRIMA VERIFICA

14 Indica se i complementi sottolineati sono di compagnia (c) o di unione (u).

Es.: Insieme con il computer regalavano anche una chiavetta USB. u

1. Il mio sogno è di avere una fattoria con tanti cavalli. ....
2. Sono andato a passeggiare con il mio cane. ....
3. È arrivato Babbo Natale con i regali per tutti i bambini. ....
4. Celeste non è in casa, è uscita con gli amici. ....
5. Ho discusso a lungo con Iolanda e alla fine abbiamo deciso di andare a Praga. ....
6. Insieme all'aranciata ho mangiato anche un tramezzino. ....
7. Sono partito per il viaggio in Australia con una sola piccola valigia. ....
8. Il signor Gambirelli ha una villa con piscina. ....

Il complemento di limitazione

Nel tennis, mio figlio Andrea è imbattibile.

Nel tennis è un complemento di limitazione e specifica **entro quali limiti s'intende ciò che è affermato.** Risponde alle domande **limitatamente a che cosa?, rispetto a che?, in che cosa?** ed è retto dalle preposizioni ***in, per, da, a, di***, oppure dalle locuzioni ***limitatamente a, rispetto a, relativamente a, in fatto di***: *Come ve la cavate* ***in matematica?***; *È molto alto* ***per la sua età.***
Si devono considerare complementi di limitazione anche le espressioni ***A mio*** **(*tuo, suo...*)** ***avviso/parere, secondo me*** **(*te, lui...*)**, ***a giudizio di, a parere di***, in quanto l'affermazione o il giudizio è limitato a una persona o a un certo gruppo: ***Secondo me*** *dovrebbe cercare di distrarsi;* ***A giudizio dei tecnici*** *l'impianto elettrico è fuori uso.*

Il complemento di argomento

– Guardo sempre i documentari sugli animali.
– Io, invece, leggo spesso libri di botanica.

Sugli animali e *di botanica* sono complementi di argomento che **indicano l'essere o la cosa di cui si parla o si scrive.** Risponde alle domande **su che cosa?, intorno a chi?, riguardo a che cosa?**. È retto dalle preposizioni ***di, su, circa*** oppure dalle locuzioni ***intorno a, riguardo a, a proposito di*** ecc. o, anche, dalla particella **ne:** *Il Ministero della Salute ha organizzato un importante* *congresso* ***sull'alimentazione****; Abbiamo ragionato molto* ***a proposito della vostra proposta****;* ***Ne*** (= di essa) *hanno discusso, ma non sono giunti a una conclusione.*

PRIMA VERIFICA

15 Indica **se i complementi sottolineati sono di limitazione (l) o di argomento (a).**

Es.: Ugo è molto sportivo ma <u>nel tiro a segno</u> è un disastro. ....l....

1. <u>Secondo il mio dottore</u> dovrei mangiare più vitamine. ....
2. Cosa hai deciso di fare <u>riguardo al tuo problema con il vicino di casa</u>? ....
3. Domani cominciano i seminari <u>sulla poesia di Pascoli</u>. ....
4. <u>In quanto ad agilità</u>, quell'atleta è insuperabile. ....
5. Questo film, <u>a giudizio di tutti i critici</u>, è un capolavoro. ....
6. I miei genitori a tavola discutono sempre <u>di lavoro</u>. ....
7. Cosa ha detto il preside <u>rispetto a questo problema</u>? ....
8. <u>In fatto d'informatica</u>, Lucia non capisce quasi niente. ....

I complementi di abbondanza e di privazione

La brocca è stracolma di acqua.
È una brocca priva di tappo.

Di acqua e *di tappo* sono rispettivamente **complemento di abbondanza** e **complemento di privazione. Il primo** complemento **indica la cosa di cui si ha abbondanza, il secondo ciò di cui si è privi o carenti.** Questi complementi rispondono alle domande **pieno di che cosa?**, **privo di che cosa?** Sono introdotti dalla preposizione ***di*** e possono essere espressi anche dalla particella pronominale ***ne***: *Le arance sono ricche* ***di vitamine****; Quel ragazzo è scarso* ***d'idee****; Raccogli le mele, perché l'albero* ***ne*** *è pieno.*

I complementi di vantaggio e di svantaggio

I volontari hanno raccolto delle offerte per i poveri.
Perché non collabori anche tu? Il tuo comportamento egoista va a danno di te stesso.

Per i poveri e *a danno di te stesso* sono rispettivamente complemento di vantaggio e complemento di svantaggio e **indicano la persona, l'animale o la cosa a vantaggio o a danno dei quali avviene un'azione.** Rispondono alle domande **per chi?, per che cosa?, a vantaggio** (o **a svantaggio**) **di chi?, di che cosa?** Questi complementi sono introdotti dalle preposizioni ***per, a, contro, verso*** o dalle locuzioni ***a vantaggio di, a svantaggio di, in favore di, a sfavore di, a profitto di, a danno di...***: *Questa proposta è* ***a vantaggio di tutti****; Quella riforma è* ***a sfavore dei cittadini più poveri.***

PRIMA VERIFICA

16 Sottolinea **i complementi di abbondanza e privazione e quelli di vantaggio e svantaggio, e** specifica **di quali si tratta.**

Es.: Abbiamo fatto tutto questo solo per voi. vantaggio

1. Sono un po' anemico, devo seguire una dieta ricca di ferro. ....
2. L'avvocato ha parlato a lungo in difesa del suo cliente. ....
3. È la giornata ideale per il windsurf, infatti c'è molto vento. ....
4. A volte Gaetano manca di senso pratico. ....
5. La grandine è molto dannosa per le verdure dell'orto. ....
6. Ho giocato con il mio coniglio e adesso i miei pantaloni sono pieni di peli. ....
7. Questo romanzo è ben scritto ma è povero di emozioni. ....
8. L'arbitro ha fischiato sempre a sfavore della stessa squadra. ....

I complementi di colpa e di pena

Oreste è stato accusato di furto ed è stato condannato a due anni di prigione.

Di furto e *a due anni di prigione* sono rispettivamente **complemento di colpa** e **complemento di pena**.
Il **primo indica la colpa per cui una persona è accusata o da cui è stata assolta.** Risponde alle domande **di/per/da quale colpa?** ed è retto dalle preposizioni:
- ***di***, che indica la colpa di cui si è accusati: *I due politici furono accusati* ***di corruzione***;
- ***per***, che indica la colpa per cui si è processati o puniti: *Hannibal è stato condannato* ***per omicidio***;
- ***da***, che indica la colpa da cui si è assolti: *È stato assolto* ***dall'accusa*** *di furto.*

Il complemento di colpa esprime anche colpe di carattere morale: *Perché mi accusi* ***di scarsa sensibilità?***
Il **secondo indica la condanna** (pena, multa, castigo...) **che è data a una persona.** Risponde alle domande **a/con quale pena?** ed è introdotto dalle preposizioni ***a***, ***con***, ***per*** e ***di***: *Sono stato multato* ***per*** (o ***di***) ***ottanta euro.***

PRIMA VERIFICA

17 **Sottolinea i complementi di colpa e cerchia quelli di pena.**

Es.: Chi copia durante la verifica è punito con il ritiro del compito.

1. Sono stato rimproverato per il mio comportamento.
2. Non ti accusiamo di niente ma devi dirci la verità.
3. Nell'antichità i ladri erano puniti con il taglio della mano.
4. Mio padre ha trovato sulla macchina una multa di cento euro.
5. A volte le persone sono accusate di crimini che non hanno commesso.
6. Chi fuma nei luoghi pubblici è punito con multe severe.
7. I terroristi sono stati condannati all'ergastolo.
8. La mamma ha sgridato Rino per le sue continue bugie.

I complementi di paragone

Mauro è più alto di Astolfo.

Di Astolfo è un complemento di paragone ed **esprime una relazione di confronto fra un essere o un oggetto rispetto a un altro elemento.** Nell'esempio *Mauro,* che costituisce il **primo termine di paragone**, è messo a confronto con *Astolfo*, che rappresenta il **secondo termine di paragone.**
La relazione tra i due termini può essere:

- un comparativo di maggioranza o di minoranza, in cui il complemento di paragone (o secondo termine di paragone) è introdotto dalla preposizione ***di*** o dalla congiunzione ***che***, usata soprattutto quando la comparazione è stabilita tra due aggettivi che si riferiscono allo stesso soggetto: *Lucio è più pigro* ***di*** *Giuseppe; Franca è meno studiosa* ***che*** *intelligente;*
- un comparativo di uguaglianza, in cui il secondo termine di paragone è introdotto dagli avverbi ***quanto***, ***come*** (in correlazione o meno con ***tanto*** o ***così***): *Simona è (tanto) alta* ***quanto*** *la sorella maggiore.*

Il complemento di paragone risponde alle domande: **di chi?, di che cosa?, come chi?, come che cosa?, quanto chi?, quanto che cosa?**

PRIMA VERIFICA

18 Sottolinea **i complementi di paragone in queste frasi e** specifica **se sono di maggioranza (ma), di minoranza (mi) o di uguaglianza (u).**

Es.: Mi piacerebbe abitare in una casa di campagna come la tua. ...u.......

1. Sono convinto che Lavinia sia più piccola di me. ....
2. Vinicio ha solo nove mesi meno di sua sorella. ....
3. Il mio zaino è pesante quanto il tuo. ....
4. La mia classe è numerosa quanto quella di mio fratello. ....
5. I negozi in via dei Condotti a Roma sono più cari di quelli dei centri commerciali. ....
6. Abbiamo tutti un po' meno entusiasmo di Matteo. ....

I complementi di quantità

Il monumento è alto quasi due metri.

Sono qui raggruppati alcuni complementi simili nella forma che esprimono una quantità; possono essere costituiti da avverbi di quantità, da aggettivi numerali oppure da locuzioni avverbiali indicanti quantità, spesso non preceduti da preposizione.

- **Complemento di distanza.** Indica la **distanza esistente tra qualcuno o qualcosa e un determinato punto di riferimento.** Risponde alle domande **quanto?, a che distanza?** ed è introdotto dalle preposizioni ***a*** o ***tra*** / ***fra*** e dagli avverbi ***circa*** o ***quasi***. Può anche essere espresso da un avverbio di quantità come ***molto***, ***poco***, ***troppo***, ***parecchio***: *Mi fermai* ***a pochi passi*** *da lui; Il distributore è* ***a circa 2 chilometri*** *dal paese; La scuola dista* ***parecchio*** *dalla mia casa.*
- **Complemento di estensione o di misura.** Specifica **quanto si estende in lunghezza, larghezza, altezza o profondità un essere o una cosa.** Risponde alle domande **lungo / largo / alto / profondo quanto?, per quanto?** Di solito non è introdotto da preposizione ma in qualche caso è preceduto da ***su***, ***per***, ***circa***, ***quasi*** o da un avverbio di quantità come ***molto***, ***poco***, ***troppo***, ***parecchio***: *Il tunnel misura* ***350 metri****; Il bosco si estende* ***per molti ettari****; Bill è alto* ***quasi 2 metri****.*
- **Complemento di peso.** Specifica **il peso di un essere o di una cosa** e non è preceduto da preposizione se l'indicazione del peso è precisa; è invece introdotto da ***su***, ***circa*** o ***quasi*** quando il peso è approssimativo. Può essere espresso anche da un avverbio di quantità: *Questa zucca pesa* ***2 chili****; La valigia peserà* ***sui 30 chili****; Non ti pare di pesare* ***troppo****?*
- **Complemento di stima.** Indica **quanto è valutata materialmente una cosa** o **quanto è stimata moralmente una persona.** Di solito non è preceduto da preposizione. Quando, però, la stima è approssimativa, questo complemento può essere introdotto da ***su***, ***circa***, ***quasi*** o da locuzioni come ***all'incirca***, ***intorno a***: *Il mio appartamento è stato stimato* ***250 000 euro****; Quel collier vale* ***circa 10 000 euro****.*
  La stima di ordine morale è espressa solitamente da un avverbio o da una locuzione avverbiale come ***molto***, ***poco***, ***assai***, ***per niente***, ***di più***, ***di meno***: *Il professore d'italiano è apprezzato* ***molto*** *dai suoi alunni; Non ti stimo* ***per niente****.*
- **Complemento di prezzo.** Indica **il prezzo** o **il costo di qualcosa.** Risponde alle domande **quanto?, a quale prezzo?** Può essere preceduto dalle preposizioni ***a*** o ***per***: *La riparazione dell'auto è costata* ***1000 euro****; Ho acquistato questa TV* ***per 400 euro****.*
  A volte, questo complemento può essere formato da espressioni come ***a basso costo***, ***a un prezzo elevato***, ***un patrimonio*** o da avverbi e locuzioni avverbiali di quantità come ***molto***, ***poco***, ***di più***, ***di meno***: *Hanno speso* ***un patrimonio*** *per la casa; Ultimamente la benzina costa sempre* ***di più****.*

PRIMA VERIFICA

19 Indica **di quale tipo sono i complementi di quantità sottolineati.**

Es.: Questo quadro è valutato due milioni di dollari. stima

1. Il biglietto della fiera del libro costa solo quattro euro per gli studenti. ....
2. Questo palazzo è alto dieci piani. ....
3. Le macchine di seconda mano valgono poco. ....
4. Xiao è una bambina molto magra, pesa solo venti chili. ....
5. Gli uliveti di Sergio si estendono per molti ettari. ....
6. La mia casa è a pochi metri dal mare. ....
7. Stimo moltissimo quel ragazzo, è molto generoso. ....
8. Abbiamo comprato un biglietto aereo in offerta a settanta euro. ....
9. Il mio gatto è enorme, pesa dieci chili. ....
10. Taggia è a venticinque chilometri dal confine con la Francia. ....

I complementi distributivi, di rapporto, sostituzione o scambio

I fratelli hanno ricevuto due regali per uno, così non litigheranno tra loro.
Loretta forse resterà delusa, perché, al posto dei pattini che aveva chiesto, i genitori le hanno comprato guanti e berretto.

Il complemento distributivo indica **in che modo sono distribuiti esseri o cose** (nell'esempio *per uno*). Risponde alla domanda **in che proporzione?** ed è solitamente introdotto dalle preposizioni ***a*, *di*, *per*, *su*, *secondo*,** ma può anche non essere preceduto da preposizione: *Erano in fila* ***per tre****; Ho stirato due camicie* ***su otto****; I calzini costano 2 euro* ***il paio****.*

Il complemento di rapporto indica **un rapporto tra individui, entità o cose**, che può essere di amicizia, di collaborazione o, viceversa, di ostilità e contrasto (nell'esempio *tra loro*). Risponde alle domande: **con / tra chi?, in rapporto con chi?, contro chi?** ed è espresso dalle preposizioni ***con*, *tra*, *fra*, *contro*:** *Alessia litiga tutti i giorni* ***con la compagna*** *di banco; L'accordo commerciale* ***con la Francia*** *si è rivelato vantaggioso;* ***Tra loro*** *c'è grande armonia; Nella mia carriera da tennista ho giocato* ***contro*** *grandi campioni.*

Il complemento di sostituzione o scambio **indica l'individuo o la cosa che si trova al posto di un'altra o viene scambiata con un'altra** in senso proprio (nell'esempio *al posto dei pattini*) o figurato. Risponde alle domande: **invece di chi?, invece di che cosa?**. È introdotto dalle preposizioni ***per*, *con*** o da locuzioni preposizionali come ***al posto di*, *invece di*, *in cambio di*:** *Ti avevo preso* ***per mio fratello****; Verrà Ottavia* ***al posto di Vittoria****; Perché sei venuto tu* ***invece di Giordano****?.*

PRIMA VERIFICA

20 Sottolinea **i complementi distributivi, di rapporto e di sostituzione e** specifica **di quale si tratta.**

Es.: Il professore di geografia ci interroga <u>due alla volta</u>. distributivo

1. Ho scambiato Brando per suo fratello gemello. ....
2. Emer ha risposto bene a nove domande su dieci. ....
3. In questo ufficio fra colleghi c'è un ottimo rapporto. ....
4. Perché hai mangiato la torta invece della frutta? ....
5. Non ho mai litigato con mia sorella. ....
6. Elia ha un pessimo rapporto con il suo compagno di squadra. ....
7. Tais ha lavato i piatti al posto di Valeria. ....
8. Abbiamo pagato la pizza quattro euro a testa. ....
9. Bisognerebbe mangiare una mela al giorno. ....
10. Ragazzi, mettetevi in fila per due. ....
11. L'allenatore ha sostituito un difensore con un attaccante. ....
12. Alla finale del mondiale di calcio 2014 la Germania ha vinto contro l'Argentina. ....

I complementi concessivi e di esclusione

Malgrado l'ora tarda, Domenico e Mariangela si sono preparati con molta calma.
Domenico non voleva andare alla cena senza la cravatta adatta.

Il complemento concessivo indica **l'essere, la cosa o l'avvenimento nonostante il quale si verifica l'azione** (nell'esempio *Malgrado l'ora tarda*). Risponde alle domande **nonostante chi?/cosa?** ed è introdotto dalle preposizioni ***nonostante***, ***malgrado***, ***con*** o da locuzioni come ***a dispetto di***: ***Nonostante la nebbia***, *l'aereo è partito;* ***Malgrado la tua assenza,*** *abbiamo finito il lavoro.*
Il complemento di esclusione indica **la persona, l'animale o la cosa esclusa da quanto affermato nella frase.** Risponde alle domande **tranne (eccetto) chi?/cosa?** ed è introdotto dalle preposizioni ***eccetto***, ***fuorché***, ***meno***, ***tranne*** o da locuzioni preposizionali come ***ad eccezione di***, ***all'infuori di***, ***a parte...***: *Hanno aderito tutti all'iniziativa,* ***tranne Paolo***; ***A parte il piccolo incidente iniziale***, *il resto della gita si è svolto serenamente.*
Può anche essere introdotto dalla preposizione ***senza*** (nell'esempio ***senza la cravatta adatta***); in questo caso indica l'opposto di quanto espresso dai complementi di compagnia/unione e di mezzo, dando maggiore importanza al valore esclusivo rispetto a quello eccettuativo: *Con questo freddo non uscire* ***senza cappotto***; *Come mai hai cucinato il riso* ***senza il sale***?.

PRIMA VERIFICA

21 Indica **se i complementi sottolineati sono concessivi (c) o di esclusione (e).**

Es.: La biblioteca è aperta tutti i giorni <u>tranne la domenica</u>. ...e...

1. <u>Malgrado le difficoltà economiche</u>, riusciamo a vivere dignitosamente. ....
2. <u>A parte Tommaso</u>, nessuno mi ha fatto gli auguri di compleanno. ....
3. Non mangio nessun tipo di pasta <u>eccetto le lasagne</u>. ....
4. <u>Con questo caldo</u> ti metti ancora il maglione di lana? ....
5. Riesco a portare le borse della spesa anche <u>senza il vostro aiuto</u>. ....
6. Ci siamo completamente bagnati <u>nonostante l'ombrello</u>. ....
7. <u>A dispetto dei consigli</u> dei suoi genitori, Beata ha fatto la scelta sbagliata. ....
8. Ho fatto tutti i compiti <u>tranne l'esercizio</u> di geometria. ....

I complementi esclamativi e vocativi

Animo! Ragazzi, non scoraggiatevi, la prossima volta vincerete sicuramente la partita.

Il complemento esclamativo è un'esclamazione di gioia, di stupore, di dolore... (nell'esempio *Animo!*). È costituito solitamente da una semplice interiezione oppure da un'interiezione che introduce un pronome personale o un nome accompagnati da un aggettivo. Può anche essere solo un pronome accompagnato da un aggettivo o da espressioni particolari: ***Oh, che disdetta!*** *L'autobus è già partito;* ***Beato te!****;* ***Peccato****, c'ero quasi riuscito!;* ***Per tutti i diavoli****, vuoi stare zitto!*.

Il complemento di vocazione o vocativo indica l'essere animato o la cosa personificata che si chiama, si invoca (nell'esempio *Ragazzi*) o a cui si dà un ordine. È un inciso, quindi delimitato da una virgola se si trova a inizio di frase e da due se è all'interno: ***Bambini,*** *venite un po' qua; Aiutateci a tenere le strade pulite,* ***cittadini****.* In poesia e nella lingua letteraria è introdotto dall'interiezione **o**: ***O Romeo, Romeo,*** *perché sei tu Romeo?* (W. Shakespeare).

PRIMA VERIFICA

22 Sottolinea **i complementi esclamativi e** cerchia **quelli vocativi.**

Es.: Per la miseria, smettete di fare tutto questo rumore!

1. Che sfortuna, Livia ha perso il suo anello.
2. Bobo, torna subito qui!
3. Signori, prego, venite da questa parte.
4. Che peccato, Demetrio non ha ottenuto il lavoro.
5. Elettori, votate per me!
6. Massimiliano e Roberto, parlo con voi, fate silenzio!
7. Coraggio! La strada per la cima della montagna è ancora lunga.
8. Luis ha vinto alla lotteria, beato lui!

23 Indica se i complementi sottolineati in queste frasi sono diretti (d), indiretti (i) o avverbiali (a).

Es.: Telefonerò a Susanna per chiederle un favore. ...i...

1. La notte scorsa ho dormito profondamente per nove ore. ....
2. Io e Garcia ci conosciamo da diversi anni. ....
3. Carmen ascolta sempre musica a tutto volume. ....
4. Quanti regali hai fatto alla tua ragazza? ....
5. Rosita era seduta a cavalcioni sul muretto quando è caduta. ....
6. Ho parlato con i miei amici e ci siamo dati appuntamento per sabato. ....
7. Sto correndo troppo, devo andare più piano. ....
8. Indubbiamente hai vinto la gara perché eri la più forte. ....
9. Quando manderai le tue foto ai nonni? ....
10. Ho comprato questo mazzo di fiori per te. ....

24 Sottolinea il complemento oggetto e specifica da cosa è costituito.

Es.: Abbiamo sentito l'abbaiare del cane e ci siamo spaventati. ...verbo...

1. Non sopporto i bugiardi e i disonesti. ....
2. Ho saputo la data di arrivo dei miei amici. ....
3. Vi abbiamo chiamato più volte ma non avete risposto. ....
4. Ti sei comportato male e non capisco il perché. ....
5. Ho spedito un pacco con un regalo a Richa. ....
6. Alla partita della nazionale tutto il pubblico gridava 'forza azzurri!'. ....
7. Il preside non sopporta il continuo protestare degli studenti. ....
8. Non devi aspettare sempre il domani, vivi l'oggi! ....
9. Non importa quando, ma lo devi fare. ....
10. Amo leggere prima di addormentarmi. ....

25 Sottolinea il complemento oggetto interno.

Es.: Ho piantato una pianta di basilico sul balcone.

1. All'arrivo degli amici che non vedevo da anni, ho pianto lacrime di gioia.
2. Domani correremo la maratona cittadina.
3. Voglio vivere una vita piena di avventure ed emozioni.
4. Benedetta non ha più dormito sonni tranquilli fino alla fine dell'anno scolastico.
5. Quando ho avuto l'attacco di appendicite, ho sofferto forti dolori.
6. Gli Spartani combatterono la battaglia delle Termopili.

26 Completa le frasi con il complemento predicativo dell'oggetto scegliendo fra quelli proposti.

Es.: La visione di film in aereo rende il viaggio piacevole.

errata – felice – tonici – pericoloso – ~~piacevole~~ – responsabile – Testadura

1. Il professore ha considerato la mia risposta ...., ma secondo me era corretta.
2. Tutti chiamiamo Leo .... perché è molto ostinato.
3. La visita dei nipotini ha reso la nonna ....
4. Il commissario ha ritenuto il ladro .... della rapina.
5. La ginnastica rende i muscoli ....
6. Molti giudicano il motociclismo uno sport ....

27 Sottolinea i pronomi in grassetto quando sostituiscono un complemento di termine.

Es.: Domani Adriano **mi** verrà a trovare e **mi** restituirà la bicicletta.

1. Cosa **vi** ha detto quel poliziotto?
2. Ciao Bernardo, spero di riveder**ti** presto!
3. Perché il vostro amico non **vi** ha salutati?
4. Professore, **ci** darebbe qualche esercizio di preparazione per l'esame?
5. Nonno, che belle storie **ci** racconti! **Ti** ascoltiamo sempre con piacere.
6. Ettore è partito da un mese e non **mi** ha ancora scritto.
7. Se vuoi, **ti** aspetto davanti alla fermata del tram.
8. Ragazzi, **mi** potete spiegare cosa è successo oggi a scuola?

28 Completa le frasi con un complemento di specificazione.

Es.: La partita di pallavolo è stata posticipata per la forte pioggia.

1. Abbiamo finalmente finito la ricerca ....
2. Stoccolma è la capitale ....
3. Il nuovo ragazzo .... studia ingegneria.
4. Gli alberi .... hanno dei bellissimi fiori bianchi.
5. Non stare troppo sotto i raggi .... senza una protezione.
6. L'acqua .... è molto salata.
7. Ieri hanno rubato la bicicletta ....
8. Ho messo la sciarpa .... perché la mia si è bagnata sotto la pioggia.

29 Completa le frasi con il nome adatto a introdurre il complemento di denominazione sottolineato.

Es.: La festa di Halloween è di origine celtica.

città – ~~festa~~ – fiume – giorno – isola – mese – nomi

1. Il .... Po scorre nel Nord Italia.
2. Nel .... di agosto solitamente siamo in vacanza.
3. La .... di Terni è famosa per le sue acciaierie.
4. Il .... di Natale i bambini sono sempre più buoni.
5. A Venezia abbiamo preso il traghetto per l' .... di Murano.
6. Daniel ha trovato due gattine, gli ha dato i .... di Marlene e Carolina.

30 Indica le frasi in cui le parole in grassetto sono complemento partitivo.

Es.: Molti **di noi** non hanno ancora comprato i libri per il nuovo anno scolastico. √

1. Due **dei miei amici** sono andati a studiare lo spagnolo a Barcellona.
2. La classe **dei miei amici** è al secondo piano, la mia al primo.
3. Alcuni **degli appartamenti** in questo palazzo hanno la vista mare.
4. I miei genitori vogliono cambiare casa e domani vedranno **degli appartamenti** in vendita.
5. Gli alberi **del parco** sotto casa mia sono molto alti.
6. Una parte **del parco** è stata recintata e dedicata solo ai cani.

31 Completa con un complemento di materia a tua scelta.

Es.: Camicia di cotone .

1. Borsa ....
2. Sciarpa ....
3. Statua ....
4. Piatto ....
5. Tavolo ....
6. Anello ....

32 Sottolinea i complementi di qualità e cerchia quelli di età.

Es.: Non metto mai le camicie a maniche corte.

1. Il rappresentante degli studenti, poiché ha solo quattordici anni, non è all'altezza del suo ruolo.
2. Che bella questa gonna a fiori, la compro!
3. Ho un gatto bianco con una macchia nera sull'occhio.
4. Alena è davvero una ragazza di grande personalità.

5. Quel bambino con i capelli ricci avrà sì e no tre anni.
6. Il mio professore di biologia è un uomo sulla quarantina.
7. Pavarotti era un tenore dalla voce potente.
8. Abbiamo trovato in soffitta un quadro che avrà più di duecento anni.

33 Sottolinea i complementi d'agente e cerchia quelli di causa efficiente.

Es.: Il candidato è stato esaminato da una commissione molto severa.

1. Gli uccelli sono stati spaventati dai fuochi d'artificio e sono scappati via.
2. Il mio compagno è stato sgridato dal professore perché disturbava.
3. Il ladro che aveva rubato un quadro al museo è stato arrestato ieri dai carabinieri.
4. Il mio posto sul treno è stato occupato da un passeggero senza biglietto.
5. Questa serie TV è seguita appassionatamente da molte persone.
6. Le macchine sono state completamente ricoperte dalla neve.
7. Il Colosseo durante la notte è illuminato da fari molto potenti.
8. La fabbrica di stampanti è stata distrutta da un incendio la scorsa notte.

34 Sottolinea i complementi di luogo e dopo inseriscili nella tabella.

Martino viveva in un paese dove c'erano tre strade: una andava verso il mare, la seconda portava in città e la terza non andava in nessun posto. Quando Martino fu abbastanza grande per attraversare la strada senza dare la mano al nonno, una mattina si alzò per tempo, uscì dal paese e imboccò la strada misteriosa che non portava in nessun posto. A destra e a sinistra c'era una siepe ma ben presto cominciarono i boschi. Cammina e cammina, la strada sembrava non finire mai. Così Martino cominciò a pensare di tornare a casa quando, all'improvviso, uscì dal bosco e vide un cane che correva sul prato. Il simpatico animale gli fece capire di seguirlo e insieme arrivarono a un cancello di ferro. Attraverso le sbarre Martino vide un bellissimo castello con tutte le porte e le finestre aperte e il fumo che usciva da tutti i comignoli. Affacciata a una finestra, una bella signora lo invitò ad entrare. Martino attraversò il parco e arrivò alla porta del castello.

Adattato da *Favole al telefono* di Gianni Rodari

STATO IN LUOGO	MOTO A LUOGO	MOTO DA LUOGO	MOTO PER LUOGO

35 **Individua e sottolinea i complementi di allontanamento/separazione (as) e di origine/provenienza (op) e indica di quale dei due si tratta.**

Es.: In camera mia si è staccato un poster dalla parete. as

1. Allontaniamoci dalla strada, c'è troppo traffico e rumore. ....
2. La mia amica Muriel è nata da padre italiano e madre irlandese. ....
3. Questo ottimo pane proviene dalla Puglia. ....
4. Finalmente ci siamo liberati dal peso dell'esame! ....
5. Arrigo è di Lucca, in Toscana. ....
6. Non mi separo mai dai miei gatti, li porto con me ovunque. ....
7. Questa tecnologia viene dal Giappone. ....
8. Il film *Tre metri sopra il cielo* è tratto da un romanzo di Federico Moccia. ....

36 **Sottolinea i complementi di tempo in queste frasi.**

Es.: Penny ha nuotato in piscina per venti minuti senza fermarsi.

1. Ulisse ha dormito fino a mezzogiorno.
2. Akide è nata il 16 marzo 2011.
3. Apollonia e Iris hanno passeggiato per tre ore sul lungomare.
4. Il mio gatto Pamuk durante la notte è andato a miagolare sul tetto.
5. Ho conosciuto Ettore l'inverno scorso in montagna.
6. La festa di laurea di Morgana è durata tutta la notte.
7. Athos resterà in Italia fino a domenica.
8. Igor è tornato a casa alle tre di notte.

37 **Sottolinea i complementi di causa e cerchia quelli di fine.**

Es.: I volontari di questa associazione si impegnano molto per la protezione degli animali.

1. Ho smesso di fare jogging per il forte mal di pancia.
2. Non ho ancora preparato la valigia per la partenza di domani.
3. Dorian ha ottenuto il lavoro solo grazie alle amicizie di suo padre.
4. Questa fortezza è stata costruita a difesa di tutta l'area.
5. Siamo rimasti fermi alla stazione a causa del forte vento.
6. Dove sono le racchette da tennis?
7. Per favore, mi dai un bicchiere d'acqua? Sto morendo di sete!
8. Sancho è un cane da guardia ma noi non lo lasciamo mai in giardino la notte.
9. Non capisco quello che dici a causa del troppo rumore in strada.
10. Nicola sta mettendo da parte i soldi in vista del suo matrimonio.

38 Individua e sottolinea **i complementi di mezzo e strumento (ms) e di modo e maniera (mm) e** indica **di quale dei due si tratta.**

Es.: Per la scampagnata di domani ci dobbiamo vestire in modo pratico e sportivo. mm

1. Sono riuscito a trovare ciò che cercavo tramite una veloce ricerca in Internet. ....
2. Sono guarito dall'allergia grazie all'omeopatia. ....
3. Quando sono interrogato, mi presento senza ansia e timore e tutto va bene. ....
4. Ho aspettato con molta impazienza il giorno della festa di classe e finalmente è arrivato. ....
5. Questo giardino era abbandonato ma è stato risistemato ad opera di alcuni giovani. ....
6. Ho tagliato il pane con un coltello molto affilato. ....
7. Hanno scelto l'attore per il film mediante una selezione lunghissima. ....
8. Alla vista del disordine in casa, mia madre mi ha guardato con rabbia e rimprovero. ....

39 Individua e sottolinea **i complementi di compagnia (c) o di unione (u) e** indica **di quale dei due si tratta.**

Es.: Abbiamo visto la partita della nazionale in piazza con tantissimi tifosi. c

1. Sono andato in spiaggia con una maglietta leggera e ho avuto un po' freddo. ....
2. Ivan è partito con il suo cane per la montagna. ....
3. Unitamente all'invito al matrimonio, Viviana ci ha spedito la lista nozze. ....
4. Quel passeggero con l'enorme valigia nera non è potuto salire in aereo. ....
5. Vanessa è andata alla mensa con Zaira. ....
6. Ho passato una bellissima serata in compagnia della mia famiglia. ....
7. Jonathan è andato a casa di Pamela con un grosso mazzo di rose rosse. ....
8. Vorrei andare a Creta assieme ai miei amici la prossima estate. ....

40 Completa **le seguenti frasi con un complemento di limitazione o di argomento, secondo le indicazioni.**

Es.: *(argomento)* Ho letto molti libri di storia medievale.

1. *(argomento)* Che noia Federico, parla sempre ....
2. *(limitazione)* Marita è molto brava ....
3. *(limitazione)* Hanno criticato molto Ruggero ....
4. *(argomento)* Abbiamo visto un documentario ....
5. *(limitazione)* Arturo è infallibile ....
6. *(limitazione)* In matematica riesco a fare solo ....
7. *(argomento)* Tea è un'esperta ....
8. *(argomento)* Sapete dirci qualcosa ....?

41 Completa le frasi con i complementi di abbondanza e privazione a tua scelta e specifica di quale si tratta.

Es.: La mia libreria è piena di fumetti. .... abbondanza

1. Roma è una città ricca ....
2. Sulla tavola non deve mancare mai ....
3. Il bosco abbonda ....
4. L'albero in giardino è carico ....
5. Questo film manca ....
6. Maria è una donna priva ....
7. Seguiamo una dieta ricca ....
8. Sono stato derubato ....

42 Sottolinea i complementi di vantaggio e svantaggio e specifica di quali si tratta.

Es.: Un ricco signore ha fatto una donazione a favore degli orfani. vantaggio

1. I genitori farebbero qualsiasi cosa per i figli. ....
2. Il comportamento di Max è andato a danno di tutta la classe. ....
3. Quest'associazione di volontari si impegna molto contro la caccia. ....
4. Questi lavori stradali andranno a beneficio degli automobilisti. ....
5. Tutte le tue assenze vanno a danno del tuo rendimento scolastico. ....
6. Queste erbe sono ottime per il cuore. ....

43 Completa le frasi con un complemento di colpa o di pena secondo la logica e dopo specifica di quale si tratta.

Es.: Il calciatore è stato punito con l'espulsione. .... pena

1. I miei genitori mi hanno sgridato ....
2. L'automobilista che passa con il rosso è punito ....
3. Quello studente è stato accusato ....
4. Chi sale in autobus senza biglietto viene multato ....
5. Mario è stato condannato ....
6. Hanno incolpato ingiustamente Giuditta ....

44 Scrivi sei frasi relative alla tua persona con i complementi di paragone (due di maggioranza, due di minoranza e due di uguaglianza) e dopo specifica di che tipo si tratta.

Es.: Io mangio più verdura che formaggio. maggioranza

45 Sottolinea **i complementi di quantità e** specifica **di quale tipo sono.**

Es.: La piscina olimpionica misura venticinque metri per cinquanta. estensione/misura

1. Questa valigia pesa una tonnellata! Cosa ci hai messo dentro? ....
2. Quello studente è apprezzato molto da tutti i professori. ....
3. La stazione dista circa due chilometri da qui, meglio andarci in autobus. ....
4. Questa cassa di pomodori pesa quindici chili. ....
5. I prezzi delle case sono scesi, costano mille euro al metro quadro. ....
6. L'Everest è alto 8848 metri. ....
7. Frenando all'improvviso la macchina si è fortunatamente fermata a pochi centimetri dal pedone. ....
8. L'anno scorso all'ostello della gioventù abbiamo pagato solo venti euro la camera doppia. ....
9. Il pozzo di San Patrizio a Orvieto è profondo cinquantaquattro metri. ....
10. Questo brillante è falso, varrà una decina di euro. ....

46 Scrivi **sul tuo quaderno tre frasi per ciascuno di questi complementi: distributivo, di relazione, di sostituzione.**

47 Completa **le frasi con un complemento concessivo o di esclusione e** specifica **di quale si tratta.**

Es.: Tiziana non va bene in nessuna materia tranne in fisica. esclusione

1. Andremo tutti in gita ....
2. Gunter mangia tutti i dolci ....
3. La mia squadra ha vinto tutte le partite ....
4. Ho preso bei voti in tutte le verifiche ....
5. La settimana scorsa ha sempre piovuto ....
6. Tutti hanno lo smartphone ....
7. Gli studenti seguono attentamente la lezione ....
8. Tutti i ciclisti sono arrivati al traguardo ....
9. Mia sorella è allergica a tutta la frutta secca ....
10. Vania parteciperà alla recita ....

48 Scrivi **sul tuo quaderno quattro frasi con un complemento esclamativo e quattro con quello vocativo.**

49 Scrivi **sul tuo quaderno una frase per ogni complemento studiato.**

03 Una frase complessa: il periodo

Che cos'è il periodo

1) Anche quest'anno Marco e Giulia sono andati in vacanza al mare.
2) Giulia ha deciso di trascorrere l'intera giornata in spiaggia, mentre Marco è andato in bicicletta e ha salutato gli amici che non vedeva da tempo.

La prima è una **frase semplice** o **proposizione** e contiene un unico predicato (*sono andati*). La seconda è formata da due o più proposizioni e perciò è detta **periodo** o **frase complessa.** Ogni periodo è costituito da tante proposizioni quanti sono i predicati (verbali o nominali):

Frase semplice

Anche quest'anno Marco e Giulia sono andati in vacanza al mare.

proposizione

Periodo

Giulia ha deciso di trascorrere l'intera giornata in spiaggia

proposizione

mentre Marco è andato in bicicletta

proposizione

e ha salutato gli amici

proposizione

che non vedeva da tempo.

proposizione

Le proposizioni indipendenti

Domani preparerò io la cena.
Preparerò io la cena domani?
Preparerò io la cena domani!

Le proposizioni degli esempi sono tutte **indipendenti** perché non dipendono da altre frasi e sono di senso compiuto. Esprimono tutte lo stesso contenuto ma con forme diverse, **adatte allo scopo da raggiungere.** In base a ciò che indicano, si distinguono in:

- **enunciative** o **dichiarative**: esprimono un pensiero, un giudizio, un'informazione o descrivono un fatto. Il verbo è solitamente all'**indicativo**, raramente all'**infinito**: *Domani **preparerò** io la cena; Quel quadro **è** un vero capolavoro; Ecco **arrivare** il solito dispettoso;*
- **interrogative**: esprimono una domanda, un'interrogazione o anche un dubbio in forma diretta e si concludono con il punto interrogativo. Generalmente il verbo è all'**indicativo**, ma può essere anche al **congiuntivo**, al **condizionale** o all'**infinito**: ***Preparerò** io la cena domani?; Che **aspettino** ancora noi?; **Verrebbero** all'incontro?; Come **risolvere** quel problema?;*
- **esclamative**: indicano un'esclamazione che esprime gioia, dolore, dispiacere e si concludono con il punto esclamativo. Hanno solitamente il verbo all'**indicativo**, al **congiuntivo** o all'**infinito**: ***Preparerò** io la cena domani!; **Fossi** pazzo!; Che sofferenza **rivederli**!*. Sono molto frequenti le forme con il verbo sottinteso: *Quanti errori!* (sottinteso: *hai fatto*);
- **imperative**: esprimono un comando o una proibizione. Hanno il verbo all'**imperativo** o all'**infinito.** Spesso si concludono con il punto esclamativo: ***Vieni** subito!; Non **gridare**; Ora **girare** a destra;*
- **esortative**: esprimono un invito, un'esortazione, una preghiera e sostituiscono le imperative nelle forme mancanti (1ª persona plurale e 3ª persona singolare e plurale). Il verbo è al **congiuntivo.** Spesso si concludono con il punto esclamativo: *Su, non ci **scoraggiamo**; La prego, mi **ascolti**!; **Entrino** pure gli atleti;*
- **desiderative** o **ottative**: esprimono un desiderio, un augurio, un rimpianto. Hanno il verbo al **congiuntivo,** al **condizionale** e a volte all'**infinito.** Spesso si concludono con il punto esclamativo e sono introdotte da interiezioni o locuzioni interiettive: ***Venisse** anche lui!; **Vorrei** del tè caldo; Ah, **tornare** a Barcellona!;*
- **concessive**: esprimono una concessione o la possibilità, per via ipotetica, che si verifichi un fatto o una situazione. Hanno generalmente il verbo al **congiuntivo** rafforzato da *pure, anche*...: ***Parli** pure male di noi; **Si ammetta** anche la loro responsabilità;*
- **incidentali o parentetiche**: servono a chiarire o precisare un'idea. Sono generalmente inserite tra due virgole o due lineette o tra parentesi, e possono essere precedute da ***come*** o da altre congiunzioni che danno altre sfumature di significato: *Nostro nonno – **come voi sapete** – è cresciuto in America; Tuo nipote, **se non mi sbaglio**, è stato bocciato; Ero sicuro (**e mi sarei meravigliato del contrario**) che sarebbe arrivato tardi alla stazione.*

PRIMA VERIFICA

1 **Indica di che tipo sono queste proposizioni indipendenti scegliendo fra le due alternative proposte.**

Es.: Come mi piacerebbe pilotare un aereo! — *esclamativa / desiderativa*

1. Vinca pure il migliore! — *incidentale / concessiva*
2. Dov'è via Carducci? — *desiderativa / interrogativa*
3. Per favore, non gridare così. — *imperativa / esortativa*
4. Il treno per Bari parte fra due minuti. — *enunciativa / concessiva*
5. Si riconosca anche la superiorità tecnica degli avversari. — *imperativa / concessiva*
6. Quanto siete noiosi! — *esclamativa / esortativa*
7. Ragazzi, torniamo subito in classe! — *esortativa / imperativa*
8. Quanto andrei volentieri al mare! — *enunciativa / desiderativa*

La coordinazione: caratteristiche e tipi

Nevicava da qualche ora, faceva molto freddo, la nonna riposava davanti al camino.

In questo periodo ci sono tre **proposizioni**, unite tra loro dalla virgola, tutte e tre **indipendenti.** Esse si dicono **coordinate**, poiché fanno parte di uno stesso periodo. La coordinazione mette tutte le proposizioni sullo stesso piano. Nei periodi in cui ci sono più proposizioni grammaticalmente indipendenti, si chiama **principale** la prima proposizione, mentre le altre sono dette **coordinate alla principale**:

Nevicava da qualche ora,	faceva molto freddo,	la nonna riposava davanti al camino.
principale	coordinata alla principale	coordinata alla principale

Questa coordinazione che avviene tramite **segni d'interpunzione** (virgola, punto e virgola, due punti) si dice per **asindeto**. **Nella coordinazione si possono usare anche le congiunzioni coordinative** (o **funzionali**) come ***e***, ***o***, ***ma***, ***dunque***, ***tuttavia***: *Ceniamo in giardino **o** usciamo?* Una particolare forma di coordinazione, detta **polisindeto**, consiste nel ripetere una stessa congiunzione all'inizio di ogni proposizione di un periodo, per dare la stessa importanza a ognuna di esse: ***E** ride **e** parla **e** si distrae.*

Le proposizioni coordinate mediante congiunzione

Ho incontrato Maddalena e l'ho salutata.

La **proposizione coordinata**, a seconda del tipo di congiunzione coordinativa che la introduce, può essere:

- **copulativa**, quando avvicina due affermazioni attraverso una congiunzione copulativa, positiva o negativa, come ***e***, ***inoltre***, ***anche***, ***né***, ***nemmeno***, ***neppure***: *Ho incontrato Maddalena* ***e*** *l'ho salutata; Non so come si chiami* ***né*** *dove viva;*
- **disgiuntiva**, quando introduce un'alternativa a quanto detto nella proposizione cui è coordinata, attraverso le congiunzioni disgiuntive ***o***, ***oppure***: *L'hai deciso da solo* ***o*** *ti hanno convinto i tuoi genitori?; Vuoi partire con noi* ***oppure*** *vuoi restare ancora là?;*
- **avversativa**, quando crea un rapporto di opposizione con la proposizione cui è coordinata. È introdotta dalle congiunzioni avversative ***ma***, ***però***, ***tuttavia***, ***anzi***, ***eppure***, ***invece***: *Ha voluto un cane,* ***però*** *non lo cura abbastanza; L'esperto ha spiegato chiaramente la sua teoria,* ***tuttavia*** *non ha convinto nessuno;*
- **conclusiva**, quando stabilisce un rapporto di conseguenza rispetto a quanto detto nella proposizione cui è coordinata. È introdotta dalle congiunzioni ***perciò***, ***dunque***, ***pertanto***, ***quindi***: *Mi hai fatto ordinare tu la pizza,* ***perciò*** *ora devi mangiarla; Il treno partirà tra poco,* ***quindi*** *è meglio affrettarsi;*
- **esplicativa** o **dichiarativa**, quando spiega ulteriormente quanto espresso nella proposizione cui è coordinata. È introdotta dalle congiunzioni ***cioè***, ***ossia***, ***infatti***, ***invero***: *Avevano poco tempo,* ***infatti*** *si sono trattenuti solo per qualche minuto; È un'allieva diligente,* ***cioè*** *si impegna molto e costantemente;*
- **correlativa**, quando si crea un parallelismo tra le frasi coordinate, attraverso l'uso delle congiunzioni copulative o disgiuntive di tipo correlativo ***e... e***, ***o... o***, ***così... come***, ***sia... sia***, ***né... né***, ***non solo... ma anche*** e simili: *Partiremo* ***sia*** *che faccia bel tempo* ***sia*** *che piova; Oggi non riesco* ***né*** *a leggere* ***né*** *a concentrarmi su niente.*

PRIMA VERIFICA

2 Indica **il tipo di coordinazione impiegata in queste frasi.**

Es.: Vladimir era malato, tuttavia è andato in piscina. avversativa

1. O andiamo in pizzeria o cuciniamo noi qualcosa a casa. ....
2. L'insegnante detta e gli studenti scrivono. ....
3. Valentina è nissena, cioè è di Caltanissetta. ....
4. Vivo a Pescara da pochi mesi quindi non conosco bene le strade. ....
5. Ciro ha comprato la macchina ma non la usa mai. ....
6. Quest'estate andate al mare o fate un giro in Europa? ....

Le proposizioni nel periodo: principali o reggenti, subordinate o secondarie

Durante le vacanze andrò in Africa per fare volontariato in un parco nazionale, poiché credo che nella vita sia necessario fare qualcosa di utile.

In un periodo ogni **proposizione** può assumere due funzioni, infatti può essere:

- **principale** o **reggente**, quando non dipende da nessun'altra proposizione e ha senso compiuto;
- **secondaria** o **subordinata**, quando dipende da un'altra proposizione. Le proposizioni subordinate possono dipendere da altre proposizioni subordinate, che diventano a loro volta reggenti.

Durante le vacanze andrò in Africa	principale o reggente
per fare volontariato in un parco nazionale	subordinata o secondaria di 1° grado
poiché credo	subordinata o secondaria reggente di 1° grado
che nella vita sia necessario	subordinata o secondaria di 2° grado
fare qualcosa di utile	subordinata o secondaria di 3° grado

Nel periodo c'è una sola proposizione principale (*Durante le vacanze andrò in Africa*) e quattro proposizioni subordinate. Si chiamano **subordinate di 1° grado** le proposizioni che dipendono direttamente dalla principale e che reggono, eventualmente, le successive; **subordinate di 2° grado** quelle che dipendono dalla subordinata di 1° grado (e così via, si possono avere le subordinate di 3° grado, di 4° grado ecc.). È bene precisare che la subordinazione può essere fatta attraverso diverse forme di **connettivi** come preposizioni (***di, a, da*** ecc.), congiunzioni (***perché, se, che*** ecc.), pronomi relativi (***che, il quale*** ecc.), oppure anche solo attraverso forme verbali di modo non finito (***Ascoltato** il telegiornale, spense la TV; Forse è ancora possibile **riservare** i posti a teatro*).

ATTENZIONE!

La coordinazione si può verificare non soltanto tra proposizioni principali ma anche tra proposizioni subordinate:

Abbiamo comprato i biglietti	per andare al concerto	e	passare una serata diversa.
principale	subordinata		coordinata alla subordinata

PRIMA VERIFICA

3 Trova e sottolinea le subordinate.

Es.: Ho ritrovato l'anello d'oro <u>che cercavo da una settimana</u>.

1. Ti ho telefonato perché devo chiederti un favore.
2. Poiché Gigi era molto stanco è andato a letto.
3. Se vuoi, posso aiutarti con gli esercizi di tedesco.
4. Credo che Alberto abbia già cenato.
5. Devo andare in Inghilterra per imparare bene l'inglese.
6. Siccome soffro di allergia, in primavera starnutisco sempre.
7. Arrivati a Pesaro, siamo subito andati in albergo.
8. Spengo il telefono per non avere distrazioni a lezione.
9. Credete che tutti facciano la raccolta differenziata?
10. Quando mi sono tolta le tonsille ho mangiato tanti gelati.

Subordinate esplicite e implicite

Terminato **il pranzo, ordinammo il caffè.**

In base al modo in cui è espresso il predicato verbale, le **proposizioni subordinate** si distinguono in:

- **esplicite**, quando il predicato verbale è al **modo finito** (indicativo, congiuntivo, condizionale) introdotto da congiunzioni subordinanti: *Voglio ricordarti **che** domani **verrà** la nonna; È troppo stanco **perché possa** uscire di nuovo; Non so **se** lo **farebbe** davvero;*
- **implicite**, quando il predicato verbale è al **modo indefinito** (infinito, participio, gerundio) introdotto o meno da preposizioni: *Ti ho telefonato **per chiarire** quel problema; **Finita** la festa, gli invitati sono andati via; Si è addormentato **guardando** la TV.*

Una proposizione esplicita può essere principale o secondaria, mentre quella implicita è sempre secondaria. Una proposizione implicita si può generalmente trasformare in un'esplicita:

PRINCIPALI ESPLICITE	SUBORDINATE IMPLICITE	SUBORDINATE ESPLICITE
Ha capito	crescendo	= mentre cresceva
Ti chiamerò	dopo aver pranzato	= dopo che avrò pranzato
Andò subito a casa	uscito dal cinema	= quando uscì dal cinema

PRIMA VERIFICA

4 Seguendo le indicazioni trasforma in implicite le subordinate esplicite sottolineate.

Es.: Dopo che avrà finito l'università, Oleg farà un viaggio in Sudafrica. *(infinito passato)*
Dopo aver finito l'università

1. Mentre andavo a scuola, ho trovato per terra dieci euro. *(gerundio)* ....
2. Dopo che avrò comprato il latte, farò una torta. *(participio passato)* ....
3. Mio padre comprò una macchina dopo che ebbe trovato un lavoro. *(infinito passato)* ....
4. Ho perso il portafoglio mentre salivo sull'autobus. *(gerundio)* ....
5. Va' a tavola solo dopo che ti sarai lavato le mani. *(infinito passato)* ....
6. Dopo che era tornato a casa, Fausto ha studiato un po'. *(participio passato)* ....

5 Indica il tipo d'indipendente.

Es.: Va' subito in camera tua! imperativa

1. Magari il tempo fosse sempre così bello come oggi! ....
2. Questa mattina al centro commerciale non c'era molta gente. ....
3. Spegni la sigaretta! ....
4. Si accomodino qui, Signori. ....
5. I veri amici non ti abbandonano mai. ....
6. Vadano pure in vacanza in quel posto pericoloso! ....
7. Perché non avete lavato i piatti? ....
8. Quanto mi piace questa canzone! ....

6 Completa le frasi con una proposizione coordinata seguendo le indicazioni.

Es.: *(conclusiva)* Avevo molta fame, perciò ho mangiato molto.

1. *(copulativa)* Alfredo va al supermercato ....
2. *(correlativa)* Non mi piacciono né le banane ....
3. *(disgiuntiva)* Esci con noi ....
4. *(esplicativa)* Mio padre è artigiano ....
5. *(avversativa)* Sono stanco ....
6. *(conclusiva)* Sono arrabbiato con te ....

7 Indica se le proposizioni sottolineate sono coordinate (c) o subordinate (s).

Es.: Mentre vai a scuola, fermati a comprare un panino per l'intervallo. s

1. Donatella vorrebbe che io la accompagnassi dal dottore. ....
2. Ho preparato la cena e ho servito i miei ospiti. ....
3. Abbiamo messo un sistema d'allarme in casa ma i ladri sono entrati ugualmente. ....
4. Ho chiesto a Dario se vuole studiare con me. ....
5. Quando arriverà l'inverno, andremo tutti i fine settimana a sciare. ....
6. Ronaldo ha mangiato i maccheroni, invece Cristiano ha preferito il risotto. ....

8 Sottolinea le proposizioni subordinate e specifica se sono esplicite (e) o implicite (i).

Es.: Mentre giocava a pallacanestro, Caterina si è fatta male al polso. e

1. Fatti i compiti, siamo finalmente usciti a giocare. ....
2. Parlando con la sorella, Irma ha capito i suoi sbagli. ....
3. Ho finalmente visto il film che ha vinto la Palma d'Oro. ....
4. Sebbene facesse molto freddo, alcune persone si sono tuffate nel fiume. ....
5. Dopo aver fatto la doccia, mi sono asciugata i capelli. ....
6. Conoscendo molte lingue, Debora fa spesso da interprete. ....

04 Le proposizioni subordinate

Subordinate soggettive

La tua felicità **è evidente.**
È evidente che sei felice.

Il primo esempio è una frase semplice, di cui *la tua felicità* è il soggetto; il secondo, invece, è una frase complessa e *che sei felice* è una subordinata soggettiva, **perché svolge la funzione di soggetto logico** della proposizione che la regge.
Le subordinate soggettive sono introdotte da proposizioni il cui predicato è formato da:

- verbi impersonali come *bisogna, accade, avviene, pare, conviene, occorre, risulta:* ***Bisogna*** *che ci rifletta;* ***Pare*** *che tornino domani;* ***Occorre*** *ricordare l'indirizzo;*
- verbi impersonali con ***si*** passivante (*si dice, si racconta, si crede, si spera):* ***Si dice*** *che abbia la mania delle figurine;* ***Si spera*** *che siano vestiti bene per la festa;*
- locuzioni impersonali (*è giusto, è necessario, sembra opportuno, pare evidente, è tempo, è bene):* ***È necessario*** *che sia presente alla cerimonia;* ***Pare evidente*** *che non verranno più;* ***È tempo*** *di crescere.*

La **proposizione subordinata soggettiva** può essere:

- **esplicita**, quando è introdotta dalla congiunzione ***che*** e ha il verbo:
  - all'**indicativo** per esprimere certezza: *È certo* ***che riconoscerà*** *il suo errore;*
  - al **congiuntivo** per esprimere possibilità, dubbio: *È probabile* ***che*** *Marisa* ***sia scesa*** *alla fermata sbagliata;*
  - al **condizionale** quando l'azione espressa dalla soggettiva dipende da una condizione, espressa esplicitamente o sottintesa: *Si pensa* ***che potremmo*** *superarli* (se ci impegnassimo)*;*
- **implicita**, quando è unita alla reggente direttamente o per mezzo della preposizione ***di*** e ha il verbo all'infinito: *È preferibile* ***accontentarlo****; Si spera* ***di tornare*** *presto a casa.*

PRIMA VERIFICA

1 Indica se le subordinate soggettive sottolineate sono esplicite (e) o implicite (i).

Es.: Si spera che il nuovo governo risolva la crisi economica. ...e...

1. Bambini, forza! È ora di andare a letto. ....
2. Bisogna che voi facciate il vostro dovere. ....
3. Sembra che finalmente tutti gli invitati siano arrivati. ....
4. È necessario chiamare il dottore? ....
5. Durante la guida è importante fare molta attenzione ai segnali stradali. ....
6. Ci siamo persi. Occorre chiedere informazioni all'ufficio turistico. ....
7. È sicuro che la prossima estate sarà caldissima. ....
8. Per evitare la confusione è preferibile uscire dallo stadio prima della fine della partita. ....

Subordinate oggettive

I ragazzi hanno raccontato la loro visita al giardino botanico.
I ragazzi hanno raccontato di aver visitato il giardino botanico.

Nei due esempi, si può notare che *la loro visita al giardino botanico* rappresenta il complemento oggetto di una frase semplice, mentre *che hanno visitato il giardino botanico* fa parte di una frase complessa ed è una **subordinata oggettiva**, poiché **svolge la funzione di oggetto del predicato verbale della reggente**, che è sempre un verbo **transitivo.**
Risponde alla domanda **'che cosa?' e può essere introdotta da:**

- verbi che affermano, asseriscono, annunciano o dichiarano qualcosa: *Lucia e Stefano* ***hanno annunciato*** *che si sposeranno in primavera;*
- verbi che indicano percezione o ricordo come *capire, percepire, apprendere, conoscere, udire, sentire, vedere, ricordare:* ***Ho capito*** *che oggi è meglio non parlare con Gilberto;*

- verbi che esprimono un'opinione, un dubbio, un giudizio come *pensare, ritenere, immaginare, credere, reputare, giudicare, dubitare, sostenere: Tutti **pensiamo** che Michele sia un ottimo architetto;*
- verbi che esprimono volontà, timore, speranza come *preferire, volere, disporre, proibire, vietare, temere, sperare, desiderare: **Preferirei** che veniste voi a cena a casa nostra.*

Anche la **subordinata oggettiva** può avere due forme:
- esplicita, introdotta dalla congiunzione ***che***, con il verbo:
  - all'**indicativo** se la reggente esprime un fatto certo e reale: *Le hanno promesso **che le regaleranno** un pc;*
  - al **congiuntivo** se nella reggente è espressa una volontà, un'opinione, un'ipotesi: *Penso **che abbia detto** la verità;*
  - al **condizionale** se esprime una possibilità o un'ipotesi: *Credo **che non lo sopporterei** per tanto tempo;*
- implicita, (solo se il soggetto della reggente e dell'oggettiva coincidono) con il verbo all'infinito preceduto dalla preposizione ***di*** o da nessuna preposizione: *Pensava **di imbrogliarmi**; Da tanto desiderava **incontrare** i suoi nonni.* Con alcuni verbi che indicano percezione come *sentire, vedere, udire,* la forma implicita è possibile, senza preposizione *di*, anche se non c'è coincidenza di soggetti: (Io) *Sento **l'allarme** suonare;* (Tu) *Vedi **tua figlia** crescere.*

PRIMA VERIFICA

2 **Trova e sottolinea le subordinate oggettive.**

Es.: La TV ha annunciato <u>che il prezzo della benzina aumenterà ancora</u>.

1. Pensavo di raggiungervi al mare questo fine settimana.
2. I bambini hanno sentito i genitori discutere animatamente.
3. Vediamo finalmente i corridori arrivare al traguardo.
4. La preside ha annunciato che quest'anno visiteremo quattro musei.
5. Ricordo di avere preso il maglione ma adesso non lo trovo più.
6. Credo che tu avresti sicuramente fatto un'interrogazione perfetta.
7. Sono sicuro che questa sera papà arriverà a casa prima del solito.
8. Mio fratello dice sempre che la notte sente strani rumori in soffitta.

Subordinate dichiarative (o esplicative)

Ho l'impressione che non stia dicendo la verità.

La proposizione *che non stia dicendo la verità* è una **subordinata dichiarativa** o **esplicativa** e svolge il compito di **spiegare, chiarire o dichiarare il significato di un elemento della reggente** come:

- un pronome dimostrativo, *questo, quello, ciò,* con funzione di soggetto, di complemento oggetto o di altro complemento: ***Questo** è apparso evidente:* ***che non aveva intenzione di restare***; ***Di ciò** mi dispiace,* ***di averlo offeso ingiustamente***;
- un sostantivo come *idea, pensiero, notizia, speranza, sensazione,* preceduto o meno da un aggettivo dimostrativo o indefinito: *Manteniamo la* ***speranza che si sistemi tutto****; Non credere a* ***quella voce: che io abbia potuto ingannarti****;*
- un aggettivo: *Ero* ***certo di riuscire nell'impresa.***

La **subordinata dichiarativa** può essere:

- **esplicita**, quando è introdotta dalla congiunzione ***che*** (spesso preceduta dai due punti) e ha il verbo:
  - all'**indicativo**, se la reggente esprime un fatto certo o reale: *Sono sicura* ***che sono arrivati*** *senza incidenti;*
  - al **congiuntivo**, se esprime un fatto incerto o dubbio: *Questo mi stupisce:* ***che se ne sia andato*** *senza salutare;*
  - al **condizionale**, se esprime un fatto possibile: *Crediamo* ***che bisognerebbe*** *informarli della situazione;*
- **implicita**, quando ha il verbo al modo **infinito** introdotto dalla preposizione ***di***: *Abbiamo urgenza* ***di completare*** *al più presto il lavoro.* Questa forma è possibile se il soggetto della reggente e della subordinata coincidono.

PRIMA VERIFICA

3 Trova e sottolinea le subordinate dichiarative.

Es.: Questo ho saputo: che Linda è partita per Livorno.

1. Ho preso una decisione: farò un viaggio in autostop in Irlanda.
2. I ragazzi sono sicuri di aver visto qualcuno in giardino.
3. I miei genitori hanno avuto l'idea di comprare un tavolo da ping pong.
4. Il mio professore è convinto che qualcuno abbia copiato durante la verifica.
5. Non avete anche voi l'impressione che Alfio abbia detto una bugia?
6. La segretaria ha detto proprio così: i nostri genitori devono firmare le note sul diario.
7. Dina ci ha detto solo questo: la manifestazione contro gli zoo era piena di gente.
8. Di questo mi dispiace molto: non aver ringraziato Moubi per la sua gentilezza.

Subordinate interrogative indirette

Marco chiese chi avesse preso il suo ombrello.

La **subordinata interrogativa indiretta** (*chi avesse preso il suo ombrello*) **esprime una domanda, un dubbio o un'incertezza** in dipendenza da un'altra proposizione. Può essere trasformata in interrogativa diretta, cioè in una proposizione interrogativa indipendente che termina col punto interrogativo (*Chi ha preso il mio ombrello?*).
Le interrogative indirette rispondono alla domanda **che cosa?** e dipendono da verbi interrogativi (*chiedere, domandare, interrogare* ecc.), dichiarativi (*dire, raccontare, sapere* ecc.) o da sostantivi indicanti domanda, ricerca, proposta, dubbio e simili: ***Ho chiesto*** *a Mariam dove*

ti avrei potuto trovare; ***Non sapeva*** *quale quadro fosse quello autentico;* ***Alla domanda*** *se avesse il passaporto, l'uomo mostrò il documento.*
Le interrogative indirette sono introdotte dalle congiunzioni ***se*** e ***perché*** oppure da pronomi, aggettivi o da locuzioni o avverbi interrogativi come ***chi, quale, che cosa, quanto, come, quando, dove, da dove***: *Non sapeva* ***se*** *i negozi fossero aperti; Dimmi* ***perché*** *sei arrabbiato; Vorremmo chiederti* ***quanto*** *hai pagato l'appartamento; Nessuno si spiega* ***da dove*** *sia arrivato.*

- Nella forma **esplicita** il verbo può essere:
  - all'**indicativo**, se la domanda richiede soltanto un'informazione: *Vorrei sapere chi* ***ha toccato*** *i fogli sulla mia scrivania;*
  - al **congiuntivo**, se esprime un dubbio: *Mi chiedo da dove* ***provenga*** *questo rumore;*
  - al **condizionale**, in particolare quando è introdotta dalla congiunzione ***se***: *Ci domandavamo* ***se saresti venuto.***
- Nella forma **implicita** il verbo è all'infinito preceduto da ***se, perché, dove, come*** ecc.: *Non sapeva* ***se rimanere*** *o* ***andare*** *via; Mi domando* ***perché aspettare*** *tanto.* Questa forma è possibile soltanto quando il soggetto della reggente e dell'interrogativa coincidono.

La subordinata interrogativa indiretta può essere:
- **semplice**, se contiene una sola domanda: *Mi domando perché ancora non* ***telefonino;***
- **doppia**, se ne contiene due: *Chiedigli se* ***partono*** *e a che ora* ***prendono*** *il treno;*
- **disgiuntiva**, se presenta due o più domande delle quali una esclude l'altra: *Domandale se ha deciso di* ***uscire con gli amici o di lavorare per la ricerca.***

PRIMA VERIFICA

4 Trova e sottolinea le interrogative indirette.

Es.: Non so se domani i negozi saranno aperti.

1. Il vicino mi domanderà sicuramente chi ha rovinato le rose nel suo giardino.
2. Non ricordo più se Tania mi ha dato il suo nuovo indirizzo email.
3. I miei genitori vorranno sapere perché rientro a casa così tardi.
4. Lavinia mi ha domandato come si prepara il pesto alla genovese.
5. Ho chiesto insistentemente a Berardino di presentarmi sua sorella.
6. Mi chiedo cosa fare con tutte queste vecchie fotocopie.
7. Per favore, dimmi quali compiti ha dato la prof di francese.
8. Tutti ci domandammo perché Enea non fosse in classe.

Subordinate relative

Il libro che mi hai regalato è davvero interessante.

La frase *che mi hai regalato,* evidenziata nell'esempio, è una proposizione **subordinata relativa.** Questa **chiarisce il significato di un elemento della reggente** ed è introdotta da pronomi o avverbi relativi.
Infatti, riferendoci all'esempio sopra indicato, possiamo notare che il pronome relativo ***che*** specifica di quale libro si tratti:

Il libro **che mi hai regalato** è davvero interessante.

La **proposizione relativa** è collegata alla reggente per mezzo di:

- pronomi relativi come ***che***, ***il quale***, ***cui***; il pronome *che* è usato con funzione di soggetto o di complemento oggetto, mentre *cui* si usa per i complementi indiretti: *È un ragazzo* ***che*** *studia e lavora; I guanti* ***che*** *ho comprato erano bucati; Abbiamo conosciuto la pittrice* ***di cui*** *ci avevi tanto parlato;*
- pronomi misti come ***chi***, ***chiunque***, ***quanto*** e avverbi relativi e relativi misti come ***dove***, ***dovunque*** e ***ovunque***; il pronome assume la doppia funzione di complemento della reggente e soggetto o complemento della subordinata: *La rivista è stata spedita a* ***chi*** (= colui che) *ne aveva fatto richiesta; Possono intervenire al dibattito* ***quanti*** (= tutti quelli che) *lo vogliano; Non era* ***dove*** (= nel luogo in cui) *ci aspettavamo; Lo seguiremo* ***ovunque*** (= in qualsiasi luogo in cui) *lui desideri.*

Riguardo alla forma, anche la subordinata relativa può essere:

- **esplicita**, quando è introdotta da pronomi o avverbi relativi e il verbo è:
  - all'**indicativo** per un fatto presentato come reale: *È un'amica che* ***chiamo sempre in caso di bisogno;***
  - al **congiuntivo** o al **condizionale** per un fatto presentato possibile, incerto o ipotetico: *Non conosco nessuno che* ***sappia*** *cucinare come te; Abbiamo scoperto un posto dove ti* ***piacerebbe*** *andare.* Con il pronome ***chiunque*** è obbligatorio l'uso del congiuntivo: *Lo devi dire a* ***chiunque sia*** *interessato;*

- **implicita**, quando è espressa:
  - con un **participio** (presente o passato): *Gli stivali **acquistati*** (= che sono stati acquistati) *sono di buona qualità;*
  - con l'**infinito presente** preceduto o meno dalle preposizioni ***a*** o ***da***: *Sono stati loro **a presentarci*** (= che ci hanno presentati); *Sono norme **da osservare*** (= che si devono osservare); *Abbiamo visto Ivana **uscire*** (= che usciva) *in fretta da quel palazzo.*

Sono relative implicite anche le subordinate introdotte dal pronome relativo ***cui***, con funzione di complemento indiretto, seguito dal verbo all'infinito: *È una persona **di cui fidarsi**; Ho la stoffa **con cui ricoprire** le poltrone.*

PRIMA VERIFICA

5 **Trova e sottolinea le subordinate relative.**

Es.: Non capiamo la ragione per cui ti sei arrabbiato così.

1. Ho riportato in biblioteca il libro che avevo preso la settimana scorsa.
2. Questi comportamenti in classe sono assolutamente da evitare.
3. Gli esercizi fatti con Liliana sono stati molto utili per la verifica finale.
4. Non conosco nessuno con cui andare al corso di tango.
5. Ho ascoltato a lungo Brigitta cantare sotto la doccia.
6. Ho offerto i cioccolatini a chi li voleva mangiare.
7. Abbiamo ritrovato il portafogli esattamente dove lo avevamo dimenticato.
8. Il ragazzo entrato in classe poco fa è messicano.

Subordinate causali

Poiché avevo la febbre, non sono andato agli allenamenti.

Poiché avevo la febbre è una **subordinata causale** perché **indica la causa, il motivo di quanto si è detto nella proposizione reggente.**

La **subordinata causale** risponde alle domande: **perché?, per quale motivo?** e può essere:

- **esplicita**, quando è introdotta dalle congiunzioni o locuzioni causali ***poiché, perché, siccome, dato che, dal momento che, visto che*** ecc. seguite dal verbo:
  - all'**indicativo:** *Sono tornato indietro* ***perché avevo dimenticato*** *le chiavi;*
  - al **condizionale:** *Non vengono,* ***dal momento che non arriverebbero*** *in tempo per la cena;*
  - più raramente, al **congiuntivo:** *Lo ripeto per ricordarlo non* ***perché tu non l'abbia capito.***
- **implicita**, quando è espressa con:
  - il **gerundio:** ***Avendo*** *paura, si stringeva forte alla mamma;*
  - il **participio passato:** ***Contento*** *per la loro visita, il nonno ha giocato volentieri con i nipotini;*
  - l'**infinito** retto dalle preposizioni ***per, di, a***: *Venne rimproverato* ***per aver usato*** *il cellulare del padre.* Nella subordinata implicita il soggetto coincide con quello della proposizione reggente.

PRIMA VERIFICA

6 Sottolinea le proposizioni causali e poi indica se sono implicite o esplicite.

Es.: Mirna piangeva perché si era fatta male. ....Esplicita........

1. Ti ho chiamato per avere un consiglio da te. ....
2. Poiché Damiano vuole imparare il portoghese, Miguel gli darà lezione. ....
3. Sono molto triste per aver perso il mio telefonino. ....
4. Punito dai genitori, Gianfranco non è potuto uscire con gli amici. ....
5. Siamo preoccupati perché Leonardo non è ancora arrivato. ....
6. Essendo festa, è difficile trovare un negozio aperto. ....

Subordinate finali

Il poliziotto chiama la centrale affinché mandi una macchina a prendere la ladra.

Affinché mandi una macchina e *a prendere la ladra* sono due **subordinate finali**, la prima **esplicita**, la seconda **implicita**. La **proposizione finale** indica **lo scopo o il fine per cui si**

verifica l'azione espressa nella proposizione reggente e risponde alle domande: **perché?, a che scopo?, a qual fine?** Può essere:

- **esplicita**, quando ha il verbo al **congiuntivo** (presente o imperfetto, perché stabilisce sempre con la reggente un rapporto di contemporaneità) ed è introdotta dalle congiunzioni o locuzioni finali ***affinché, perché, che, acciocché, in modo che, al fine che, allo scopo che*** ecc.: *Ti avverto **affinché tu sappia** cosa rispondere; Ti avevo avvertito **affinché tu sapessi** cosa rispondere;*
- **implicita**, quando ha il verbo all'**infinito** ed è introdotta da preposizioni o locuzioni come ***per, a, da, di, allo scopo di, al fine di, con l'intenzione di***: *Studia moltissimo **per laurearsi** al più presto; L'ho detto **al fine di convincerlo.*** La costruzione implicita è possibile solo quando il soggetto della reggente coincide con quello della subordinata.

PRIMA VERIFICA

7 Abbina le proposizioni principali alle subordinate finali.

1. Siamo andati al supermercato ....
2. I carabinieri hanno fatto molte indagini ....
3. Porto il cane dal veterinario ....
4. Prenderò un taxi ....
5. Ti dico questo ....
6. I cittadini protestano ....
7. Ti darò le indicazioni stradali ....
8. Ci sono molti piatti ....

a perché gli faccia una visita di controllo.
b affinché tu rifletta bene.
1 **c** per fare la spesa.
d per arrestare il ladro.
e allo scopo di pagare meno tasse.
f per arrivare puntuale all'appuntamento.
g da lavare.
h in modo che tu possa arrivare da me senza problemi.

Subordinate temporali

Quando è arrivato il temporale, ci siamo riparati in un rifugio.

Quando è arrivato il temporale è una **subordinata temporale** e **indica la circostanza di tempo** in cui avviene, avverrà o è avvenuto il fatto espresso nella reggente. La **subordinata temporale** può essere:

- **esplicita**, quando è introdotta da congiunzioni o da locuzioni temporali come ***quando***,

mentre, allorché, prima che, dopo che, ogni volta che, non appena* (*che*)**. Generalmente ha il verbo all'**indicativo** (*Non parlare* ***mentre mangi) ma, con alcune locuzioni, anche al **congiuntivo**: *Vorrei salutare Lidia,* ***prima che si trasferisca;***

- **implicita**, quando è espressa con il **gerundio** oppure con l'**infinito** preceduto da ***in, su*** (di uso letterario), ***prima di, dopo* (*di*)**: ***Correndo,*** *è inciampato ed è caduto; Rifletti,* ***prima di dare*** *giudizi affrettati; Sono giunti* ***sul far della sera.***

La subordinata temporale può essere espressa anche con il **participio passato**: ***Ascoltato*** *il messaggio, uscì subito.* Se però il soggetto della reggente e quello della subordinata non coincidono, è necessario scrivere il soggetto di quest'ultima: *Finita* ***la partita, i tifosi*** *uscirono dallo stadio.*

PRIMA VERIFICA

8 Trova e sottolinea le subordinate temporali.

Prima che qualcuno potesse fare qualcosa, Teresa era già andata via. Si era molto arrabbiata quando aveva sentito la notizia alla radio. E così, come ogni volta in cui non è serena, aveva agito d'istinto. Non aveva detto niente né salutato nessuno uscendo di casa. Enzo però, prendendo il suo giaccone al volo, disse che avrebbe provato a fermarla e la seguì. Nel frattempo, raggiunta la stazione sotto la pioggia, Teresa era salita sul primo treno per Palermo ed era già lontana quando Enzo entrò sotto il portico della centrale correndo. Non appena ebbe ripreso fiato, Enzo decise di continuare a seguirla e comprò anche lui un biglietto per Palermo.

Subordinate consecutive

Era talmente preso dalla lettura, che non ha sentito lo squillo del telefono.

Che non ha sentito lo squillo del telefono è una **subordinata consecutiva** e **indica la conseguenza dell'evento o dell'azione espressi nella reggente.** La consecutiva è di solito anticipata nella

reggente da avverbi come ***così*, *sì*, *talmente*, *tanto*** o da aggettivi come ***tale*, *siffatto*, *simile*** messi in relazione con l'elemento che introduce la subordinata.
Anche la **subordinata consecutiva** può avere due forme:

- esplicita, quando è introdotta dalla congiunzione ***che*** o delle locuzioni come ***cosicché*, *al punto che*** ecc. Il verbo può essere:
  - all'**indicativo**, quando esprime una conseguenza certa: *È **così** presuntuosa **che** nessuno la **sopporta**; Ero troppo stanco **cosicché sono dovuto** andare subito a letto;*
  - al **congiuntivo**, quando la conseguenza è presentata come possibile: *La mamma fa **sì che** il bambino non si **raffreddi**;*
  - al **condizionale**, quando la conseguenza è subordinata a una condizione: *Sono **così** arrabbiata **che**, se potessi, **mi metterei** a urlare;*
- implicita, quando è espressa con l'infinito preceduto dalla preposizione ***da*** o dalle locuzioni ***al punto da*, *degno di*, *indegno di*, *adatto a*, *inadatto a*** ecc.: *Era tanto distratta **da non accorgersi** di niente; È **inadatto a svolgere** il ruolo di manager.* La forma implicita è possibile solamente se il soggetto della subordinata coincide con quello della reggente.

PRIMA VERIFICA

9 Trova e sottolinea **le subordinate consecutive.**

Es.: Pepe era così assetato da bere un litro d'acqua senza interruzione.

1. Lella è così felice che sorride sempre.
2. Il nostro televisore è talmente vecchio che non ha il telecomando.
3. Dopo l'allenamento ero così stanco al punto di non riuscire a camminare.
4. Roberta mi fa così arrabbiare che quasi quasi non le parlo più.
5. Ieri sera lo spettacolo di cabaret era così divertente che tutti gli spettatori ridevano in continuazione.
6. Il professor Sala è la persona più adatta a coordinare il progetto.
7. Oggi l'acqua del mare è fredda da morire.
8. Ho gridato così tanto da perdere la voce.
9. Mi hanno fatto un'offerta di lavoro tale che non posso rifiutare.
10. La mattina alle otto e il pomeriggio alle sei la metro a Milano è così affollata che non si riesce a salire.
11. Il bambino cominciò a saltare fino a toccare il lampadario.
12. Questa scrittrice è degna di essere premiata con il Nobel.

Subordinate concessive

Nonostante avesse fischiato, alla fine l'arbitro non concesse il rigore alla squadra avversaria.

Nonostante avesse fischiato è una **subordinata concessiva** e **indica una circostanza malgrado la quale si verifica l'azione espressa dalla reggente.** La **subordinata concessiva** risponde alla domanda **nonostante che cosa?** e può avere due forme:

- **esplicita**, con il verbo al modo:
  - **congiuntivo** quando è introdotta da congiunzioni o locuzioni come ***sebbene***, ***quantunque***, ***benché***, ***nonostante*** (***che***), ***malgrado***, ***ammesso che***, ***per quanto***, oppure dai pronomi indefiniti ***chiunque***, ***qualunque***, ***qualsiasi*** ecc. ***Benché sia*** *occupatissimo, ci accompagnerà a teatro;* ***Qualsiasi sia*** *la tua volontà, la soddisferò;*
  - **indicativo** se, invece, è introdotta da ***anche se***: ***Anche se era*** *preparatissimo, andò male all'interrogazione;*
  - **condizionale** quando la concessione è espressa sotto forma di un parere personale: *Fa pure come credi* ***benché***, *a mio parere,* ***dovresti*** *comportarti diversamente;*
- **implicita**, quando è espressa con il **gerundio** preceduto da ***pur***(***e***) o ***anche***, oppure con il **participio passato** preceduto o meno dalle congiunzioni ***quantunque***, ***sebbene***, ***benché***: ***Pur avendo*** *freddo, aprì la finestra;* (***Sebbene***) ***distrutto*** *dalla fatica, giocava con i figli.* Tale forma è possibile solo se il soggetto della subordinata coincide con quello della reggente, a meno che nella subordinata non ci sia un verbo impersonale: ***Pur piovendo*** *molto,* ***i ragazzi*** *decisero di uscire.*

PRIMA VERIFICA

10 Trova e sottolinea le subordinate concessive.

Es.: Per quanto le abbia chiesto gentilmente il favore, Giovanna mi ha risposto di no.

1. Mangerò le zucchine anche se non mi piacciono.
2. Sebbene Fanny e Brendan litighino sempre, sono molto amiche.
3. Cecilia è sempre disponibile, qualunque cosa tu le chieda.
4. Benché Silvia sia molto innamorata di Gerardo, non lo vuole sposare.
5. Ammesso che tu riesca a trovare il biglietto, con chi andrai a teatro?
6 Per quanto Leda dipinga benissimo, non riesce a vendere un quadro.

Subordinate condizionali e periodo ipotetico

Se avesse una buona racchetta,
giocherebbe meglio.

Se avesse una buona racchetta è una **subordinata condizionale** e indica **la condizione necessaria perché si verifichi l'azione espressa nella proposizione reggente**. Ha due forme:

- **esplicita**, con il verbo all'**indicativo** o al **congiuntivo**, a seconda che esprima una condizione certa o soltanto possibile, e introdotta da congiunzioni o da locuzioni come ***se***, ***qualora***, ***purché***, ***ove***, ***ammesso che***, ***a patto che***, ***nel caso che***, ***nell'eventualità in cui***: ***Se vuole*** *il mio aiuto, deve solo chiederlo;* ***Qualora non potessimo*** *cucinare, andremo in pizzeria;*
- **implicita**, con il **gerundio presente** o con il **participio passato** preceduto o meno dalla congiunzione ***se***, oppure con l'**infinito** preceduto dalla preposizione ***a***: ***Guardandolo*** *attentamente, lo riconosceresti;* (***Se***) ***curato*** *meglio, il giardino sarebbe bellissimo;* ***Ad insistere*** *troppo si diventa fastidiosi.*

Il periodo ipotetico

La proposizione condizionale insieme alla sua reggente forma il **periodo ipotetico**, cioè un **periodo fondato su un'ipotesi che potrebbe avere o meno una conseguenza**: *Se avesse una buona racchetta* (ipotesi), *giocherebbe meglio* (conseguenza). Nel periodo ipotetico la **proposizione condizionale** si chiama **pròtasi** ed è la premessa da cui dipende l'azione principale. La **proposizione reggente**, invece, è detta **apòdosi** e indica la conseguenza di quanto detto nella subordinata:

Se facessi più sport → ti sentiresti meglio.

protasi (premessa)
proposizione subordinata condizionale

apodosi (conseguenza)
proposizione reggente

Periodo ipotetico

Avrei agito diversamente → se avessi capito prima la situazione.

apodosi (conseguenza)
proposizione reggente

protasi (premessa)
proposizione subordinata condizionale

Periodo ipotetico

L'uso dei tempi verbali è condizionato dal tipo d'ipotesi formulata nella protasi. Si distinguono **tre tipi di periodo ipotetico.**

- **Periodo ipotetico della realtà**: è quello in cui l'ipotesi espressa nella proposizione condizionale (protasi) è un fatto reale, sicuro, la cui conseguenza è quanto indicato nella reggente. Il verbo è all'**indicativo** nella **protasi** e all'**indicativo** o all'**imperativo** nell'**apodosi:**
  *Se mi **indichi** la via* (protasi), *ci **arrivo** subito* (apodosi) (= è molto probabile che mi indichi la via);
  ***Fa'** presto* (apodosi) *se **vuoi essere** puntuale* (protasi) (= sono sicuro che tu vuoi essere puntuale).
  Questo tipo di periodo può comunque avere il congiuntivo presente nella protasi se questa è introdotta da congiunzioni o da locuzioni diverse da ***se***, come purché, a patto che, a condizione che: ***Purché** tu lo **voglia** veramente, verrò con te in vacanza.*
- **Periodo ipotetico della possibilità**: è quello in cui l'ipotesi è ritenuta soltanto possibile. Il verbo è al **congiuntivo imperfetto** nella **protasi** e al **condizionale presente** o all'**imperativo** nell'**apodosi:**
  *Se non ti **distraessi** di continuo* (protasi), ***finiresti** prima* (apodosi) (= è poco probabile che tu non ti distragga).
  Avvertitemi (apodosi), *se **dovesse arrivare** una raccomandata* (protasi) (= è difficile che arrivi).
- **Periodo ipotetico dell'irrealtà**: si ha quando l'ipotesi è ritenuta irrealizzabile o impossibile. Se l'ipotesi irrealizzabile è riferita **al presente**, il verbo è al **congiuntivo imperfetto** nella **protasi** e al **condizionale presente** nell'**apodosi:** *Se **fossi** più alto* (ma non lo sono), ***sarei** un campione di pallacanestro.*
  Se l'ipotesi si riferisce **al passato**, si usa il **congiuntivo trapassato** nella **protasi** e il **condizionale passato** o **presente** nell'**apodosi:** *Se **fossi arrivato** prima* (ma non sei arrivato), ***avresti visto** i fuochi d'artificio; Se **fossi nato** a New York **avrei** la nazionalità americana.*

PRIMA VERIFICA

11 Sottolinea la proposizione reggente (apodosi) e cerchia la subordinata (protasi).

Es.: Se Gianluca avesse la macchina, <u>mi accompagnerebbe in aeroporto</u>.

1. Studiando con costanza, prenderesti sicuramente la sufficienza in tutte le materie.
2. Non avremmo trovato traffico, se avessimo preso la strada statale.
3. Se Anita non avesse un brutto raffreddore, verrebbe con noi al lago.
4. Per favore, passa a comprare il giornale se esci.
5. Se ben tenuta, questa vecchia macchina potrebbe fare ancora molti chilometri.
6. Ti aiuto a preparare le valigie, se davvero hai bisogno!

Subordinate modali

Come avevo previsto, hai mangiato tutto.

Come avevo previsto è una **subordinata modale** e indica **in che modo si compie l'azione espressa dalla reggente.**
La **subordinata modale** può avere due forme:

- **esplicita**, quando ha il verbo all'**indicativo**, al **congiuntivo** o al **condizionale** ed è introdotta da congiunzioni e locuzioni modali del tipo ***come, comunque, quasi che, secondo che*** ecc.: *Ho agito* ***come ritenevo*** *giusto; Si stupì,* ***quasi che non l'avesse mai visto****; Gliel'ho spiegato con pazienza,* ***come si farebbe*** *con un bambino;*
- **implicita**, quando è espressa dall'**infinito** preceduto da ***con*** o ***a*** (*Ho trascorso la notte* ***a pensare***), dal **gerundio** (*Se n'è andato* ***piangendo***) o dal **participio passato** preceduto o meno da ***come*** (*A sentire lo scoppio, fuggì* ***come impaurito***).

PRIMA VERIFICA

12 Collega le principali alle corrispondenti subordinate modali.

1. La ballerina classica danza	....	**a**	a studiare per la verifica di lunedì.
2. Gli ottimisti vivono	...1...	**b**	muovendosi con molta grazia.
3. Abbiamo passato il fine settimana	....	**c**	secondo che piova o meno.
4. La mia squadra è sempre la più forte	....	**d**	pensando positivamente.
5. Fortunatamente il problema si è risolto	....	**e**	come se fossimo amici da sempre.
6. Avete continuato a disturbare la lezione	....	**f**	comunque finisca la partita.
7. Ceneremo in giardino	....	**g**	nel modo in cui speravo.
8. Si comporta da padrone	....	**h**	sbattendo la porta.
9. Alba è uscita di casa	....	**i**	quasi come fosse in casa sua.
10. Lo sconosciuto in treno mi ha trattato	....	**l**	come se il professore non vi avesse rimproverati.

Subordinate strumentali

Abbiamo raggiunto buoni risultati, allenandoci costantemente.

Allenandoci costantemente (= con la costanza) è una **subordinata strumentale**, che **indica il mezzo con il quale si realizza l'azione espressa dalla reggente.** Risponde alle domande: **come?, con che cosa?**

La **proposizione strumentale** è solamente di forma **implicita** e si esprime con l'**infinito,** accompagnato dalla preposizione ***con,*** e con il **gerundio,** oppure è introdotta da locuzioni come ***a forza di, a furia di***: ***Con il viaggiare*** *si conosce il mondo;* ***Fantasticando*** *si dimenticano le tristezze.*

PRIMA VERIFICA

13 Sottolinea le proposizioni strumentali in queste frasi.

Es.: Ho conquistato la fiducia dei miei genitori comportandomi bene.

1. Cambiando colore dei capelli, sembrerai più giovane.
2. A furia di stare con mio nonno, mi sono appassionato al giardinaggio come lui.
3. Con il passare del tempo si diventa più saggi.
4. Sbagliando, s'impara.
5. Con il mangiare sano, ci si mantiene in forma.
6. A forza di ripeterle, ho memorizzato tutte le date della Seconda Guerra mondiale.
7. Parlando sempre con Didier, ho perfezionato il mio francese.
8. Lavorando con serietà e passione, mia madre ha fatto molta carriera.
9. Janette si è dissetata bevendo acqua e limone.
10. A furia di vedere film horror non dormi più la notte.

Subordinate comparative

Maria è più volenterosa nello studio di quanto non lo siano i suoi compagni.

Di quanto non lo siano i suoi compagni è una **subordinata comparativa**, la quale stabilisce un **confronto** con quanto detto nella reggente oppure crea con essa un **rapporto di somiglianza o di diversità.** Risponde alle domande **come?**, **quanto?**, e può essere di tre specie: di **maggioranza**, di **minoranza** e di **uguaglianza:**
– *Sei più adatta al ruolo di quanto lo sia lei* (maggioranza);
– *Sei meno adatta al ruolo di quanto lo sia lei* (minoranza);
– *Sei* (*tanto*) *adatta al ruolo quanto lo è lei* (uguaglianza).
La **subordinata comparativa** ha due forme:
- **esplicita**, quando è collegata alla reggente con forme correlative diverse in base al grado di comparazione: ***più / meno... che***, ***più / meno... di quanto***, ***meglio / peggio... di quello che***, ***tale... quale***, ***tanto... quanto***, ***così... come***. Il verbo è all'**indicativo**, al **congiuntivo** o al **condizionale**: *Superare quei test è* ***più*** *difficile* ***di quanto dici***; *Giordano è* ***meno*** *ricco* ***di quanto pensiate***; *Non ti vedo* (*così*) *convinta* ***quanto dovresti***;
- **implicita**, quando il verbo è all'**infinito** preceduto da ***più che***, ***piuttosto che***, ***meglio che***: ***Più che rinunciare***, *conviene provare in un altro momento; Preferisco star solo* ***piuttosto che sentire*** *le tue lamentele.* La subordinata comparativa implicita può essere solo di maggioranza.

PRIMA VERIFICA

14 Indica se le subordinate comparative sottolineate sono di maggioranza (ma), di minoranza (mi) o di uguaglianza (u).

Es.: Franco è molto più generoso di quanto tutti noi pensassimo. ma

1. La gita all'Oasi del WWF sarà più emozionante di quanto ti aspetti. ....
2. Il Castello Sforzesco è più maestoso di quanto pensavo. ....
3. Mi piace meno chattare con gli amici che vederli di persona. ....
4. Per Costanza niente è tanto divertente quanto fare shopping. ....
5. Per arrivare a Verona ci abbiamo messo meno tempo di quanto avessimo previsto. ....
6. La commissione d'esame mi ha dato un voto meno alto di quanto sarebbe stato giusto. ....

Subordinate avversative

Luca va sempre in giro, mentre dovrebbe rimanere a casa a studiare.

Mentre dovrebbe rimanere a casa è una **subordinata avversativa** ed **esprime un fatto o una situazione in contrasto con quanto si afferma nella proposizione reggente.** Occorre fare attenzione a non confondere le subordinate avversative con le coordinate avversative, che sono in opposizione rispetto alla principale ma su uno stesso piano e mantengono pertanto autonomia di significato:
– *Rita canta,* ***invece Luisa suona*** (coordinata avversativa);
– *Rita canta* ***invece di suonare*** (subordinata avversativa).

La **subordinata avversativa** si può presentare in due forme:

- **esplicita**, quando ha il verbo all'**indicativo** o al **condizionale** ed è introdotta dalle congiunzioni o dalle locuzioni ***mentre***, ***quando***, ***laddove*** ecc.: *Pigrone, tu riposi* ***mentre*** *gli altri, invece, devono ancora* ***lavorare***; *Pensa di sapere tutto,* ***quando dovrebbe*** *essere più informato;*
- **implicita**, quando il verbo è all'**infinito** preceduto da ***invece di***, ***in luogo di***, ***anziché*** ecc.: *Perde tempo* ***anziché lavorare***.

PRIMA VERIFICA

15 **Sottolinea le proposizioni avversative in queste frasi e indica se sono esplicite o implicite.**

Es.: Invece di dormire tutto il giorno, potresti fare un po' di attività fisica. implicita

1. Hai dato la colpa del disordine a me, quando invece è stato mio fratello. ....
2. Donatella è andata via mentre noi l'avevamo invitata a rimanere a cena. ....
3. Stai sempre con quei ragazzi fannulloni, mentre dovresti frequentare persone più studiose. ....
4. Per fare gli auguri al tuo amico, potresti fargli una telefonata, invece di scrivergli un messaggio su Whatsapp. ....
5. Anziché perdere tempo al computer, potresti aiutarmi a lavare i piatti. ....
6. Invece di spendere soldi inutilmente, dovresti risparmiare un po'. ....
7. Sergio si è iscritto al Dams quando i suoi avrebbero preferito legge. ....
8. Mario crede di essere il migliore, laddove fa errori molto gravi. ....

Subordinate limitative, esclusive, eccettuative

Secondo quanto ha sentito Paolo, la pista ciclabile è chiusa.

Secondo quanto ha sentito Paolo è una **subordinata limitativa** poiché **indica che quanto è detto nella reggente vale solo entro certi limiti,** cioè la conoscenza di Paolo.
La **subordinata limitativa** risponde alla domanda **limitatamente a che?** ed è introdotta da ***per quanto, per quello che, secondo quanto, in rapporto a*** ecc.

- Nella **forma esplicita** ha il verbo all'**indicativo** o al **congiuntivo:** ***Secondo ciò che dicono*** *gli amici, non si è proprio iscritto alla gara;* ***Per quel che*** *io* ***sappia****, ha rinunciato al viaggio in Portogallo;*
- Nella **forma implicita** il verbo è all'**infinito** preceduto da ***a, per, (in) quanto a*** ecc.: ***In quanto a promettere,*** *molti candidati sono bravi in tempo di elezioni.*

Bruno vuole partire per le vacanze, senza aver prenotato in agenzia.

Senza aver prenotato in agenzia è una **subordinata esclusiva** perché indica il fatto o la circostanza esclusa rispetto a quanto espresso nella reggente: *senza aver prenotato in agenzia* = senza la prenotazione (compl. di esclusione).
La **subordinata esclusiva** risponde alla domanda: **senza che?**

- La **forma esplicita** è introdotta dalla locuzione ***senza che*** e ha il verbo al **congiuntivo:** *Lo convinceremo noi* ***senza che insistano*** *gli altri;*
- La **forma implicita**, possibile solo se il soggetto della subordinata coincide con quello della reggente, è introdotta da ***senza*** e ha il verbo all'**infinito:** *Se ne sono andati* ***senza fare*** *colazione.*

Alfonso, al contrario del fratello Manlio, fa di tutto tranne che studiare.

Tranne che studiare è una **subordinata eccettuativa**, cosiddetta perché **presenta un'eccezione rispetto a ciò che è detto nella reggente.** Risponde alle domande: **tranne (eccetto) chi?, che cosa?**:

- nella **forma esplicita** ha il verbo al **congiuntivo** o, raramente, all'**indicativo** ed è introdotta dalle locuzioni ***tranne che, eccetto che, salvo che, fuorché, a meno che, se non che*** ecc.: *Sono disposta a un trasferimento di sede,* ***a meno che non mi si chieda di andare in Paesi che non accettano animali****; Balla bene,* ***salvo che ha*** *poca grazia;*
- nella forma **implicita** ha il verbo all'**infinito** introdotto dalle stesse locuzioni della forma esplicita: *So fare tutto* ***eccetto che stirare.***

PRIMA VERIFICA

16 Indica se le proposizioni sottolineate sono limitative (l), esclusive (es) o eccettuative (ec) e precisa se sono esplicite o implicite.

Es.: Siete usciti dal ristorante senza lasciare la mancia al cameriere. es - implicita

1. Quanto a mangiare caramelle, nessuno batte quel goloso di Omar. ....
2. Se avete fame vi preparo un tramezzino, a meno che voi non preferiate una fetta di torta. ....
3. Abbiamo lasciato parlare Ludmilla senza mai interromperla. ....
4. L'anziana signora ha portato la valigia senza che nessuno l'aiutasse. ....
5. A meno che tu non abbia qualcosa in contrario, noi ti accompagneremmo a casa perché è molto tardi. ....
6. Per quanto ne so, il risotto più buono si mangia a Milano. ....
7. Umberto e Gianluigi sono molto portati per la musica, salvo che hanno poca voglia di fare esercizio. ....
8. Faccio tutti i lavori di casa, fuorché lavare i vetri. ....

17 Trova e sottolinea le subordinate soggettive.

Es.: Era evidente che Chiara stesse dicendo la verità.

1. Si spera che la polizia trovi presto i gioielli rubati ieri.
2. È ora che il bambino cominci a nuotare senza salvagente.
3. Prima di ridipingere le pareti, occorre spostare tutti i mobili nell'altra stanza.
4. Si è stabilito che lo studente migliore avrà in premio un computer.
5. Si dice che in quell'edificio abbandonato vivano alcune persone senza casa.
6. È necessario pensare bene prima di parlare.

18 Sottolinea le subordinate soggettive e cerchia quelle oggettive.

Es.: Ho aspettato un'ora che Giovanni arrivasse all'appuntamento.

1. Il calciatore asserisce di essere stato punito ingiustamente dall'arbitro.
2. Su questa macchina veloce sembra di volare.
3. Il pilota ha annunciato ai passeggeri che stavano per atterrare.
4. Si spera che questo brutto momento passi presto.
5. Si dice che Chidi e Tony abbiano litigato per un pallone.
6. Sono felice di andare in vacanza con i miei amici!

19 Completa le frasi con una subordinata oggettiva.

Es.: Non siete stanchi di fare puzzle ?

1. L'attore in un'intervista ha dichiarato ....
2. Mi sono ricordato ....
3. Mia sorella mi ha raccontato ....
4. Ieri ho visto ....
5. Preferiamo ....
6. Abbiamo sentito ....

20 Cerchia l'elemento cui si riferiscono le subordinate dichiarative sottolineate.

Es.: Ho avuto l'impressione che il bimbo stesse piangendo.

1. Solo questo vi raccomando: fate attenzione quando attraversate la strada!
2. Questo abbiamo saputo, che la professoressa ha messo una nota a tutta la classe.
3. Di una sola cosa sono sicuro: Pierino non ha rubato la marmellata!
4. Vi chiedo solo questo, di non mangiare la torta quando ancora è calda.
5. Nadia ha avuto il dubbio che non sarebbe riuscita guardare il film horror.
6. La mia più cara amica non mi saluta più: questo non lo capisco.

21 Sottolinea le proposizioni interrogative indirette e cerchia l'elemento che le introduce.

Es.: Heidi mi ha chiesto quanti anni ho.

1. Mi piacerebbe sapere chi ha mangiato tutte le mie caramelle.
2. Per favore, chiedete a Isolde se cena con noi stasera.
3. Vorrei sapere quanto costano questi stivali.
4. Hans mi chiede sempre dove andremo in vacanza l'estate prossima.
5. Non sappiamo quando finirà la conferenza.
6. Mi domando se iscrivermi all'università o cominciare a lavorare.

22 Completa le interrogative indirette in queste frasi.

Es.: L'insegnante ha domandato agli studenti quale ...sport preferiscono... .

1. Ci domandiamo sempre perché ...
2. Vorrei sapere dove ...
3. Non so quando ...
4. Chiedi a Goran se ...
5. Dimmi cosa ...
6. Mi chiedo chi ...

23 Cerchia il nome cui si riferisce il pronome relativo sottolineato.

Es.: Non conosciamo lo scrittore di cui ci hai parlato.

1. Cerco una persona con cui condividere l'appartamento.
2. Il bicchiere di plastica nel quale hai versato la spremuta è bucato.
3. Roberta è una persona di cui non ci si può fidare.
4. Il lavoro che vorrei fare da grande è l'astronauta.
5. Abbiamo dovuto chiamare un giardiniere che tagliasse l'erba.
6. In Svizzera, la nazione da cui viene Karl, ci sono quattro lingue ufficiali.

24 Completa le frasi con una proposizione causale.

Es.: ...Poiché sono affamato..., faccio uno spuntino prima di cena.

1. Sono molto felice ... .
2. ... non possiamo andare al mare.
3. Siamo dovuti tornare a casa ... .
4. ... Lando si è arrabbiato molto.
5. Adam va molto bene in inglese ... .
6. ... oggi c'è molta confusione in centro.

25 Trova e sottolinea le subordinate finali.

Es.: Albertina è venuta in palestra <u>solo per vedere me</u>.

1. Per dormire tranquillo, bevo ogni sera una camomilla.
2. Ho studiato molto per prendere un voto alto.
3. Vado dal panettiere tutte le mattine presto per comprare il pane caldo.
4. Affinché tu possa studiare tranquillo, ho mandato i bambini al parco.
5. Al fine di accontentare tutti i nipoti, il nonno ha fatto un regalo a ciascuno di loro.
6. Ho prestato la mia bici ad Antonio perché potesse arrivare in stazione in tempo.

26 Sottolinea le subordinate temporali e specifica se sono esplicite o implicite.

Es.: Mio padre s'innervosisce molto <u>quando c'è traffico</u>. Esplicita

1. L'archeologo ha trovato una moneta romana mentre faceva degli scavi. ....
2. Prima di tornare a casa, devo andare a comprare la frutta. ....
3. Siamo molto felici ogni volta che vieni a trovarci. ....
4. Nel sentire la storia del cane abbandonato, i bambini piansero. ....
5. Mio fratello è uscito prima che tu arrivassi. ....
6. Dopo aver fatto merenda, sono tornato a studiare. ....

27 Completa le frasi con una proposizione subordinata consecutiva.

Es.: Desidero così tanto visitare San Pietro, che prenderei il treno per Roma in questo momento.

1. Il romanzo era così noioso ....
2. Mi sono svegliato tardi ....
3. Mi sono fatto così male ....
4. Abbiamo ancora abbastanza tempo ....
5. Valeria è così ipocrita ....
6. Silvio racconta delle barzellette così stupide ....

28 Completa le frasi con la congiunzione, l'indefinito o la locuzione adatta.

Es.: Vado a dormire anche se non ho ancora sonno.

1. .... sia inverno, la temperatura è ancora molto mite.
2. .... cosa tu faccia, avrai sempre il mio aiuto.
3. Sono entrato nel castello dei fantasmi, ... avendo molta paura.
4. .... Nicolò ti perdona, per lui sarà difficile dimenticare la tua offesa.
5. Valeria non era in casa .... l'avessi avvisata del mio arrivo.
6. .... voglia i miei vecchi fumetti, può venirli a prendere.

29 Indica se le subordinate condizionali sottolineate sono esplicite (e) o implicite (i).

Es.: Se desideri tanto andare dai nonni, ti posso accompagnare io con la macchina. ...e...

1. Andando un po' in spiaggia, ti abbronzeresti subito. ....
2. Se Babbo Natale esistesse, gli scriverei una letterina. ....
3. Conosceresti più gente, se solo non stessi sempre in casa. ....
4. Accettando questo lavoro, mi avvicinerei molto a casa. ....
5. A lavorare troppo a lungo al computer, fanno male gli occhi. ....
6. Se domani vieni a cena da me, ti presento la mia famiglia. ....

30 Indica se le frasi sono periodo ipotetico della realtà (r), della possibilità (p) o dell'irrealtà (i).

Es.: Se mi scrivi, ti rispondo subito. ...r...

1. Se potessi tornare indietro nel tempo, visiterei l'antico Egitto. ....
2. Riuscirete a fare gli esercizi di matematica, se vi concentrate bene. ....
3. Se foste venuti alla festa, vi sareste divertiti molto. ....
4. Andrei qualche giorno in montagna, se avessi un po' di tempo libero. ....
5. Facendo ginnastica ogni giorno, dimagrirai sicuramente. ....
6. Se Biagio non fosse andato a sciare, non si sarebbe fratturato il piede. ....

31 Completa le frasi con il verbo al tempo adatto.

Es.: Se i suoi genitori gli dessero il permesso Mena *(adottare)* ...adotterebbe... un cane.

1. L'estate scorsa *(io, andare)* .... in Inghilterra, se avessi avuto i soldi.
2. Se *(tu, chiacchierare)* .... meno, il professore non ti rimprovererebbe.
3. Se *(tu, andare)* .... in tabaccheria, mi puoi comprare un francobollo?
4. *(io, prendere)* .... la patente, se avessi diciotto anni.
5. La mia squadra avrebbe vinto la partita, se *(giocare)* .... meglio.
6. Sicuramente se lasci un messaggio a Gaia, ti *(richiamare)* ....

32 Riscrivi sul tuo quaderno i periodi ipotetici secondo le indicazioni.

Es.: Se cucino la pasta te la offro. → possibilità: ...Se cucinassi la pasta te la offrirei...

1. Se non lo vedo, non ci credo. → irrealtà:
2. Se non trovo parcheggio, devo tornare a casa: → possibilità:
3. Se Luca va al cinema, mi invita. → irrealtà:
4. Se studi ingegneria, trovi lavoro facilmente. → irrealtà:
5. Se arrivate a casa presto, potete riposare un po'. → possibilità:
6. Se fossi in pericolo, chiamerei la polizia. → irrealtà:

33 Trova e sottolinea le proposizioni modali.

Es.: Va bene, farò <u>come dici tu</u>, anche se non mi sembra la soluzione migliore.

1. Abbiamo passato tutta la serata a raccontare barzellette.
2. Tiberio prepara il sugo di pomodoro come gli ha insegnato sua madre.
3. Ho passato tutte le vacanze estive studiando per i debiti di settembre.
4. Questo ristorante non ha un menù ricco come pensavamo.
5. Gabriel mi guardava senza parlare, come intontito.
6. Comunque cucinino la pasta, per me è sempre il piatto più buono.
7. Come ci aveva detto Domitilla, il mare in Puglia è davvero bellissimo.
8. Osvaldo mi ha raccontato cosa gli è successo, ridendo continuamente.

34 Completa le frasi con una subordinata strumentale.

Es.: Ho conosciuto bene Elisa frequentandola per molto tempo.

1. Simonetta è dimagrita molto ....
2. Yara è riuscita a prendere un bel voto in chimica ....
3. Chiara ha convinto tutti ....
4. Emanuela ha ottenuto quello che voleva ....
5. Meredith ha imparato a ballare il mambo ....
6. Mirella ha dimostrato di essere la più forte ....

35 Trasforma i complementi di mezzo sottolineati in subordinate strumentali.

Es.: Lulù ha guadagnato un po' di soldi <u>con la vendita di vestiti usati</u>.
vendendo vestiti usati

1. Sabina ha preso un frullatore <u>con la raccolta punti</u>.
....
2. <u>Con i gesti</u>, il poliziotto mi ha segnalato di fermarmi.
....
3. Marzia, <u>con gli sbadigli</u>, ha dimostrato che si era annoiata.
....
4. <u>Con la riflessione</u>, riuscirai a scegliere l'alternativa migliore.
....
5. Ho conosciuto persone di tutto il mondo <u>con i viaggi</u>.
....
6. Hanno informato i genitori della riunione <u>con l'invio di una mail</u>.
....

36 Trova e sottolinea **le proposizioni subordinate comparative.**

Es.: Questa città è molto più antica di quanto scritto nella guida.

1. Tua sorella è più grande di quanto dimostri.
2. È più utile dormire serenamente prima degli esami, che studiare fino a tarda notte.
3. La macchina nuova è costata meno di quanto mio padre pensasse.
4. Vorrei che tu ricevessi un bel regalo a Natale esattamente quanto lo desideri tu.
5. Questo lavoro non è faticoso come credevo.
6. Il nuovo pilota di Formula 1 ha guidato così bene come non ci saremmo mai aspettati.
7. Secondo me nessuno sport è emozionante quanto pattinare sul ghiaccio.
8. Il mio gatto vorrebbe sempre più crocchette di quante gliene do.

37 Collega **le proposizioni reggenti alle subordinate avversative.**

1.	Irene è alta e magra	....	a	mentre invece meritavo la sufficienza.
2.	Accusi me di pigrizia	....	b	invece di preparare la tavola.
3.	Ho preso cinque in fisica	...1...	c	mentre sua sorella è molto bassa.
4.	Siamo andati in paninoteca	....	d	invece di incontrarli in piazza.
5.	Lena ha dovuto studiare violino	....	e	quando tu sei sempre sul divano.
6.	Invita i tuoi amici a casa	....	f	mentre aveva chiesto un cd.
7.	Controlla la cottura delle patate	....	g	mentre io avrei preferito la pizzeria.
8.	Hanno regalato a Pina un dvd	....	h	quando invece le piaceva la chitarra.

38 Sottolinea **le subordinate e** indica **se sono limitative (l), esclusive (es) o eccettuative (ec).**

Es.: Il rapinatore è uscito dalla banca senza che nessuno lo fermasse. ...es...

1. Non c'è nessuno migliore di Valerio in quanto a raccontare barzellette divertenti. ....
2. Per quanto ne so, Magda dovrebbe tornare dalle vacanze domani. ....
3. Possiamo sederci a quel tavolo, a meno che non sia stato già prenotato. ....
4. Chiederemo al prof di cambiare la data dell'esame, salvo che qualcuno non sia d'accordo. ....
5. Ho corso per novanta minuti senza fare mai una sosta. ....
6. Non vado mai fuori la sera senza che i miei genitori mi diano il permesso. ....
7. Secondo quanto ho letto sul giornale, il 25 ci sarà sciopero dei treni. ....
8. Non ho paura di niente tranne che di prendere l'aereo. ....

39 Completa le frasi con le proposizioni reggenti.

Es.: Per quanto mi riguarda non mangerò più la pizza in quel locale.

1. .... a meno che non venga anche tu.
2. Secondo quanto ha raccontato Hansi, ...
3. .... tranne che guardare la TV.
4. Per quanto ne sappia, ...
5. .... se non che tira un po' di vento.
6. Invece di perdere tempo al telefono, ...

40 Sottolinea le subordinate e specifica di che tipo sono.

Es.: Ho alzato il volume della TV perché la nonna sentisse meglio. finale

1. Non abbiamo potuto fare la doccia, perché non c'era acqua. ....
2. Abbiamo l'impressione che Giuseppe non stia molto bene oggi. ....
3. La mamma preferisce che io non veda film violenti. ....
4. Restiamo svegli a guardare le stelle cadenti finché ce la facciamo. ....
5. Ho chiamato l'agenzia viaggi per prenotare l'aereo. ....
6. Se fosse domenica, potrei dormire fino a tardi. ....
7. Ho domandato al preside quando potremo andare a visitare il mausoleo di Teodorico a Ravenna. ....
8. Pare che i genitori di Liviana vogliano cambiare casa. ....

41 Sottolinea le subordinate e specifica di che tipo sono.

Es.: Arisa si è arrabbiata perché non l'abbiamo invitata al bar. causale

1. Nicoletta cammina imitando le modelle in passerella. ....
2. Il biglietto della mostra era più economico di quanto sperassimo. ....
3. Ho bevuto così tanto caffè che adesso non riesco ad addormentarmi. ....
4. Ho curato il raffreddore prendendo tanta vitamina C. ....
5. Secondo quanto scrivono i giornali, il prossimo anno i prezzi dei testi scolastici diminuiranno. ....
6. Anche se Elena è in casa, non ha aperto la porta. ....
7. Anziché lamentarsi sempre, Maria Pia dovrebbe provare a vedere il lato positivo delle cose. ....
8. Sono uscito di casa senza salutare la mamma. ....

05 Le forme del discorso e la correlazione dei tempi

Discorso diretto e discorso indiretto

La mamma ha scritto: – Torno subito.
La mamma aveva scritto che sarebbe tornata subito.

Le due frasi riportano in due modi diversi quel che ha scritto la mamma: la prima è un esempio di **discorso diretto**, in cui si ripetono esattamente le parole della mamma, la seconda, invece, è un **discorso indiretto**, tramite il quale ciò che ha scritto la mamma è riferito da qualcun altro.
Il **discorso diretto** è aperto e chiuso da virgolette o da trattini ed è introdotto da verbi dichiarativi come *dire, chiedere, domandare, affermare, dichiarare, rispondere, gridare, esclamare;* corrisponde a una proposizione indipendente enunciativa o dichiarativa oppure a un'interrogativa diretta:

Giovanni disse: – ***Sei una persona sincera.*** (discorso diretto, proposizione indipendente, dichiarativa);
Massimo chiese a Luigi: – ***Sai dov'è il motorino?*** (discorso diretto, proposizione indipendente, interrogativa diretta).

Il **discorso indiretto** è espresso con subordinate oggettive o interrogative indirette ed è generalmente introdotto da verbi che indicano l'atto del parlare (o del pensare), seguiti dalla congiunzione ***che*** o da pronomi, congiunzioni o avverbi interrogativi (*chi, quale, se, come, quando* ecc.):

Giovanni ha detto ***che*** *sei una persona sincera* (discorso indiretto con subordinata oggettiva);
Massimo chiese a Luigi ***se*** *sapeva dove fosse il motorino* (discorso indiretto con subordinata interrogativa indiretta).

Dal discorso diretto al discorso indiretto

Il passaggio dal discorso diretto al discorso indiretto avviene attraverso alcune **modifiche sintattiche e grammaticali:**

- si eliminano i due punti e le virgolette:
  Monia dice: - Sono felice. → Monia dice che è felice.
- le proposizioni indipendenti si trasformano in dipendenti:
  *Mi chiese: - Quando parti? → Mi chiese **quando** partivo.*
- cambiano i pronomi personali:
  *Lisa gli confida: - (**Io**) Preferisco **te**. → Lisa gli confida che (**lei**) preferisce **lui**.*
  *Il direttore afferma: - **Voi** siete sempre in ritardo. → Il direttore afferma che **loro** sono sempre in ritardo.*
- cambiano i pronomi e gli aggettivi possessivi:
  *Dario chiese: - Dov'è il **mio** zaino? E dov'è il **vostro**? → Dario chiese dove fosse il **suo** zaino e dove fosse il **loro**.*
- il pronome dimostrativo *questo* diventa *quello:*
  *Un compagno precisò: - **Questo** posto è il mio! → Un compagno precisò che **quel** posto era il suo.*
- le espressioni di tempo e di luogo restano invariate se il verbo che introduce il discorso diretto è al presente; cambiano, invece, se il verbo è al passato:
  *Marco **dice*** (presente)*: - **Oggi** mi fermo **qui** da voi. → Marco dice che **oggi** si ferma **qui** da noi.*
  *Marco **disse*** (passato)**:** *- **Oggi** mi fermo **qui** da voi. → Marco disse che **quel giorno** si sarebbe fermato **lì** da noi.*
  *Elena **domandò*** (passato) *a Celeste: - Tornerai **qua** anche **domani sera**? → Elena domandò a Celeste se sarebbe tornata **là** anche **la sera successiva**.*
- si eliminano o si sostituiscono le interiezioni:
  *La donna gridò: - **Ahi**, un'ape mi ha punto! → La donna gridò che un'ape l'aveva punta.*
  *La bambina esclamò: - **Evviva**! È finita la scuola! → La bambina esclamò **felice** che era finita la scuola.*

Nel passaggio dal discorso diretto a quello indiretto, le proposizioni che diventano subordinate devono **adattare il modo e il tempo del verbo** a quello della reggente.

- Se il verbo che introduce il discorso diretto è al presente o al futuro indicativo, nel discorso indiretto non c'è alcun cambiamento di tempo e di modo:
  *Il bambino **insiste**: - Non mi **piace**! → Il bambino **insiste** che non gli **piace**.*
  *Di sicuro Gualtiero **dirà**: - **Potevate** aspettarmi! → Di sicuro Gualtiero **dirà** che **potevamo** aspettarlo.*
- Se, invece, è al passato prossimo il discorso indiretto può rimanere invariato o cambiare in base alle sfumature di significato:
  *La ragazza **ha esclamato**: - Non mi **sembra** possibile! → La ragazza **ha esclamato** che non le **sembra** possibile.*
  *La ragazza **ha esclamato**: - Non mi **sembra** possibile! → La ragazza **ha esclamato** che non le **sembrava** possibile.*

- Se nella reggente i verbi ***dire, chiedere, affermare*** ecc. sono espressi al passato (eccetto il passato prossimo), si hanno le seguenti modifiche nei modi e nei tempi dei verbi delle proposizioni che diventano subordinate:
  - il presente indicativo diventa **imperfetto indicativo** o **imperfetto congiuntivo** o **condizionale passato:**
    *Mi **chiese**: - Mi **offri** un gelato? → Mi **chiese** se le **offrivo** un gelato.*
    *Mi **domandò**: - Che abito **indossa** Flora? → Mi **domandò** che abito **indossasse** Flora.*
    ***Promise**: - Non lo **faccio** più. → **Promise** che non l'**avrebbe fatto** più.*
  - il passato prossimo e il passato remoto diventano **trapassato prossimo:**
    *Mio padre **disse**: - Non **hai ascoltato** le mie parole! → Mio padre **disse** che non **avevo ascoltato** le sue parole.*
    *Mi **dicesti**: - Lo **feci** senza pensarci troppo. → Mi **dicesti** che l'**avevi fatto** senza pensarci troppo.*
  - il futuro diventa **condizionale passato:**
    *Manuela **promise**: - Ti **telefonerò** tutti i giorni. → Manuela **promise** che mi **avrebbe telefonato** tutti i giorni.*
  - il presente e il passato congiuntivo diventano **imperfetto** e **trapassato congiuntivo:**
    *L'insegnante **insistette**: - Qualcuno **si offra** per l'interrogazione. → L'insegnante **insistette** che qualcuno **si offrisse** per l'interrogazione.*
    *L'uomo ci **disse**: - Temo che **abbiate sbagliato**! → L'uomo ci **disse** che temeva che **avessimo sbagliato**.*
  - l'imperativo e il congiuntivo esortativo diventano **congiuntivo imperfetto** o **infinito presente** preceduto dalla preposizione ***di*:**
    *Il medico **consigliò** a Luca: - **Smetta** di bere! → Il medico **consigliò** a Luca che **smettesse** di bere* oppure *Il medico **consigliò** a Luca **di smettere** di bere.*
  - le proposizioni implicite restano invariate:
    *Giorgio **afferma**: - **Vedendola**, ti piacerà. → Giorgio **afferma** che, **vedendola**, mi piacerà.*
    *La guida **ci avvertì**: - **Arrivati** a Genova, faremo una sosta. → La guida **ci avvertì** che, **arrivati** a Genova, avremmo fatto una sosta.*
  - il verbo *andare* cambia in ***venire*** se il movimento è in direzione di chi sta parlando:
    *Alessio ha detto: - **Sono andato** a Genzano. → Alessio ha detto che **era venuto** a Genzano.* (chi parla è a Genzano).
  - anche il verbo *venire* può cambiare in ***andare*** come nel seguente esempio:
    *Cosetta mi ha detto: - Vuoi **venire** al bowling? → Cosetta mi ha detto se volessi **andare** al bowling.*

PRIMA VERIFICA

1 Scegli le alternative corrette nel passaggio dal discorso diretto a quello indiretto.

Es.: Lina domanda: – Dove sono le mie fotocopie?
Lina domanda dove sono / **erano** le sue / **mie** fotocopie".

1. Mia sorella chiede: – Perché non vai a scuola con la tua amica?
Mia sorella chiede perché non vado a scuola con la **sua / mia** amica.
2. Bruna mi ha detto. – Puoi tornare qui anche domani se vuoi.
Bruna mi ha detto che posso tornare **qui / lì** anche domani se **vuole /voglio.**
3. Il professore disse agli studenti: – Voi dovete portarmi il vostro compito.
Il professore disse agli studenti che loro dovevano **portargli / portarmi** il **loro / vostro** compito.
4. Il mio compagno ha detto: – Questa lezione per me è molto interessante.
Il mio compagno ha detto che **questa / quella** lezione per **me / lui** era molto interessante.
5. Ada mi chiedeva continuamente: – Cosa stai facendo?
Ada mi chiedeva continuamente cosa **stessi / sto** facendo.
6. L'insegnante ci disse: – Non mi avete ancora risposto correttamente!
L'insegnante ci disse che non **gli / mi avete / avevamo** ancora risposto correttamente!

La correlazione dei modi e dei tempi

Non credo che si calmi.
Non credo che si calmerà.

Anche se è stata già descritta la correlazione dei modi e dei tempi, se ne fornisce comunque un riepilogo, avvertendo però che in quest'ambito non esistono regole assolute, perché è molto problematico classificare e regolamentare le sfumature di significato che un parlante può voler dare a un messaggio.

Per quanto riguarda i modi nelle proposizioni dipendenti, i dubbi possono nascere soprattutto riguardo l'uso dell'indicativo o del congiuntivo. È necessario ricordare, allora, che nella subordinata si usa l'indicativo se il fatto o l'azione della reggente è certo o sicuro; si usa il congiuntivo se invece è possibile, non vero o soltanto desiderato, come ad esempio:

REGGENTE	DIPENDENTE
So	che tu sei una persona gelosa.
Credo / nego / temo	che tu sia una persona gelosa.

Per avere un quadro complessivo della correlazione dei modi e dei tempi, è necessario:
- distinguere tra i verbi che richiedono l'indicativo nelle proposizioni subordinate e quelli che richiedono il congiuntivo, anche se, in alcuni casi, sia i primi sia i secondi richiedono il condizionale;
- individuare se l'azione espressa nella dipendente è anteriore, contemporanea o posteriore a quella della reggente;
- stabilire se la reggente ha un tempo principale (presente, futuro) o storico (imperfetto, passato, trapassato).

Nello schema che segue, sono elencati una serie di esempi riassuntivi.

REGGENTE	DIPENDENTE	RELAZIONE TEMPORALE TRA REGGENTE E DIPENDENTE
Io **so** (pres. indic.) (o altro verbo che esprime certezza)	che tu mi **sei** amico che tu mi **sei stato** (o mi **fosti**) amico che tu mi **sarai** amico	contemporaneità (pres. indic.), anteriorità (pass. pross. / rem.), posteriorità (fut. sempl.)
Io **credo** (pres. indic.) (o altro verbo che esprime dubbio, opinione, desiderio, timore ecc.)	che tu mi **sia** amico che tu mi **sia stato** amico che tu mi **sarai** (o mi **sia**) amico	contemporaneità (pres. cong.), anteriorità (pass. cong.), posteriorità (fut. sempl. / pres. cong.)
Io **sapevo** (imperf. indic.) (**seppi**, **avevo saputo**...)	che tu mi **eri** amico che tu mi **eri stato** amico che tu mi **saresti stato** amico	contemporaneità (imperf. indic.), anteriorità (trap. pross.), posteriorità (pass. cond.)
Io **credevo** (imperf. indic.) (**credetti**, **avevo creduto**...)	che tu mi **fossi** amico che tu mi **fossi stato** amico che tu mi **saresti stato** amico	contemporaneità (imperf. cong.), anteriorità (trap. cong.), posteriorità (pass. cond.)
Io **saprò** (fut. sempl.)	che tu mi **sarai** amico che tu mi **sei stato** (o mi **fosti**) amico che tu mi **sarai** amico	contemporaneità (fut. sempl.), anteriorità (pass. pross. / rem.), posteriorità (fut. sempl.)
Io **crederò** (fut. sempl.)	che tu mi **sia** amico che tu mi **sia stato** amico che tu mi **sarai** (o mi **sia**) amico	contemporaneità (pres. cong.), anteriorità (pass. cong.), posteriorità (fut. sempl. / pres. cong.)

PRIMA VERIFICA

2 **Indica se l'azione della subordinata sottolineata è contemporanea (c), anteriore (a) o posteriore (p) a quella della reggente.**

Es.: Mio padre mi aveva detto che mi avrebbe regalato uno scooter. ...p...

1. Saprò domani se potrò partire con i miei amici. ....
2. Non sapevo che tuo fratello fosse nato a Berlino. ....
3. Penso che Guglielmo sia a teatro. ....
4. Credevo che Arianna avrebbe frequentato l'università a Milano. ....
5. Non sono certo che Tiziana abbia trovato lavoro. ....
6. Simona aveva pensato che io fossi straniera. ....

I tempi delle subordinate implicite

Studiando molto, ho ottenuto ottimi risultati.
Studiando molto, ottengo ottimi risultati.

Quando la subordinata è implicita, l'uso del tempo verbale della subordinata non dipende dal verbo della reggente ma soltanto dal rapporto temporale tra quest'ultima e la subordinata.

- In generale, il rapporto di **contemporaneità** è espresso:
  - dal gerundio presente: ***Correndo*** *per le scale, è caduto;*
  - dall'infinito presente: *Mi ha chiesto di* ***raggiungerlo****.*
- Il rapporto di **anteriorità** è espresso:
  - dal gerundio passato: ***Avendo litigato*** *con Maria, sono molto nervoso;*
  - dall'infinito passato: *Sono sicuro di* ***aver dimenticato*** *l'ombrello a casa;*
  - dal participio passato: ***Andati*** *via gli operai, ho potuto pulire il pavimento.*
- L'idea di **posteriorità** è espressa con gli stessi tempi della contemporaneità, con l'eventuale aggiunta di un avverbio di tempo che suggerisce l'idea di futuro:
  - *Non credo di* ***poterti accompagnare domani****;*
  - ***Dovendolo incontrare la prossima settimana****, mi sembra inutile telefonargli.*

PRIMA VERIFICA

3 Indica se l'azione della subordinata sottolineata è contemporanea (c), anteriore (a) o posteriore (p) a quella della reggente.

Es.: Non pensiamo di poter venire con voi domani. ...p...

1. Facendo una passeggiata nel bosco, abbiamo visto molti scoiattoli. ....
2. Siete certi di aver chiuso bene la porta di casa? ....
3. Essendo arrivato tardi, ho trovato l'ufficio postale chiuso. ....
4. Finito l'inverno, abbiamo cominciato a mettere vestiti più leggeri. ....
5. Dovendo consegnare la ricerca lunedì prossimo, questo fine settimana starò a casa. ....
6. Jenny è sicura di fare un bel colloquio di lavoro domani. ....
7. Mi dispiace di aver perso il numero di telefono di Renzo. ....
8. Giocando a ping pong, abbiamo rotto un vetro. ....

ESERCIZI DI RIEPILOGO

4 Trasforma le frasi dal discorso diretto a quello indiretto.

Es.: Piera affermò: - Ti scriverò domani.
Piera affermò che mi avrebbe scritto il giorno dopo.

1. Mi confidasti: – Passai l'esame senza studiare troppo.
....
2. Julian ci chiese: – Mi prestate una gomma?
....
3. Il vigile informò: – Finiti i lavori, riapriremo la strada.
....
4. La nonna mi dice: – Sono contenta per la tua promozione.
....
5. Vincenzo disse: – Oggi mi fermo a pranzo da voi.
....
6. Il dentista consigliò a Teodoro: – Si lavi i denti con questo dentifricio!
....

5 Scegli la forma corretta fra le due alternative proposte.

Es.: Penso che la domenica **è** / **sia** il giorno più bello della settimana.

1. Volevo che Ivana mi **abbia accompagnato** / **accompagnasse** in centro.
2. Sappiamo con certezza che Giada **è** / **sia** a casa.
3. Temete che **verrà** / **viene** a piovere?
4. Sapevo che il giorno dopo Luana **fosse** / **sarebbe** arrivata.
5. L'insegnante crederà che noi **arriveremo** / **saremmo arrivati** ancora in ritardo.
6. Carlo pensa che io mi **sia** / **sarò** comportato male.

6 Completa le frasi con i verbi secondo le istruzioni.

Es.: Il cronista pensa che Totti non (giocare) giocherà. (*posteriorità*)

1. Gli studenti speravano che gli insegnanti (scioperare) .... (*posteriorità*)
2. I miei amici pensano che io (preparare) .... già la cena. (*anteriorità*)
3. Voglio che tu (venire) .... qui subito. (*contemporaneità*)
4. Temevo che (scoppiare) .... un brutto temporale. (*contemporaneità*)
5. Sapremo dopodomani chi (passare) .... l'esame. (*anteriorità*)
6. Eravate incerti se il pacco (arrivare) .... in tempo. (*posteriorità*)
7. È probabile che domani (esserci) .... tanta gente alla prima dello spettacolo di danza contemporanea. (*posteriorità*)
8. Credevo che Romano (essere) .... il tuo migliore amico. (*contemporaneità*)
9. Avevo l'impressione che Ezio non (capire) .... le mie parole. (*anteriorità*)
10. Pensi che a Samanta (piacere) .... il triciclo che le ho regalato? (*contemporaneità*)
11. Domani conosceremo il nome di chi (andare) .... in viaggio premio. (*posteriorità*)
12. Sono sorpreso che Giacomo (accettare) .... quel lavoro. (*anteriorità*)

7 Coniuga i tempi delle subordinate implicite seguendo le indicazioni.

Es.: (*gerundio – anteriorità*) Non (trovare) avendo trovato i biglietti, non possiamo venire al concerto.

1. (*gerundio – contemporaneità*) (mangiare) .... così tanti dolci, s'ingrassa.
2. (*gerundio – posteriorità*) (dovere) .... prendere l'indomani il treno alle 5.00, Marco era andato a letto presto.
3. (*infinito – anteriorità*) Pensavo di (prendere) .... l'ombrello.
4. (*participio – anteriorità*) (comprare) .... il libro, l'ho letto tutto di un fiato.
5. (*infinito – contemporaneità*) Penso di (venire) .... a casa tua fra un po'.
6. (*infinito – posteriorità*) A che ora comincerai a (correre) .... domani?